*Colección* | **Nuevos enfoques en educación**

dirigida por Carina Kaplan

1ª edición, mayo de 2005
Edición actual: noviembre de 2016 (tercera edición)

**ISBN: 84-95294-80-X**



Composición y armado: Valeria Pérez
Diseño de portada: Gerardo Miño

Ilustración de portada: detalle de "Heroic Roses", Paul Klee. 1938.
    Oil on stained canvas. 68 x 52 cm.
    Kunstsammlung Nordrhein-Westfalen, Düsseldorf, Germany.

# Construcción conceptual
## y representaciones sociales

**El conocimiento de la sociedad**

**e-mail producción:** produccion@minoydavila.com
**e-mail administración:** info@minoydavila.com
**web:** www.minoydavila.com
**redes sociales:** @MyDeditores, www.facebook.com/MinoyDavila

# Construcción conceptual
## y representaciones sociales
### El conocimiento de la sociedad

**José Antonio Castorina**

–coordinador–

Alicia Barreiro
Sonia Borzi
José Antonio Castorina
Fernando Clemente
Gustavo Faigenbaum
Cristina Iglesias
Raquel Kohen
Alicia Lenzi
Alejandra Pataro
Ana Gracia Toscano

MIÑO y DÁVILA
EDITORES

# Índice

# INTRODUCCIÓN

José Antonio Castorina

Los estudios psicológicos sobre conocimientos sociales incluyen una diversidad de temas: los juicios morales, los saberes institucionales referidos a la política, la autoridad escolar, la economía y el derecho, o las interpretaciones de la historia. Estos son tratados, por un lado, en los términos de la formación de conocimientos cotidianos en niños y adolescentes; por el otro, como "ideas previas" respecto de la adquisición de los saberes disciplinarios en el mundo educativo. Aunque la mayoría de las indagaciones forman parte de la psicología del desarrollo o del cambio conceptual, los psicólogos sociales han comenzado a situar esos saberes en el campo de las representaciones sociales.

Las investigaciones sobre la adquisición de conceptos se han basado en tres corrientes teóricas, enfrentadas en una ardua competencia: el naturalismo, el contextualismo y el constructivismo. Inspirados en este último, casi todos los trabajos de este libro han planteado, entre otras, las siguientes preguntas: ¿es posible identificar los procesos de reorganización de los conceptos referidos a los fenómenos sociales? ¿se puede sostener un conocimiento social "de dominio" desde un punto de vista constructivista? ¿los dominios están dados de antemano o se constituyen durante los procesos de elaboración cognoscitiva? ¿las restricciones a la elaboración cognoscitiva son únicamente biológicas, contextuales, o bien surgen en las interacciones con los objetos? ¿el recurso a las disciplinas sociales es incidental o forma parte de la metodología de la investigación? ¿cómo intervienen los contextos culturales en la actividad constructiva?

En lo que respecta a la psicología social, los estudios disponibles plantean también algunas preguntas relevantes: ¿podemos establecer la estructura y la función de las representaciones sociales en el conocimiento cotidiano de la sociedad? ¿la apropiación por los niños de estas creencias, excluye la elaboración personal? ¿cuáles son las notas que diferencian al conocimiento propiamente conceptual de los individuos de aquel vinculado a las experiencias cotidianas del grupo? ¿cómo distinguirlos en la investigación de las adquisiciones escolares de la historia o la teoría política?

Los trabajos reunidos en esta obra formulan muchas de aquellas preguntas y permiten esbozar ciertas respuestas. Las indagaciones sobre la conceptualización individual de la sociedad ponen en evidencia un análisis más refinado de las disciplinas vinculadas con los objetos de investigación, así como la búsqueda de relaciones sistemáticas entre la sociogénesis y la ontogénesis de las ideas sociales. En muchos de los capítulos, se muestra el estado actual de las investigaciones empíricas de conceptos sociales, así como sus dificultades y los problemas que se abren. Algunos de ellos dan conocer los resultados alcanzados en las indagaciones sobre nociones políticas, jurídicas, y otros se refieren episodios de intercambios entre pares.

Si bien no se ofrecen indagaciones empíricas suscitadas por el programa de las representaciones sociales, se reflexiona sobre el significado de éstas últimas en la comprensión de la historia. Más aún, hay capítulos dónde se examinan las relaciones entre los estudios referidos a la construcción de teorías implícitas y de teorías en la psicogénesis, por un lado, y los referidos a las representaciones sociales, por el otro. Más particularmente, se comparan la estructura y la función de las categorías, así como las metodologías utilizadas, sugiriendo las condiciones epistémicas que deberían satisfacer los programas de investigación para ser compatibles y para instaurar un horizonte de colaboración.

En general, los trabajos sugieren un diálogo más amplio entre las disciplinas psicológicas involucradas en los estudios de la sociedad y los científicos sociales, así como entre las tradiciones de la propia psicología contemporánea. Por ejemplo, las discusiones sobre los conocimientos de "dominio" en el conocimiento moral, obligan a los autores constructivistas a reconsiderar críticamente las posiciones contextualistas; también, las ya mencionadas comparaciones entre las psicologías del conocimiento y la psicología de las representaciones sociales.

Los autores de este libro han participado en la cátedra I de Psicología y Epistemología Genética, de la Facultad de Psicología, de la UBA, en equipos de investigación que han desarrollado sus actividades durante más de quince años, cuyo objetivo ha sido y es la indagación de los conocimientos sociales. La mayoría de los Capítulos corresponden a los resultados alcanzados en el desarrollo de proyectos recientes apoyados por la Universidad de Buenos Aires, otros han sido desarrollados o finalizados en el exterior. En verdad, expresan los recorridos intelectuales de cada equipo, o de sus miembros, con los propios recortes de los problemas y los sesgos en la interpretación del marco teórico. Justamente por esta razón, la obra es el testimonio de una rica historia de producción de conocimientos y de reflexiones[1].

En la Primera Parte, se abordan los problemas teóricos de las investigaciones psicogenéticas. En el capítulo "La investigación psicológica de los conocimientos sociales. Los desafíos a la tradición constructivista", Castorina utiliza la categoría de "tradición de investigación" proveniente de la filosofía de la ciencia para evaluar la historia de las indagaciones psicogenéticas del conocimiento social. En tal sentido, distingue un subprograma que extiende "literalmente" las tesis de la tradición y es más bien clásico, de otro que se puede llamar "crítico", al que pertenecen las indagaciones empíricas aquí presentadas, porque involucran algunos cambios en las tesis centrales del núcleo. El autor trata de justificar la siguiente tesis: el despliegue histórico de las indagaciones sobre instituciones y juicios morales va conformando una dialéctica de continuidad y discontinuidad en la tradición.

Castorina, Clemente y Barreiro, en "El conocimiento de 'dominio' moral en la psicología del desarrollo. Un análisis de las tesis de Turiel" avanzan en el examen de las distintas dimensiones de la categoría de "dominio" en la psicología moral. Especialmente, se consideran los estudios realizados por Turiel en aquella perspectiva "crítica", se discute su relación con Piaget y se compara el rol que le otorga al contexto en la formación de las ideas infantiles con la perspectiva contextualista.

En la Segunda Parte se presentan los resultados de investigaciones vinculadas a la tradición constructivista. En el trabajo de Lenzi,

---

1. En los diferentes capítulos se indica el apoyo institucional de los trabajos, y en algunos casos, las publicaciones originales.

Borzi, Pataro e Iglesias "La construcción de conocimientos políticos en niños y jóvenes. Un desafío para la educación ciudadana", se caracteriza cuidadosamente al subdominio político de las relaciones sociales. Además se presentan los datos e interpretaciones que sostienen la hipótesis de una aproximación por diferenciaciones e integraciones conceptuales al carácter institucional del gobierno. Los autores se interrogan, por último, sobre las condiciones contextuales de tales conocimientos políticos y sobre la calidad de educación ciudadana que los podría favorecer.

En el capítulo escrito por Kohen "La construcción de la realidad jurídica", se caracterizan con claridad los conocimientos de la teoría del Derecho que son condiciones para la investigación psicológica. Luego, se interpretan los resultados de su indagación empírica: el dominio del pensamiento jurídico en los sujetos se va construyendo progresivamente a partir de un marco global con fuertes rasgos morales. La autora otorga un lugar significativo a los conflictos cognoscitivos, los que motorizan la construcción de explicaciones cada vez más propiamente jurídicas.

Por último, Faigenbaum en "Las culturas infantiles y el intercambio entre pares" indaga episodios de intercambio espontáneo de bienes entre niños de 4 y 12 años, en el contexto de las culturas de pares. A diferencia de los otros trabajos de esta sección, la unidad de análisis no es el conocimiento individual sino el episodio de intercambio. Los resultados sugieren una progresión entre una cultura de la reciprocidad asociativa y una cultura de la reciprocidad estricta; incluso, que la dinámica de los intercambios promueve la adopción de ciertos argumentos por parte de los niños

En la Tercera Parte, se reúnen los trabajos que tratan de la contribución de la psicología de las representaciones sociales. En "La impronta del pensamiento piagetiano en la teoría de las representaciones sociales", Castorina, Barreiro y Clemente proponen un diálogo entre las teorías de Piaget y Moscovici, tratando de establecer la influencia explícita o implícita del primero en la formación de la teoría de las representaciones sociales. En última instancia, los autores se preguntan por un muy interesante episodio de la historia de la psicología contemporánea.

Castorina, Clemente y Barreiro en "El conocimiento de los niños sobre la sociedad según el constructivismo y la teoría de las representaciones sociales" han estudiado los métodos y los resultados de indagaciones sobre conocimientos sociales realizados al interior de ambos programas de investigación. Se concluye que estos últimos son compatibles, más aún, se subraya que el horizonte de colaboración supone un marco sistémico común entre la perspectiva fundada por Moscovici y tradición piagetiana "crítica".

En "Dos versiones del sentido común: las teorías implícitas y las representaciones sociales", de Castorina, Barreiro y Toscano, se intenta superar el uso impreciso que se hace en la psicología del cambio conceptual y en los medios educativos de las categorías de teoría implícita y representación social. Se analiza el significado de cada una, distinguiendo su estructura, función, carácter implícito, vinculaciones con el conocimiento científico, así como los procedimientos de investigación. La comparación crítica subraya el origen personal de las teorías implícitas y el origen colectivo de las representaciones sociales. Por último, se discute el entramado conceptual de los programas de investigación y se sugieren las condiciones para un diálogo fructífero.

Por último, en "La adquisición de conocimientos acerca de la historia y las representaciones sociales", Castorina examina ciertos estudios referidos a los conocimientos históricos de los alumnos, tratando de elucidar la contribución posible de la teoría de las representaciones sociales. Sobre todo, llama la atención sobre tres modos en que se podrían vincular este último enfoque y las indagaciones cognitivas o psicogenéticas: diversidad de enfoques para un mismo tema, la existencia de rasgos comunes en los enfoques al enfrentar otra temática, y que las representaciones sociales serían un marco para la construcción individual.

# Primera Parte

Capítulo **I**

# La investigación psicológica de los conocimientos sociales.
# Los desafíos a la tradición constructivista[1]

José Antonio Castorina

## Los problemas

La teoría de Piaget ha influido en las indagaciones sobre conocimiento social en niños y adolescentes, durante las últimas décadas del siglo pasado. Entre otras, se destacan el juicio moral (Kohlberg, 1984; Turiel, 1983; Killen y Nucci, 1995) las instituciones políticas (Furth, 1980; Berti, 1994; Lenzi –Capítulo III de este libro–) económicas (Berti y Bombi, 1988; Delval, 1989; Faigenbaum, 2000), la estratificación y la movilidad social (Delval, 1994), la autoridad escolar (Lenzi y Castorina, 2000), las ideas jurídicas (Kohen, –Capítulo IV de este libro–).

Dichas investigaciones ofrecen diferencias significativas en su modo de caracterizar y de investigar los conocimientos sociales, así como en los resultados obtenidos, aún reconociéndose herederas del pensamiento piagetiano. Ahora bien, las indagaciones pueden ser analizadas desde dos puntos de vista epistemológicos: por una parte, la consideración de los aspectos más específicamente normativos del conocimiento científico, procediendo a una elucidación de sus conceptos, analizando los criterios de validación de sus hipótesis y estableciendo si éstas últimas alcanzan algún poder explicativo. Muy especialmente, estudiando si la caracterización de la naturaleza

---

1. Este artículo es una versión modificada, de "Un análisis crítico de la tradición constructivista para el estudio de los conocimientos sociales", publicado en In Cognitio, Vol. 1 (2003), 27-44. Grenoble. Francia

y dinámica de las investigaciones psicológicas quedan mejor atrapadas apelando al despliegue histórico de paradigmas, programas o tradiciones de investigación.

Un significado diferente del problema epistemológico corresponde al análisis de la teoría del conocimiento involucrada en tales investigaciones, en tanto búsqueda del origen y la producción de los conocimientos de los niños, en los términos de la relación entre el sujeto y el objeto. Es decir, si los trabajos adscriben a alguna teoría constructivista del conocimiento, diferente del apriorismo y el empirismo. Por ejemplo, si al postular la construcción de las nociones sociales de autoridad escolar o de nociones económicas se debe independizar la actividad individual de las prácticas sociales, o si dicha elaboración excluye por definición toda referencia a un conocimiento de "dominio", o cuál es el lugar de las "restricciones" en una teoría constructivista del conocimiento social.

Sin duda, ambos niveles de análisis epistemológico se pueden vincular, a lo largo de un análisis como el presente. Así, surge la pregunta: ¿ las tesis sobre la especificidad social de las relaciones entre sujeto y objeto pueden consistentemente formar parte de una línea piagetiana de investigación sobre la formación de nociones sociales? Otro tanto podría decirse del análisis de las restricciones y de la contextualidad de las situaciones de conocimiento infantil. En este trabajo utilizaremos la categoría epistemológica de *tradición de investigación*, propuesta por Laudan (1977) y examinaremos críticamente las indagaciones sobre ideas sociales como posibles extensiones de la tradición piagetiana. Dado que el núcleo de esta última contiene tesis constructivistas, incluiremos un examen de hasta dónde se han ahondado las relaciones entre el sujeto y el objeto de conocimiento en la formación de las nociones sociales. Quisiéramos establecer si se ha dado un nuevo sentido al problema de la especificidad de dominio y las restricciones en las adquisiciones infantiles. En otras palabras: ¿Qué es lo que hace que un conjunto de investigaciones sobre conocimientos sociales pueda considerarse piagetiano? ¿Con qué criterios contamos para determinar si un grupo de estudios o indagaciones se inscribe dentro de esta tradición? ¿Qué alternativas válidas y fructíferas posee el programa de investigaciones para extenderse al dominio de los conocimientos sociales? ¿Hasta dónde se puede revisar una tradición constructivista ante los desafíos de los contextos y las prácticas sociales?

# Las investigaciones sobre conocimiento social

Presentamos, primeramente, una síntesis de la investigación sobre ideas sociales en los niños, caracterizando rápidamente la orientación de las indagaciones durante los últimos veinte años, y por otra parte, la vincularemos con los rasgos principales de las ideas piagetianas referidas a las relaciones entre sociedad y conocimiento individual (Castorina, Faigenbaum y Clemente, 2002). A este respecto señalamos que la corriente principal tales investigaciones, hasta la década de los ochenta, reconocía su filiación directa con la psicología genética piagetiana. Es decir, las investigaciones tendieron a mostrar que, por ejemplo, las ideas de los niños sobre la sociedad avanzaban desde una perspectiva más egocéntrica hacia una objetivación de las relaciones sociales, desde un conocimiento centrado en propiedades inmediatas hacia la consideración de los rasgos abstractos, desde una perspectiva personalizada de las relaciones sociales a su interpretación en forma de sistema. Un caso típico fueron las indagaciones realizadas por Furth (1980), quien consideró que las nociones económicas y políticas dependen de las estructuras cognoscitivas, que se reestructuran en las interacciones con la experiencia.

En las indagaciones mencionadas, las adquisiciones infantiles sobre estos temas no constituyen un proceso diferente del que se cumple en el conocimiento físico. De este modo, las operaciones intelectuales son concebidas con independencia de las interacciones peculiares de cada campo de conocimiento. Por su parte, Berti y Bombi (1988) no se limitaron a la "aplicación" de las operaciones intelectuales a un ámbito diferente de aquel dónde fueron indagadas originalmente, es decir, los problemas de conocimiento físico y lógico-matemático. Así, a partir de una exploración de las ideas infantiles sobre las actividades económicas, han interpretado los datos en términos operatorios: la correspondencia entre retribución y trabajo o las relaciones seriales mediante las cuales ordenaban los vínculos entre el dueño de los medios de producción, el capataz y los dependientes.

Quizás, la teoría de Kohlberg (1984) fue el caso más incluyente de interpretación "de dominio general" para el conocimiento social: la adquisición de los sistemas de pensamiento lógico y de asunción de roles eran condiciones necesarias, aunque no suficientes, para el acceso a los niveles superiores del juicio moral. Es decir, los sistemas globales de pensamiento atravesaban la serie de transformaciones en el desarrollo, caracterizadas por progresivas diferenciaciones e integraciones del conocimiento social. Una conclusión empírica de esta concepción es que el pensamiento individual es interpretado en términos estructurales, de modo que los diferentes conceptos sociales o situaciones estudiados se subsumen en sistemas globales de conocimiento. De ahí que la propuesta de un sistema moral unitario que se construye en seis etapas provee las justificaciones para el razonamiento de los sujetos en el contexto de conflictos que incluyen un amplio espectro de conceptos sociales y categorías. Los juicios morales llegan a ser más abstractos y diferenciados respecto de la autoridad, las leyes y convenciones existentes.

Durante la década de los noventa, la mayoría de las indagaciones en psicología del desarrollo ha abandonado dicha perspectiva o cuestionado aspectos centrales del proyecto piagetiano. Principalmente, en contra de las tesis de una indiferenciación inicial de los conocimientos físicos, naturales y psicológicos, se ha impuesto un enfoque de "dominio". Particularmente, se ha sostenido en la perspectiva neoinnatista que un dominio es un conjunto de representaciones básicas, relacionadas con un área del conocimiento, sea la física intuitiva, el conocimiento mentalista o el campo matemático. De este modo, se ha considerado que un niño tiene disposiciones de dominio-específico que lo capacitan para procesar diferentes inputs, por lo que las adquisiciones ulteriores son guiadas por principios específicos (Gelman,1990). Esta perspectiva ha desplazado a la orientación piagetiana de "dominio general" al menos en lo atinente a los estudios sobre la formación de "teorías" mentalistas en los niños, los que ocupan el centro del escenario de los conocimientos sociales junto los referidos a la moralidad (Bennett, 1993; Flavell y Miller, 1998).

Los psicólogos cognitivos no han reconocido principios específicos en los conocimientos referidos a la historia, la economía o las instituciones. Por ello, algunos investigadores tienden a considerar estos dominios como una diferenciación a partir de las representaciones mentalistas de los niños (Pozo, 1994). Más aún, ha sido frecuente en el enfoque cognitivo la reducción de los conocimientos sociales de los niños a la *social cognition*, entendida como la representación del yo, los otros y sus relaciones. Actualmente se trataría, en última instancia, del estudio de las representaciones sobre la mente de otro (Delval, 1994). Por su lado, Hirschfeld (1994) sugirió que los niños están predispuestos a categorizar los seres humanos en ciertos grupos raciales, atribuyendo a sus miembros ciertas propiedades naturales, comunes e inmodificables. En síntesis, se buscaron representaciones innatas derivadas de la evolución natural y a partir de ellas se esbozan explicaciones del cambio conceptual por analogía, por mapeo o por diferenciación entre dominios. Por su parte, en la tradición neo-vigotskyana se consideró el contexto como el foco principal de la investigación, bajo el supuesto de que la naturaleza psicológica de un individuo es inseparable del entramado de relatos y prácticas culturales de los que participa.

Ahora bien, algunos continuadores del pensamiento de Piaget han cuestionado el carácter predominantemente descriptivo de los estudios clásicos de nociones sociales, incluso su énfasis en los aspectos puramente lógicos de la construcción cognoscitiva y su desinterés por la especificidad de las interacciones con el mundo social (Castorina, 1990). Por otra parte, se ha producido una significativa modificación en la interpretación de los juicios morales y sus relaciones con otros conocimientos sociales. Como es sabido, el propio Piaget (1932/1997) postuló que los juicios morales heterónomos de los niños no eran independientes de la autoridad, en el sentido de que aceptaban rígidamente las reglas de los adultos, a las que consideraban como externas, fijas y absolutas. Al formular tales juicios, los niños no diferenciaban entre las reglas que propugnan evitar el dolor o el daño a las personas de aquellas que se refieren al orden social. Posteriormente, los niños rechazaban el carácter absoluto de las reglas y afirmaban el carácter grupal de las normas usando los principios de cooperación y respeto mutuo.

En cambio, Turiel (1983) criticó aquella indiferenciación inicial de los conocimientos sociales y postuló que los niños conceptualizan de modo distinto las reglas morales y los actos sociales. En un caso, el dominio moral se refiere a los conceptos sobre el bienestar y el derecho de las personas y a las reglas que prohiben los actos transgresores, como robar o matar; en el otro, se trata de los conceptos de organización social y de las convenciones vinculadas a su funcionamiento. Las reglas convencionales sirven para coordinar las interacciones entre las personas en el sistema social. Según estas investigaciones, los niños formulan juicios morales precoces e independientes de los juicios convencionales: a los cinco años no utilizan criterios de heteronomía, como la subordinación a la autoridad, cuando discuten historias de naturaleza moral (Turiel, 1983; 2002). Esto último conduce a pensar que la comprensión social no es unitaria y los conceptos morales no emergen de nociones originales acerca de las convenciones sociales, el castigo y la autoridad (Helwig,1995). En esta perspectiva se ha defendido una tesis de conocimiento de "dominio", claramente distinguible de la originada en la perspectiva neoinnatista: su base reside en las acciones significativas sobre los objetos sociales, de modo que los sujetos abstraen sus propiedades por medio de la selección, reconstrucción y sistematización de su experiencia "social" con las convenciones y con actos morales.

Sin embargo, otros investigadores piagetianos han mantenido firmemente la posición constructivista y estructural "libre de dominio" desarrollada por Kohlberg para la formación de los juicios morales, apoyándose en argumentos teóricos y en datos empíricos (Lourenço, 1996). Por su parte, Moshman (1995) ha intentado flexibilizar este enfoque rechazando la universalidad de los estadios para el juicio moral y abriendo un espacio para la contextualidad de las situaciones en que los individuos interpretan las acciones morales. En un sentido no vinculado directamente a las operaciones, Delval (1994) defiende los estadios generales que abarcan la formación de cualquier noción social, sea económica, política o escolar. Son constructos o *tipos ideales*, en sentido weberiano, aunque deben apoyarse en datos empíricos. Así, los sujetos de 6 a 10 años explican los hechos sociales en base a los aspectos perceptivos, no comprenden el sistema social como tal, la sociedad es un orden dedicado a satisfacer intereses individuales y las únicas relaciones sociales concebibles son personales. Entre los 10 y 11 años, los sujetos tienden a diferenciar las relaciones personales de las sociales: el vendedor pasa de ser un amigo del niño que provee objetos que satisfacen sus necesidades, a cumplir la función de vendedor, que implica ganar dinero. El nivel de interpretación personal deja lugar a otro institucional. Finalmente, desde los 14 años se empieza a concebir a los mundos sociales posibles, más allá del actual, pudiendo comprender que las limitaciones en la riqueza y el trabajo dependen de los sistemas sociales y sus modificaciones.

Nuestros trabajos exploratorios se han ocupado de la constitución de hipótesis y aún de "teorías" específicas de los niños respecto del objeto autoridad política y escolar, situando dicha construcción en las prácticas sociales. Es decir, hemos postulado que las explicaciones infantiles sobre la jerarquía, la legitimidad y los límites de las autoridades giran en torno a ciertas hipótesis organizadoras, cuyas transformaciones ponen de relieve una actividad constructiva (Lenzi y Castorina, 2000). En el caso de la autoridad escolar (de una escuela pública) hemos identificado una "teoría" minimalista, según la cual los niños entre 6 y 9 años explican la legitimidad y los límites de la autoridad escolar por la hipótesis del dueño (la directora logra su titularidad por la compra de la escuela). El dominio o las entidades que constituyen para los niños la autoridad son personas y relaciones entre ellas, incluso observables inventados como el "dueño". Luego hemos identificado un período intermediario en el que los niños van abandonando la hipótesis del dueño y van fortaleciendo la objetividad de las actividades de las autoridades; finalmente, una teoría" maximalista, a los 12 años, según la cual la jerarquía, la legitimidad y los límites de la autoridad dentro de la escuela se explican por la hipótesis del "cargo". El dominio de la teoría infantil "maximalista" está constituido por entidades observables y otras teóricas como "cargos", "funciones" o "normas".

Según aquella investigación, las "teorías" se elaboran durante las interacciones con un objeto simbólico e intencional, de modo que para interpretar el significado social de los actos de autoridad, los niños construyen sus ideas, reorganizando otras anteriores por un proceso de diferenciación e integración. Dichas interacciones cognoscitivas no se producen en el vacío social, sino condicionadas por la transmisión de representaciones sociales sobre el mundo político o escolar y por la intervención institucional de la autoridad escolar que tienen como objeto a los niños, a los que colocan en una posición institucional o los disciplinan (Castorina et al, 2001). La actividad cognoscitiva deberá conquistar la objetivación y sistematización de las relaciones sociales superando aquellas limitaciones. En esta perspectiva, el "dominio" no se caracteriza desde el punto de vista del dispositivo mental anterior a las interacciones con el mundo. Se trata, más bien, de las entidades y relaciones pensadas en diferentes niveles de interacción con el objeto social (Castorina y Faigenbaum, 2002).

## La tradición de investigación

Este breve panorama nos permite plantear algunas cuestiones: ¿en qué sentido las indagaciones mencionadas forman parte de la tradición piagetiana de investigación de los conocimientos? ¿Qué es lo que da coherencia a un subprograma de investigación de conocimientos sociales respecto de la tradición original? ¿Cuáles son los compromisos irrenunciables que definen el núcleo de una tradición y cuáles son modificables? Respecto del enfoque y los resultados de las diferentes indagaciones: ¿A qué postulados han renunciado y a cuáles, si los hubiere, se mantienen fieles? ¿Cuáles son las relaciones entre los subprogramas de estudios sociales y la tradición original?

En principio, vincularemos las investigaciones sobre el conocimiento social de los niños con la tradición piagetiana de estudios sobre el desarrollo cognoscitivo. Recordemos que una tradición de investigación es un conjunto de supuestos generales acerca de las entidades y procesos de un ámbito de estudio y acerca de los métodos apropiados que deben ser utilizados para investigar y construir teorías (Laudan, 1977). Es decir, consta de dos tipos de compromisos: uno referido al tipo de entidades y procesos del ámbito de estudio y otro involucra ciertos principios metodológicos. Más precisamente, una tradición es una secuencia histórica de teorías que surgen y se modifican a partir de un núcleo cuyos compromisos establecen cómo se han de enfrentar los problemas. Dicho núcleo no es verificable dada la amplia generalidad de sus tesis o el carácter normativo de las reglas metodológicas, y además no puede producir por sí mismo las explicaciones detalladas que resuelven los problemas planteados. Este marco conceptual suscita o hace posibles aquellas explicaciones en forma de teorías especiales. Más aún, la relación entre el núcleo y la secuencia de teorías especiales es histórica y no de carácter lógico, por ello puede haber líneas muy diferente bajo los mismos supuestos.

Durante su historia, una tradición enfrenta problemas empíricos que exigen la formulación de nuevas hipótesis o su reformulación, así como cuestiones estrictamente conceptuales referidas a las inconsistencias identificadas durante su despliegue histórico. Algunas de estas cuestiones no se resuelven con sólo modificar sus teorías especiales. En este caso hay que retocar algunas tesis del núcleo, en aquellos aspectos que no son esenciales al despliegue de la tradición, en el sentido de que al abandonarlos no se afecta la identidad del programa. Pero, cuando la modificación pone en riesgo la realización y la continuidad del proceso de investigación, se ha abandonado la tradición original. Otras modificaciones de la tradición suceden como resultado de su ampliación por nuevas hipótesis o teorías sobre campos de investigación, o su revisión ante las dificultades empíricas o conceptuales. Puede considerarse que las revisiones más profundas se producen cuando la tradición tiene dificultades continuadas en resolver problemas empíricos o cuando se descubren inconsistencias entre los resultados de las investigaciones y el núcleo. Otro tanto sucede cuando algunas tesis centrales y derivadas se hacen incompatibles con el saber establecido por la comunidad científica, fuera del programa en cuestión. En comparación con otros enfoques epistemológicos, éste presenta criterios menos vinculados a las ciencias llamadas "duras" y hace justicia a las vicisitudes que han sufrido las tradiciones en la historia de la ciencia durante los últimos siglos.

Utilizando con cierta libertad la categoría epistemológica de "tradición" para los estudios psicogenéticos (Castorina, 1993) podemos identificar provisoriamente en su núcleo: 1) Una tesis epistemológica constructivista sobre la formación de los conocimientos originales en la interacción entre sujeto y objeto, en oposición al apriorismo y al empirismo; 2) La teoría de la equilibración de las acciones estructurantes sobre los objetos que pretende explicar la construcción cognoscitiva, que incluye los procesos de perturbación y desequilibracion de los sistemas cognoscitivos y procesos de reequilibración, tales como las abstracciones reflexionantes, las generalizaciones y la formación de nuevos posibles; 3) La hipótesis de los estadios en tanto momentos de relativa estabilización en el proceso de equilibración de las actividades estructurantes. Piaget identificó durante casi toda su obra los estadios por el logro de una estructura operacional. Pero un análisis más ajustado a la perspectiva epistemológica y a la propia teoría de la equilibración dio lugar a una revisión (Piaget y García, 1987). Es decir, cada nivel de equilibrio se establece según las situaciones problemáticas que los sujetos pueden resolver, lo que requiere el uso de fragmentos de distintos sistemas de conocimiento; 4) Las reglas metodológicas más amplias, tales como la aproximación genético-reconstructiva al estudio de las nociones infantiles, así como el método clínico-crítico de recolección de datos; 5) A diferencia de otros análisis sobre el programa (Roth *et al.*, 2000) consideramos que la inseparabilidad de la construcción individual del conocimiento y las interacciones sociales es parte del núcleo de las ideas piagetianas, en el sentido de que la modificación de las ideas de los niños tiene que ver con modificaciones en las relaciones sociales en las que participan (Damon y Youniss, 1992).

# La extensión "literal" de la tradición

Ahora bien, ¿qué rasgos epistémicos de las investigaciones sobre conocimientos sociales se pueden vincular con la tradición piagetiana? En principio, las hipótesis mencionadas se podrían considerar como extensiones del programa de investigación en tanto han sido suscitadas por algunas de las tesis del núcleo de la tradición. Ellas son, en algún sentido, su "realización" sobre nuevas cuestiones. Ahora bien, tal como hemos mostrado, han surgido subprogramas o líneas de investigación diferentes sobre las nociones sociales que reconocen su inspiración en las ideas de Piaget. Se trata de discutir en qué sentido estos subprogramas han llegado a constituir una extensión de la tradición piagetiana y si los resultados de alguna de esas líneas de investigación pueden impactar sobre el núcleo original, dando lugar a una revisión del mismo que amplíe su capacidad de generar nuevas hipótesis y lo vuelva compatible con los datos empíricos y con las ciencias sociales.

Por lo demás, cabe señalar que las reflexiones piagetianas sobre el conocimiento individual y la sociedad han tenido una débil presencia en las investigaciones clásicas, preferentemente descriptivas, sobre las instituciones política, familiar o económica. Las ideas de Piaget acerca de las relaciones entre el conocimiento individual y la sociedad, aunque bastante irregulares y oscilantes, han sido extensamente formuladas. En *El Criterio Moral en el Niño* (1933/1997) afirma claramente una relación constitutiva entre la subordinación a la autoridad adulta y las ideas de la heteronomía moral, así como entre la participación de los niños en relaciones cooperativas y sus ideas morales autónomas; posteriormente, y coincidentemente con su preocupación por la constitución de las operaciones intelectuales, se debilitó su interés por relacionar los conocimientos infantiles con las prácticas sociales. Sin embargo, en *Sociological Studies* (1965/1995) mantuvo la tesis acerca de la imposibilidad de disociar los procesos constructivos de las interacciones sociales. En particular, estableció una relación entre el egocentrismo individual y el sociocentrismo precientífico, haciendo una correspondencia entre la ruptura de la teoría científica con el sociocentrismo y la reorganización del pensamiento egocéntrico en la ontogénesis. Hacia el final de su vida, Piaget en colaboración con García (1981), postuló que la formación de las ideas científicas estaba condicionada fuertemente por los "marcos epistémicos" o concepciones del mundo, limitando los tipos de problemas que son "visibles" y los que son invisibles. En términos del conocimiento infantil ello supone situar las actividades constructivas en los entramados de significación social preexistentes a los individuos y que vuelven digno o no de ser conocidos a determinados objetos. Estas ideas han intervenido escasamente en el diseño de las investigaciones empíricas y la última perspectiva adoptada (el marco epistémico) ha sido aún menos utilizada por los investigadores de los conocimientos sociales. (Castorina, Faigenbaum y Clemente, 2002).

La mayoría de las investigaciones clásicas en conocimiento social se pueden caracterizar como extensiones "literales" del núcleo de la tradición original. En este sentido, cabe recordar que los estudios sobre el juicio moral representan una fase temprana de la obra piagetiana, mientras que los estudios que dieron lugar al programa maduro se realizaron sobre la constitución de las operaciones en el campo lógico-matemático y físico. Una buena parte de los estudios ulteriores sobre el conocimiento social infantil ha asumido principalmente las tesis del constructivismo, pero emplearon sólo parcialmente la teoría de la equilibración para explicar la modificación de las ideas infantiles. Es decir, la emergencia de contradicciones, su toma de conciencia y la puesta en marcha de procesos de reequilibración por diferenciación e integración de los conceptos, mediante las abstracciones y las generalizaciones. Además, los autores afirmaron la interacción entre el sujeto y el objeto, pero sin avanzar en la búsqueda de su especificidad respecto de las interacciones con objetos físicos y sin considerar las relaciones sistemáticas entre las situaciones sociales y la formación de nociones. No apelaron a las primeras ideas de Piaget referidas a las relaciones entre conocimiento individual y sociedad, ni menos aún a las contribuciones de su última etapa.

Un caso ejemplar de este tipo de interpretación es la teoría de Kohlberg sobre el juicio moral. Para Piaget, los valores del niño están funcionalmente vinculados a las diferentes relaciones sociales, con adultos y con pares: para vivir con los primeros los niños necesitan adquirir el respeto por la autoridad y la tradición social; para vivir en un mundo de pares necesitan conquistar el respeto mutuo y la posibilidad de cooperar con los otros. Durante la mayor parte de la niñez coexisten ambos conjuntos de valores morales. El cambio de las ideas infantiles en dirección a la autonomía es una conquista que depende en buena medida de un cambio en las circunstancias de su vida social. Por el contrario, Kohlberg (1984) leyó los trabajos morales de Piaget desde la perspectiva "estructuralista" y centró sus análisis en el nivel de pensamiento, particularmente formal, reduciendo la explicación del cambio moral a una cuestión de modificación en las estructuras cognitivas. Mientras para Piaget el origen tanto del juicio como de la conducta moral se encuentra en la práctica moral con las reglas dentro de las relaciones sociales (Faigenbaum, Castorina y Clemente, 2003), para aquel autor el razonamiento era prioritariamente el agente de la formación de la conducta moral (Youniss y Damon, 1992).

Anteriormente hemos descrito un cambio de orientación en la psicología del desarrollo, desde un enfoque de "dominio general" hacia un enfoque de "dominio específico". La mayoría de los estudios clásicos han interpretado los conocimientos institucionales y morales en términos de acceso a los sistemas más amplios de conocimiento, lo que impidió toda pregunta acerca de la relación peculiar entre el sujeto y el objeto sociales. Entre las excepciones se destacan las indagaciones de Emilia Ferreiro acerca de la psicogénesis de la lectoescritura (1986): en la construcción de los esquemas intervienen los aspectos operatorios, como las correspondencias o las relaciones de parte a todo, pero a la vez las hipótesis infantiles se dirigen a aspectos específicos del objeto lingüístico. En este enfoque se atiende explícitamente a las dificultades epistémicas que surgen en la interacción entre el niño y el objeto de conocimiento lingüístico. También cabe recordar los estudios de Turiel sobre el conocimiento de las reglas morales y convencionales (para una discusión crítica de este enfoque del conocimiento de "dominio" en el campo moral, ver el Capítulo II de este libro). Finalmente, recordamos nuestras incipientes indagaciones sobre nociones de autoridad escolar en términos de "teorías" minimalistas y maximalistas (Lenzi y Castorina, 2000).


## Las extensiones "críticas" de la tradición

Las investigaciones "clásicas" asumieron la tradición como una herencia estática, sin considerar las exigencias de cambios en algunos de sus componentes centrales. Sin duda, la interpretación literal de la tradición piagetiana permitió aplicar algunos de los supuestos teóricos y metodológicos a nuevos problemas, alcanzando una significativa descripción de la secuencia de nociones en diversos campos del conocimiento social. Pero al considerarse el conocimiento infantil como puramente individual y al no preguntarse por la naturaleza del conocimiento social, su valor epistémico fue limitado. Por el contrario, seguir un "espíritu" renovador hubiera significado avanzar en la elaboración de problemas inéditos o aceptar los desafíos planteados por otras tradiciones, particularmente en el caso de los conocimientos de "dominio". Además, durante la extensión de un programa es preciso, como ha sucedido tantas veces en la historia de la ciencia, reconsiderar las relaciones entre los resultados que se alcanzan y los presupuestos. De este modo, para comprender el proceso constructivo hay que responder a los desafíos que supone la presencia de las condiciones sociales del conocimiento o el carácter conceptual y no sólo estructural del pensamiento infantil.

Por tanto, habría que revisar ciertas tesis del núcleo: por ejemplo, la producción infantil de teorías o conceptos de dominio y sus niveles debería ser tan importante como la formación de los sistemas lógico-matemáticos en la formación de los conocimientos sociales. En este sentido, el mecanismo de equilibración puede emplearse para explicar la reorganización de los sistemas de hipótesis o de las "teorías" infantiles (Castorina y Baquero, 2005). A este respecto, señalamos que los conflictos entre las ideas infantiles, y su toma de conciencia, las diferenciaciones e integraciones o relativizaciones de conceptos, así como el pasaje de reacciones alfa a reacciones beta, y de estas a las gama, han sido tratadas explícitamente en diversas indagaciones (Ferreiro, 1986; Castorina y Aisenberg, 1989; Lenzi y Castorina, 2000; Faingembaun, 2000; Kohen –Capítulo IV de este libro–)

Más aún, la propia equilibración de los sistemas de conocimiento constituye un sistema abierto de interacciones con el objeto, donde la actividad constructiva está limitada por "ciertas condiciones de contorno", que nosotros llamaremos "restricciones", sean las representaciones sociales o las intervenciones institucionales. Una perspectiva que permita reconsiderar a la teoría de la equilibración en términos de sistemas complejos, como ha propuesto R. García (2001). Es relevante entonces poder incorporar al núcleo de la tradición las relaciones propiamente sistémicas del conocimiento de los niños con las prácticas sociales.

Obviamente, la tradición cognitivista involucra un supuesto epistemológico neoinnatista en su núcleo, mientras la tradición contextualista puede ser vinculada con ciertas posiciones constructivistas, pero en ocasiones adopta posiciones relativistas sobre el alcance de los conocimientos (Faingenbaum, Castorina y Clemente, 2003). Por su parte, la tradición piagetiana incluye centralmente tesis constructivistas en respuesta teórica a la problemática epistemológica que orienta a las investigaciones (Moshman, 1995), a lo que se añade el mecanismo de equilibración que apunta a precisar el proceso de construcción cognoscitiva. Ambas tesis son irrenunciables como enfoques de base, porque al dejarlas de lado se compromete la resolución exitosa de los problemas planteados. Esto es, se pierde la posibilidad de dar explicaciones plausibles para la formación de nuevos conceptos o sistemas de pensamiento, una tarea central de la tradición psicogenética. Incluso, pone en peligro la consistencia del proceso de investigación original. Por lo dicho, una extensión auténtica de la tradición original hacia el conocimiento social involucra sostener la identidad de la tradición mientras se modifica, dando así un lugar a la dialéctica entre los diseños y resultados de investigaciones fallidos o exitosos, con las tesis del núcleo y sus reglas metodológicas.

Algunos de los "subprogramas" para los conocimientos sociales parecen dar muestras de aquel proceso dialéctico, por lo que se pueden considerar como extensiones no literales de la tradición. Turiel y sus colegas han subrayado los aspectos funcionales de la tradición y la exigencia de un análisis epistemológico del campo de indagación para definir los "dominios" del conocimiento social, así como el intento de incorporar los aspectos contextuales de la formación de ideas. Nuestras propias indagaciones sugieren una modificación de las tesis de la base, ante los desafíos de estudiar el conocimiento de la autoridad escolar que parece construirse sufriendo el impacto de las prácticas institucionales. Además, cualquiera de las extensiones interpretadas como genuinas tendría que ofrecer una consistencia externa con del estado del arte de los conocimientos en las ciencias sociales (Castorina *et al.* 2000). En definitiva, creemos que una indagación puede ser considerada perteneciendo a la tradición piagetiana, en un sentido "crítico", sólo si logra revisarla, pero manteniendo aspectos cruciales de su núcleo.

Si evocamos las ideas de Piaget sobre conocimiento individual y sociedad, veremos que prestó gran atención a la coordinación intersubjetiva de las acciones, sea como relaciones de subordinación o de cooperación. Los aspectos propiamente culturales estuvieron ausentes, salvo con la introducción tardía del "marco epistémico" que condiciona la formación de las teorías científicas y de las nociones infantiles. Otro tanto sucedió con la especificidad de las prácticas institucionales y su impacto en la producción individual de las ideas.

De modo que un análisis propiamente cultural e institucional requería enriquecer el modelo piagetiano de la sociedad, basado en la interacción entre individuos, que hemos incluido en los supuestos del núcleo de la tradición. Sin duda, es un desafío para una perspectiva constructivista examinar el rol de los contextos, las representaciones sociales, los valores y las prácticas institucionales en la formación de las ideas infantiles acerca de la sociedad (Castorina *et al*, 2001). Vamos a mostrar ahora ciertos aspectos de la renovación de la tradición a partir del interés por dichos aspectos culturales e institucionales en la adquisición de los conocimientos sociales, puestos de relieve en los subprogramas mencionados.

Por un lado, los trabajos de Turiel y sus colegas (Helwig, 1995) tienen cierto éxito al otorgar un rol a los contextos sociales en la elaboración de los juicios morales, a diferencia de la versión "clásica" del desarrollo. En la versión de Kohlberg, por ejemplo, los juicios morales son homogéneos o heterogéneos respecto de un contexto que ejerce una resistencia a la activación de la estructura global. En general, se explicó la variación contextual de tales juicios en términos de "factores de desempeño" o de "la atmósfera moral del medio", es decir, se los trató como si fueran elementos o factores que impiden o facilitan la operación de la estructura global. Este fue un intento fallido por acomodar adecuadamente las variaciones contextuales en su modelo estructural.

Por el contrario, en la perspectiva de "dominio" propuesta por Turiel, el desarrollo del conocimiento social consiste en la coordinación e integración de conceptos, en lugar de la diferenciación global propuesta por Kohlberg. Dicha coordinación es específica a las circunstancias, por lo que se han examinado los razonamientos en el contexto de situaciones multifacéticas que contienen componentes de varios dominios. Las experiencias colocaban a los sujetos en situaciones "mixtas", de modo tal que los componentes convencionales y los morales entraban en conflicto. Por ejemplo, los niños eran obligados a elegir entre actuar para evitar un daño o para mantener el orden de una clase. Los resultados mostraron considerables variaciones entre los individuos según cómo distinguiesen y coordinasen los aspectos de las situaciones, enfocándolos desde el punto de vista moral o convencional. El desarrollo del conocimiento social se podría interpretar en los términos de un proceso de comprensión por articulación de conceptos, en tanto son aplicados a situaciones sociales complejas. Este modelo, finalmente, coloca el foco de interés en cómo el contexto es representado en el conocimiento de los individuos, distinguiéndose de la perspectiva contextualista. Esta última considera que el individuo y la situación son indisociables, al punto de que a veces se confunden. En cambio, para aquel constructivismo "crítico" se mantiene la interacción entre el sujeto y el objeto, de tal modo que cada individuo construye sus ideas, pero siempre en condiciones contextuales (para un análisis crítico de esta perspectiva, ver el Capítulo VII de este libro).

Por nuestra parte, y tomando en cuenta la historia del pensamiento piagetiano, en las investigaciones mencionadas sobre autoridad política y escolar hemos incorporado a la tradición constructivista el concepto de "restricción" (Castorina y Faigenbaum, 2002). Este último es un componente crucial del enfoque de "dominio" formulado en la perspectiva cognitivista, ya que cada vez que los investigadores han postulado mecanismos de procesamiento específicos formularon ciertos principios que operan seleccionando la información relevante. Estos principios son representaciones innatas e implícitas que posibilitan, y a la vez limitan, el curso del desarrollo en un dominio, por ejemplo el conocimiento físico o psicológico. Claramente, las restricciones son innatas por definición en esta perspectiva y están "dadas" con anterioridad al proceso mismo de elaboración cognoscitiva. Nosotros hemos asumido una interpretación más amplia del concepto, lo que se justifica por su probable eficacia para interpretar resultados empíricos en la investigación de conocimientos sociales. Lo fundamental es que trasladamos el estudio de las restricciones al escenario de la construcción del conocimiento social, en las interacciones sociales entre el sujeto y el objeto. Sin rechazar la existencia de algún tipo de restricciones innatas, queremos incluir las representaciones sociales y las prácticas "institucionales" en el proceso de formación de las ideas infantiles. Nuestra perspectiva captura la doble función que las instituciones y las representaciones de una cultura ejercen en los procesos de conocimiento, la de posibilitarlos y a la vez obstaculizarlos. De este modo, al subrayar la intervención de las restricciones sociales sobre la formación del conocimiento modificamos las premisas piagetianas sobre las relaciones entre conocimiento individual y sociedad.

Primeramente, las representaciones sociales son condiciones esenciales de la construcción de las ideas infantiles sobre la sociedad y constan de creencias y metáforas producidas en las interacciones sociales y en las prácticas institucionales. Dichas creencias constituyen el marco epistémico en el sentido piagetiano, cumpliendo una función análoga a la desempeñada por los "principios" de la versión innatista, antes comentada, ya que canalizan el desarrollo cognitivo. Estamos afirmando la influencia de las interpretaciones "ya existentes en el mundo social", sobre las construcciones infantiles del significado. Así, los niños asimilan las creencias sociales y las acomodan a los fines de elaborar las hipótesis específicas sobre temas sociales. En el caso de los conocimientos infantiles sobre la autoridad escolar, las representaciones (incluidas las metáforas transmitidas por la propia autoridad) inciden en las elaboraciones infantiles. Así, la teoría "minimalista" incluye la "hipótesis del dueño" como organizadora de las explicaciones sobre la legitimidad y los límites de la autoridad. Ahora bien, la creencia de que "toda cosa tiene dueño" expresa una imagen social vinculada a las prácticas de los adultos y de los niños con el hecho cotidiano de la propiedad privada de la mayoría de los objetos en nuestra sociedad. Por lo tanto, es plausible considerar que tal representación constituya un marco mediador para el pensamiento infantil, con la que debe contar a la hora de dar su versión "patrimonialista" de la autoridad escolar. Estas representaciones, a la vez, constituyen un obstáculo a vencer durante la construcción de una perspectiva objetiva de la autoridad, centrada en los cargos (Castorina *et al*,. 1997).

Análogamente, los estudios sobre el cambio conceptual de las ideas sobre la autoridad política sugieren la apropiación por los alumnos de representaciones sociales que personalizan y naturalizan el orden social (Lenzi y Castorina, 2001). En conclusión, el examen de la formación de ciertos conocimientos sociales pone relieve un marco mediador que no es "exterior" a la dinámica de la construcción de hipótesis infantiles, sino una de sus condiciones de posibilidad. Sin tales creencias básicas, que les son transmitidas explícita o implícitamente a los niños, durante sus intercambios en grupos o instituciones como la escuela, no pueden hipotetizar sobre la sociedad.

Por otra parte, las representaciones sociales no son, en nuestra perspectiva, únicamente materia prima de una pura construcción conceptual, neutral a los valores sociales. Si bien la psicología genética no se ocupa directamente de la constitución de la subjetividad social, es imprescindible reconocer que la producción conceptual infantil supone el compromiso de la propia identidad social, vinculada a la intervención de aquellas representaciones. Al menos, es preciso admitir una subjetividad social imbricada en la propia actividad intelectual, evitando la postulación de un sujeto estrictamente epistémico para los conocimientos sociales.

En segundo término, hay restricciones que derivan de las interacciones cognoscitivas con el objeto institucional. Es decir el objeto a ser conocido impacta sobre la construcción de las ideas infantiles, limitando la formación en los niños de sólo una gama de hipótesis sobre la normativa de las instituciones en las que participan, tales como la familia o la escuela (Castorina, Kohen y Zerbino, 1997). Se puede mostrar que las respuestas de los niños testimonian que sus interpretaciones están posibilitadas por la intervención de restricciones que imponen las acciones institucionales sobre los sujetos. Así, por ejemplo, se pueden encontrar niños que se centran en el accionar de la autoridad para explicar "qué es portarse mal". Para estos sujetos, portarse mal es que los castiguen. Como dice uno de ellos: *"portarse mal es que lo reten... que lo dejen sin recreo, sin jugar, sin salir a la calle"*. Es decir, es la imposición misma del castigo lo que funda las malas conductas. No habría mal comportamiento antes de las sanciones. Tales respuestas aparecen en niños de Jardín de Infantes y se encuentra hasta los ocho años. Por el contrario, las respuestas que sostienen que los niños son castigados cuando su conducta viola las normas aparecen desde temprano, no se extinguen y con posterioridad tienden a consolidarse. Desde el punto de vista epistémico ponen de relieve una indiferenciación entre las transgresiones y las sanciones, las que se diferenciaran ulteriormente. Estos rasgos nos permiten hipotetizar que la elaboración de significados por parte de los niños es una reconstrucción que se cumple al interior mismo de las restricciones de la relación de autoridad, de las acciones institucionales dirigidas a los propios niños. No decimos que tales acciones compelen a dar las respuestas mencionadas, ya que siempre hay alguna elaboración en curso, lo que queda probado además, entre otras razones, en la propia diferenciación ulterior entre transgresiones y sanciones.

Un último comentario sobre el requerimiento de consistencia externa propuesto por Laudan (1977) entre el despliegue de una tradición y el conocimiento aportado por otras ciencias: si una línea de investigación dentro de una tradición puede evitar inconsistencias con las ciencias sociales. Si consideramos la extensión "literal" de la tradición piagetiana, siendo los conocimientos sociales interpretados como una "aplicación" de estructuras de conocimiento generales, resulta comprensible que no se recurra a las ciencias sociales. Es decir, si los conocimientos de los niños sólo se producen por una estructuración lógica de la información social, los rasgos de las situaciones puestos de relieve por las ciencias sociales no son relevantes para estudiar tales conocimientos. Además, en una gran parte de las investigaciones comentadas no se ha realizado una reflexión epistemológica del dominio social sobre el que piensan los niños. Incluso, el punto de referencia para las ideas infantiles no es la ciencia social, sino el sentido común del propio investigador (Bombi y Berti, 1988). El requisito epistemológico no se cumple.

Por el contrario, en las extensiones críticas el recurso a las ciencias sociales es asumido seriamente. En nuestro caso (Castorina, *et al*, 2000) las modificaciones que hemos introducido en las relaciones entre sociedad y conocimiento individual utilizando el concepto de restricción parece compatible con el estado actual de la *teoría de la acción social* (Giddens, 1995; Bourdieu, 1997). Semejante enfoque nos permite considerar a los niños como agentes sociales plenos y sugiere perspectivas relativas al modo en que las restricciones sociales operan sobre el conocimiento individual. Bourdieu, por ejemplo, introduce el concepto de *habitus* para referirse a las formas de clasificación procedentes de la incorporación de estructuras sociales en los individuos. Estas clasificaciones se convierten en el principio activo para organizar el mundo social, recordando: "[…] *que esta capacidad de construir la realidad social es ella misma construida socialmente*" (1997:164). Hasta los efectos simbólicos del poder impactan en la oscuridad de los habitus corporales del dominado, quien sin embargo tiene algún grado de aceptación.

Esta problemática y sus interrogantes reaparecen, de manera peculiar, en la formación de ideas originales de los niños en contextos donde las prácticas sociales regladas (escolares o económicas, por ejemplo) se convierten en objetos de conocimiento social para los niños. Tales prácticas, incluidas las metáforas sociales acerca de su significado limitan, tanto como posibilitan, la formación de las nociones sociales. Puede decirse que, para las ciencias sociales y para nuestra tradición de investigación psicológica, la tensión entre restricción social y construcción es constitutiva de la relación del agente con el mundo social.

## Las perspectivas

Podemos volver ahora a las preguntas con las que iniciamos este capítulo: ¿Qué es lo que hace que una investigación sobre conocimiento social sea de raigambre piagetiana? ¿Cómo considerar una tradición constructivista que asume los desafíos de los contextos y de las prácticas sociales?

En primer lugar, hemos tratado de mostrar las diferencias entre una extensión "literal" de la tradición piagetiana de investigación para la indagación de los conocimientos sociales y otra que se atiene más a su espíritu crítico. La primera, si bien realizó un importante relevamiento de las nociones infantiles, ha soslayado la especificidad de las interacciones sociales entre sujeto y objeto de conocimiento y las condiciones culturales en las que ocurre la elaboración intelectual. En cambio, las extensiones "críticas" han intentado responder los desafíos que se plantea la investigación contemporánea: primeramente, de qué modo dar un lugar al conocimiento de "dominio" en una tradición constructivista, a la que se ha considerado como intrínsecamente asociada con una perspectiva "independiente de dominio", y habida cuenta de la manifiesta insuficiencia de esta última para explicar la formación de las ideas sociales en diversos campos. Hemos mencionado el subprograma del grupo de Turiel y nuestras propias indagaciones. Además, y vinculado con lo anterior: ¿Cómo dar una explicación de la especificidad del conocimiento social en términos de las interacciones constructivas entre el sujeto y el objeto social de conocimiento? Se ha podido mostrar una tensión constitutiva entre la elaboración de las ideas y la intervención institucional o las condiciones culturales, en forma de representaciones sociales y de situaciones contextuales. Esta relación entre el conocimiento individual y la sociedad guarda una consistencia externa con las propuestas de las ciencias sociales.

En segundo lugar, entonces, las extensiones críticas permiten entablar un diálogo entre los avances de sus investigaciones y el núcleo de la tradición, de lo que parece resultar una revisión de algunas de sus tesis centrales, a los fines de hacerlo compatible con los resultados empíricos y el estado actual de las ciencias sociales. En el caso de la tesis referida a los "estadios" relativos del proceso de equilibración de los conocimientos, es preciso hablar ahora de niveles en la construcción de "teorías" o sistemas de hipótesis y no sólo de formación de estructuras operacionales o de fragmentos de estructura. Aquí es crucial reconocer que para producir conocimientos sociales los niños disponen de diferentes niveles operacionales, constituidos en relación con la elaboración de informaciones derivadas del mundo social. Pero tales niveles no se aplican simplemente para producir las conceptualizaciones sobre tales temas, sino que más bien se articulan con las teorizaciones específicas.

Además, el modo en que los contextos culturales y sus variaciones ejercen influencia sobre la construcción cognoscitiva es aún problemático. Sobre todo, si no se superan la ideas piagetiana originales que hacían de la equilibración una fuerza que empujaba intrínsecamente al desarrollo (Vonèche, 1999). En este sentido, el enfoque de los sistemas complejos ha permitido reorganizar la teoría de la equilibración (García, 2001) dando lugar a una cierta indeterminación en la construcción de los sistemas cognoscitivos y a una interacción entre éstos y los sistemas sociales. En los conocimientos sociales, la intervención de las restricciones sociales sobre la construcción conceptual. Al parecer, se abre una perspectiva de articulación entre diversidad cultural y desarrollo.

Se trata, entonces, de ampliar y enriquecer la tesis piagetiana de las interacciones sociales, dando un lugar más decidido a las prácticas institucionales y a la cultura en la formación de los conocimientos sociales. Se impone relacionar a los individuos con la sociedad, incluyendo la intervención de fuertes restricciones derivadas de las prácticas institucionales, al menos para la formación de las nociones infantiles sobre instituciones en las que participan directamente, como la escuela o la familia. En la línea de Turiel, el contexto cultural está representado en el conocimiento individual de la sociedad, según el modo en el cual cada individuo coordina los aspectos de las situaciones multifacéticas que experimenta. A su vez, en nuestras investigaciones, las representaciones sociales preexistentes podrían ser internalizadas por los niños, pero acomodándolas activamente a los problemas sociales que ellos tienen que resolver. Las restricciones puestas de relieve son constitutivas de la reorganización del sistema de actividad cognoscitiva, justamente porque son sus condiciones de contorno que la posibilitan tanto como la obstaculizan.

Por lo dicho, señalamos que las modificaciones mencionadas en la tradición obligan a intensificar los intercambios fructíferos con investigaciones provenientes de otras disciplinas sociales. Ello es posible en la medida en que compartan un marco epistémico relacional que permita articular dialécticamente a la sociedad con el individuo, la construcción conceptual con sus condiciones sociales, la originalidad de las ideas con las restricciones culturales e institucionales. Desde esta perspectiva, hemos abierto un diálogo con la psicología de las representaciones sociales, postulado una relación de compatibilidad entre ambos programas de investigación (ver el Capítulo VII de este libro).

Finalmente, las modificaciones introducidas en la tradición de investigación: ¿Han alterado la identidad del programa piagetiano? Las dos tesis ineludibles de la tradición piagetiana no han sido abandonadas, sino modificadas: la tesis constructivista subsiste como elaboración de hipótesis originales por los niños en aquella tensión constitutiva con las condiciones sociales; la equilibración es reformulada como una teoría de sistema complejo (García, 2001). En tal sentido, la tradición parece mantener una identidad dialéctica a través de las modificaciones. De este modo, puede muy bien suceder que ella vaya adquiriendo una conformación, debida al cambio de problemas y de su corpus teórico, que haga muy difícil reconocer a simple vista su continuidad con la versión original. Esta misma dificultad ha sido señalada como un hecho frecuente en la historia de la ciencia (Laudan, 1977).

Recientemente, Scholnick (1999) ha interpretado el destino de la tradición iniciada por Piaget, utilizando la metáfora de los herederos que se ocupan de modos diferentes de la casa (la obra misma). Por un lado, están aquellos que se limitan a reacomodar o añadir muebles a los ya disponibles. Es decir, la casa (la tradición) se mantiene intacta, aunque las investigaciones introducen nuevos fenómenos o extienden las hipótesis básicas, pero sin modificarlas. Esta podría ser la interpretación literal de la tradición, a la que nos hemos referido.

Por otro lado, están los que convierten la casa en una moderna residencia, en el sentido de que se mantienen los fundamentos y los ladrillos, pero llegan a producir fenómenos y cuestiones que irían más allá de ciertos aspectos de la formulación originaria, como la postulación clásica de los estadios formulados en términos estructurales. Quizás, esta transformación correspondería a una tradición crítica, que llamaríamos "débil". Finalmente, hay quienes –una parte muy importante de los herederos– tiran abajo la casa y se quedan sólo con la tierra donde fue construida. Rechazan prácticamente toda la herencia teórica y sólo asumen los problemas, como el origen del conocimiento o la naturaleza del cambio cognoscitivo.

Nosotros nos colocaríamos en la segunda posición, pero de una manera más radical. Esto es, creemos que en el estado actual de los conocimientos y de los problemas planteados en las investigaciones sobre conocimientos sociales, hay que cambiar algunos ladrillos y ciertos cimientos del edificio. Es decir, revisar el núcleo de la tradición, conservando con modificaciones sus aspectos cruciales, como hemos dicho. Creemos que este es el camino más adecuado para hacer habitable la casa, lo que equivale a renovar profundamente el programa original y hacerle recuperar su productividad epistémica. Esta fue, sin duda, la posición de Piaget sobre el destino de su propia obra.

# Referencias bibliográficas

BENNETT, M. (1993) "Introduction", en BENNETT, M. (Ed.) The Child as Psychologist. London. Harvester Wheatsheaf.

BERTI, A. E (1994) "Children´s Understanding of the Concept of the State", en CARRETERO, M. y VOSS, J. F. (Eds.) *Cognitive and Instructional Processes in History an the Social Sciences*. Hillsdale. New Jersey. Lawrence Erlbaum Associates, Publishers.

—— y BOMBI, A. S. (1988) *Il mondo economico nel bambino*. La Nova Italia: Florencia.

BOURDIEU, P. (1997). *Méditations Pascaliennes*. Gallimard: Paris.

CASTORINA, J.A y AISENBERG, B (1989) "Psicogénesis de las ideas infantiles sobre la autoridad presidencial: un estudio exploratorio", en *Problemas en Psicología Genética*. Buenos Aires. Miño y Dávila

—— (1990) La cuestión de la especificidad del conocimiento social. *Aprendizaje Hoy*. Año XI, No. 20. 69-90

—— (1993) La psicología genética como una tradición de investigación: problemas y apreciación crítica. *Anuario de Psicología*. 56: 5-26. Universitat de Barcelona

——; KOHEN, R. y ZERBINO, M. (1997) "Reflexiones sobre la especificidad del conocimiento social", *Anuario de Investigaciones,* V, Facultad de Psicología. Universidad de Buenos Aires.

——; FAIGENBAUM, G.; TABBUSCH, C. y CLEMENTE, F. (2000) "La investigación de las nociones sociales en los niños: la apertura a las ciencias sociales", *VIII Anuario de Investigaciones*, Facultad de Psicología. UBA. 322-339

——; ——; ZERBINO, M.; KOHEN, R.; TABBUSH, C.; CLEMENTE, F. (2001) "El conocimiento social de los niños y las prácticas institucionales", *Revista IRICE*, No. 15, 31-54.

——; ——; CLEMENTE, F. (2002) "Conhecimento individual e Sociedade no obra piagetiana. Algunas implicaçôes para a investigaçaô psicologica". *Educaçao & Realidade.* Porto Allegre.

——; —— (2002) "The epistemological Meaning of Constraints in the Development of Domain knowledge", *Theory & Psychology*, Vol 12 (3), 315-334.

——y BAQUERO, R. (2005) *La dialéctica y la psicología del desarrollo. El pensamiento de Piaget y de Vigotsky.* Buenos Aires. Editorial Amorrortu.

DELVAL, J. (1989) "La representación infantil del mundo social". En TURIEL, E.; ENESCO, I. y LINZA, J. (comps.). *El Mundo Social en la Mente Infantil.* Alianza Editorial. Madrid. 245-330.

—— (1994) "Stages in the Children´s Construction of Social Knowlidge". En CARRETERO, M. y VOSS, J. (Eds.) *Cognitive and Instructional Processes in History and the Social Sciences.* Lawrence Erlbaum. New Jersey. 77-102

FAIGENBAUM, G. (2000) "Los criterios de valor económico en el niño". En CASTORINA, J. A. y LENZI, A. (comps.) *La formación de los conocimientos sociales en los niños.* Gedisa. Barcelona. 107-135.

——; CASTORINA, J. A; CLEMENTE, F. (2003) "El enfoque piagetiano de la investigación del juicio moral: alternativas frente al naturalismo y el contextualismo", *Estudios de Psicología*, Vol. 24 (2), 205-222.

FERREIRO, E. (1986) *Proceso de alfabetización. La alfabetización en proceso.* Centro Editor. Buenos Aires.

FLAVELL, J. y MILLER, P. (1998) "Social Cognition". En DAMON, W. (comp.) *Handbook of Child Psychology, Vol. 2 Cognition, perception and language.* John Wiley & sons. New York. 851-898.

FURTH, H. (1980) *The world of grown-up. Children's conceptions of social institutions*. Nueva York. Elsevier Noth Holland

GARCÍA, R. (2001) *El Conocimiento en Construcción*. Barcelona. Gedisa

GELMAN, R. (1990) "Structural constraints on cognitive development". *Cognitive Science*. 14: 79-106

GIDDENS, A. (1995) *La Construcción de la Sociedad*. Amorrortu. Buenos Aires.

HELWIG, Ch. C. (1995) "Social context in social cognition: Psychological harm and civil liberties". En KILLEN, M. y HART, D. (Eds.) *Morality in everyday life*. Cambridge University Press. New York. 166-200

HIRSCHFELD, L. A. (1994) "Is the acquisition of social categories based on domain-specific competence or on knowledge transfer?" En HIRSCHFELD, L. A. y GELMAN, S. (Eds.) *Mapping the Mind*. Cambridge University Press. New York. 201-233.

KILLEN, M; NUCCI, L.P. (1995) "Morality, autonomy and social conflict". En KILLEN, M. y HARTO, D. (Eds.) *Morality in everyday life*. Cambridge University Press. New . New York

KOHLBERG, L. (1984) *Essays on moral development: Vol 2. The psychology of moral development*. Harper and row. San Francisco

LAUDAN, J. (1977) *Progress and its Problems*. University of California Press. Berkeley.

LENZI, A. y CASTORINA, J. A. (2000a) "Algunas reflexiones sobre una investigación psicogenética en conocimientos sociales: la noción de autoridad escolar" y "El cambio conceptual en los conocimientos políticos. Aproximación a un modelo explicativo". En CASTORINA, J. A. y LENZI, A. (comps.) *La Formación de los Conocimientos Sociales en los Niños*. Barcelona. Gedisa

LOURENÇO, O. (1996) "Reflections on Narrative Approaches to Moral Development". *Human Development*. 39:83-99.

MOSHMAN, D. (1995) The Construction of Moral Racionality. *Human Development*. 38:265-281.

PIAGET, J. (1932/1997) *The Moral Judgment of the Child*. Free Press Paperbacks. New York.

—— (1965/1995) *Sociological Studies*. London and New York. Routledge

—— y GARCÍA, R. (1981) *Psicogénesis e Historia de la Ciencia*. Siglo XXI. México.

—— y —— (1987) *Hacia una lógica de las significaciones*. Gedisa. Barcelona.

POZO, I. (1994) "El cambio conceptual en el conocimiento físico y social: del desarrollo a la instrucción". En RODRIGO, M. J. (comp.) *Contexto y Desarrollo Social*. Síntesis. Madrid. 227-241

ROTH, D. M.; SLONE; R. y DAR, (2000) "Which Way Cognitive Development?" *Theory & Psychology*. Vol 10 (3): 353-373.

SCHOKLNICK, E. K (1999) "Piaget´ Legacy: Heirs to the House That Jean Built", En SCHOLNICK, E.; NELSON, K.; GELMAN, S. y MILLER, P. (Eds.) *Conceptual Development*. Hillsdale. New Jersey. Lawrence Erlmanu Associates.

TURIEL, E. (1983) *The Development of Social Knowledge: Morality and Convention* Cambridge U. Press

—— (2002) *The Culture of Morality*. Cambridge University Press. New York.

VONÈCHE, J. (1999) "The Origin of Piaget´s Ideas About Genesis and Development". En SCHOLNICK, E.; NELSON, K.; GELMAN, S. y MILLER, P. (Eds.) *Conceptual Development*. Hillsdale. New Jersey. Lawrence Erlbaum Associates.

YOUNISS, J. y DAMON, W. (1992) "Social Construction in Piaget´s Theory". En BEILIN, H. y PUFALL, P. (comps.) *Piaget´s Theory*. Erlbaum. New Jersey. 267-285.

Capítulo **II**

# El conocimiento de "dominio" moral en la psicología del desarrollo.

# Un análisis de las tesis de Turiel[*]

José Antonio Castorina
Fernando Clemente
Alicia Barreiro[**]

## El problema del conocimiento de dominio

Sin duda, la psicología del desarrollo moral plantea serios problemas respecto de la credibilidad empírica de las hipótesis que describen las ideas infantiles en situaciones problemáticas, o en el modo en que se establecen niveles para la organización de las ideas. Incluso, es discutible la pertinencia de los métodos de indagación y de análisis de los datos obtenidos. Sin embargo, una reconsideración atenta de las investigaciones disponibles pone de relieve la exigencia de tratar cuestiones teóricas y filosóficas. Puede afirmarse que los problemas más significativos de la psicología del desarrollo moral, en verdad de toda psicología del desarrollo cognoscitivo, son principalmente teóricos. Nos referimos a los compromisos con la filosofía moral en la delimitación de los campos de investigación, la intervención de diferentes marcos epistémicos en el diseño de las investigaciones y en la interpretación de los resultados.

---

[*] Este artículo fue publicado en el *XI Anuario de investigaciones*. Año 2003, Facultad de Psicología, UBA.

Trabajo realizado gracias al subsidio UBACyT P017 "La construcción del conocimiento social: Problemas teóricos a partir de investigaciones psicogenéticas." Universidad de Buenos Aires, Facultad de Psicología.

[**] Alicia Barreiro, Facultad de Psicología, UBA: abarreiro@psi.uba.ar; José A. Castorina, Facultad de Psicología, UBA y CONICET: ctono@netizen.com.ar; Fernando Clemente, Facultad de Psicología, UBA: ferclem@infovia.com.ar.

En la psicología del desarrollo cognoscitivo se ha producido, en los últimos veinte años, un desplazamiento desde una explicación "libre de dominio" hacia una explicación "de dominio". Principalmente, dicho desplazamiento se llevó a cabo desde la primera teoría computacional "de propósito general" y la psicología genética en su versión clásica, hacia los sistemas conceptuales específicos de un campo de conocimiento, sea matemático, físico o psicosocial. Para la perspectiva cognitiva el conocimiento es un proceso computacional que involucra algunas representaciones innatas que sostienen dichas áreas. Esto significa que esas representaciones restringen la formación de otras durante el desarrollo. Se podría extender, por otra parte, la idea de especificidad de áreas a la perspectiva socio-histórica, aunque basada en herramientas culturales e interacciones sociales y no en representaciones mentales.

En el caso de los conocimientos sociales, los enfoques de dominio de orientación cognitiva han adquirido notoriedad particularmente en los estudios sobre las ideas mentalistas infantiles y, recientemente, en la identificación de representaciones básicas de clasificación social (Hirschfeld, 1994) o de primitivos innatos para el desarrollo moral (Premack y Premack, 1994). Por otra parte, la tradición culturalista sitúa los conocimientos sociales en la participación individual en formatos de interacción que dan significado a las prácticas sociales (Cole, 1996).

Curiosamente, dentro de este panorama, la obra de Turiel (1984; 1998; 2000) intenta reivindicar el conocimiento social de "dominio", aunque reconociéndose miembro de la tradición piagetiana, justamente el ejemplo paradigmático del conocimiento "libre de dominio." Es decir, inaugura un enfoque de dominio, en contra de la creencia imperante en la mayoría de los psicólogos según la cual el constructivismo está intrínsecamente asociado con una tesis de conocimiento general. En este sentido, es relevante examinar la plausibilidad de un constructivismo "de dominio" para el conocimiento moral, así como poner de relieve su originalidad respecto de otros enfoques.

El propósito de este artículo es plantear los problemas que suscita el conocimiento de dominio moral propuesto por Turiel, al compararlo con la teoría piagetiana de la que proviene y con la perspectiva contextualista. En primer lugar, vamos a presentar los criterios utilizados por este autor para definir la especificidad del dominio moral y para diferenciarlo del convencional, así como los presupuestos teóricos que le permitieron recortar los actos correspondientes a cada uno. Se trata de examinar hasta qué punto son razonables los criterios utilizados, y cuál es el significado de las dificultades conceptuales que parecen propias de esta perspectiva. En segundo lugar, para caracterizar la originalidad de la versión "constructivista" de dominio, se identificarán la notas que la distinguen de la herencia piagetiana. Se enfatizarán las críticas a la constitución de los juicios morales autónomos desde un estado inicial de indiferenciación respecto de la autoridad. En tercer lugar, se contrastará la perspectiva de dominio "constructivista" con la perspectiva de dominio contextualista, dado que su confrontación en términos teóricos y empíricos es característica de la situación de la investigación contemporánea en psicología moral. Sobre esta base, replantearemos las condiciones de posibilidad de la psicología del desarrollo moral: la teoría del conocimiento moral, por un lado, y la filosofía moral, por el otro.

## Los sentidos del conocimiento de dominio

Las exigencias de la tarea propuesta nos han llevado a reconsiderar lo que se entiende por "dominio", desde tres niveles diferentes, ampliando las categorías de análisis formuladas en otro texto (Castorina y Faigenbaum, 2002):

a) *Dominio* definido por la organización conceptual de los sujetos en un área de conocimiento y por los fenómenos a los que aquella se refiere. Es decir, más allá de su inteligencia general, los sujetos formulan "teorías" o sistemas de ideas sobre un campo específico de conocimiento que puede ser físico, biológico, mental o, en nuestro caso, moral. Aquí el dominio es la teoría con las entidades a las que refiere, tomada en sentido debilitado respecto de la noción de teoría en la filosofía de la ciencia. Esto significa que al formular sus hipótesis y argumentos, los sujetos se comprometen con ciertas acciones y valores humanos en términos de correcto o incorrecto, justo o injusto, etc. En algunas interpretaciones psicológicas, el dominio de acciones morales está fijado por fuera de la actividad del sujeto, mientras que en otras depende de su actividad conceptual y se modifica durante el desarrollo infantil.

b) *Dominio* en tanto habilidades, mecanismos o sistemas de representaciones responsables de las ideas de los sujetos sobre un área de conocimiento. Es decir, la identificación de los procesos que sostienen el domino de conocimiento del sujeto en el sentido a). En la perspectiva cognitiva se postula principalmente un sistema de representaciones innatas que canalizan el desarrollo de las ideas en los sujetos. Así, los primitivos postulados por Premack y Premack (1994) disponibles en los bebés determinan la "forma" de la moral adulta. La posición neoinnatista es la predominantemente aceptada por los psicólogos del desarrollo y ha pasado a ser coextensiva con el sentido del dominio b). Como se verá en lo que sigue, para el contextualismo el dominio no depende de representaciones individuales ni de una arquitectura natural, sino de la apropiación de formatos culturales. Por su parte, el constructivismo "de dominio" afirma que es imprescindible la elaboración de las ideas morales por parte de cada individuo durante su interacción social y en diferentes contextos.

c)  *Dominio*, en el sentido de la construcción teórica del propio investigador, en cuanto al rango de fenómenos y problemas que el psicólogo moral considera formando parte de lo moral. En otros términos, bajo qué bases teóricas o empíricas los incluye como relevantes y qué deja fuera del dominio moral de su teoría. Se trata de establecer si la construcción del dominio es demasiado estrecha o limitada, al reconocer como morales un reducido sector de acciones o, por el contrario, si resulta muy amplia y no da lugar al establecimiento de distinciones con otros campos. El propósito sería identificar el modo en que interviene la filosofía moral en la delimitación del dominio y en la investigación empírica.

Esta diferenciación entre recortes cognoscitivos de los sujetos, procesos psicológicos que los sostienen y decisiones del investigador, permite situar las tesis de la psicología moral de Piaget, Turiel o los contextualistas en tres dimensiones para su análisis. De este modo, es posible identificar los problemas epistemológicos (en el sentido de los proceso de conocimiento del sujeto moral) con cierta independencia de las cuestiones referidas al tipo de filosofía moral involucrada en las decisiones del investigador. Además, tal diferenciación puede facilitar el examen de los resultados de las investigaciones empíricas y sus relaciones con los problemas antes mencionados. Al volcar las discusiones y las hipótesis sobre el conocimiento moral en estas dimensiones esperamos afinar el análisis y evitar las superposiciones. En buena medida, quisiéramos evaluar la fertilidad del término dominio como instrumento para comparar las teorías psicológicas.

# Naturaleza del dominio de conocimiento según Turiel

Gran parte de la originalidad del pensamiento de Turiel sobre desarrollo moral radica en su recurso a la estructuración del conocimiento social en determinados dominios, asociados con modos particulares de organizar y categorizar la experiencia social. La diferenciación inicial de domino moral y convencional propuesta por Turiel, es pensada a partir de la influencia de las distintas vivencias sociales sobre la actividad constructiva del sujeto. Sin embargo, hay una deuda de Turiel con Piaget (1932/1997) al sostener una tesis de base constructivista, en el sentido de que los conceptos en un dominio se elaboran a partir de la acciones llevadas a cabo sobre los objetos sociales y la reflexión sobre éstas. Así, el niño reflexiona sobre su propia práctica social, de modos distintos según si la experiencia es moral o convencional. La perspectiva de Turiel es estructural – constructivista, en tanto los sujetos pueden pensar en un dominio de acciones limitadas por un marco de pensamiento pero, a diferencia de las estructuras generales postuladas por Piaget, afirma la existencia de estructuras parciales. Estas constituyen sistemas conceptuales con un curso específico de desarrollo:

> "...las interacciones sociales no están organizadas conceptualmente abarcando todo el pensamiento social en un solo sistema. Una de las conclusiones fundamentales (...) es que los juicios propios de esta área se organizan dentro de dominios de conocimiento." (Turiel, 1984:12).

Así, para Turiel, el conocimiento social se organiza en distintos sistemas conceptuales o "dominios." Habrían tres sistemas, basados en las distintas características de la interacción social de la que los niños participan: *psicológico* (referido a lo que los sujetos piensan de los otros sujetos, incluyendo las elecciones personales de estos), el dominio *social*, referido al concepto de sociedad como estructura (del que la convención es sólo una parte) y el dominio *moral* (conformado por juicios de justicia, bienestar y derechos). En el intento de comprender el mundo social los niños afirman criterios diferenciales cuando evalúan actos referidos a dominios diferentes.

Turiel y sus colaboradores sustentan sus afirmaciones en datos empíricos que indican que los niños de edad escolar, y aún más pequeños, realizan juicios diferentes según si el acto (efectiva o hipotéticamente) implica consecuencias referidas a daño físico, psicológico, robo o violación de derechos (dominio moral) o implica una contravención a una norma social convencional. En palabras de Turiel: "*La moral se aplica también a sistemas sociales, pero a diferencia de la convención no está constituida ni definida por disposiciones sociales existentes*" (Turiel, 1984:62). En esta perspectiva sobre la moral, las prescripciones se caracterizan como incondicionalmente obligatorias, generalizables e impersonales desde el momento en que enraízan en conceptos de bienestar, justicia y derechos. Incluso para niños muy pequeños, su conocimiento de dominio moral involucra reglas que no tienen valor por la autoridad de las que emana sino por el tipo de acto que prescriben.

A diferencia del dominio moral, los elementos propios del convencional son contingentes a las normas, ya que su respeto depende de la existencia o no de reglas sociales: "*... las convenciones se basan en acciones arbitrarias que son propias de tales contextos*" (Turiel, 1984:13). Las normas convencionales dependen, así, de los sistemas normativos que regulan las prácticas sociales de las que los niños participan y de la autoridad de las que emanan. El cumplimiento de las normas convencionales no resulta así obligatorio, sino que depende del consenso social que les da origen.

Una tercera esfera comprende las acciones que no se encuentran ligadas a normas convencionales ni prescripciones morales: se trata de los juicios de los sujetos sobre las elecciones propias y de los otros. Se trata de la esfera de la elección personal, en donde se incluyen gustos, elección de amigos, etc., a la que se caracterizó como dominio psicológico.

Para Turiel los niños distinguen los actos que perjudican el bienestar, causan dolor a otro o son injustos, afirmando que las reglas que los prohíben son universales, no modificables por consenso, y que la evaluación de los actos realizados no depende del consenso social. Un acto es juzgado como bueno o como malo por sus consecuencias y no por referencia a la persona que lo realiza. Incluso niños pequeños llegan a afirmar que estos actos estarían mal aunque una regla los permitiera o alentase. Uno de los modos por los que los sujetos construyen estos juicios es mediante la comparación de las consecuencias de la realización del acto, por medio de juicios contrafácticos. En cambio, en relación a las normas que regulan la interacción social en aspectos convencionales, los niños afirman que pueden modificarse en base al consenso de los actores institucionales, la evaluación de los actos depende de la regla y no de el acto en si mismo.

En síntesis, la diferencia entre los dominios se basa en la universalidad o contingencia, obligación hacia la ley o hacia la autoridad de la que esta emana, inalterabilidad de las normas o su alterabilidad por consenso. A estas categorías utilizadas por los individuos, que identifican lo que se incluye o no en un determinado dominio, Turiel las denomina *criterios de juicio*. Según el autor:

> "...el investigador formula un conjunto de ellos, basándose en las definiciones del dominio, con el fin de determinar la forma en la que el sujeto elabora sus parámetros (...) Este análisis ofrece los modos de demostrar un dominio dado. Más aún, el estudio comparativo de estos criterios permite verificar si los dominios se distinguen entre sí y en qué forma lo hacen" (Turiel 1984:69-70).

Esta diferenciación entre los dominios es invariante, en el sentido de que una vez establecida por los sujetos se mantiene durante el desarrollo. Además denomina *categoría de justificación* a las formas de razonamiento propias de un dominio de conocimiento, empleadas en la justificación de un modo de actuar. Por ejemplo las razones que dan los niños para fundamentar que consideran como "malo" dañar a otro. Estas se organizan en sistemas de pensamiento al interior de cada dominio y experimentan cambios durante el desarrollo.

La caracterización de los criterios de juicio anteriormente mencionados depende de la filosofía moral y del derecho, especialmente de origen kantiano, recuperada en el pensamiento ético contemporáneo por Rawls (1971). Este último, en particular, sostiene una concepción de la justicia basada en la noción de autonomía, de clara raigambre kantiana. Este principio fue conectado con el de igualdad de oportunidades y el de diferencia. Según el mencionado autor, estos principios se justifican racionalmente porque serían elegidos por el acuerdo de los individuos en una posición original, en la cual ellos desconocerían sus bienes materiales y sus propias capacidades. Es decir, se ocultarían detrás del "velo de la ignorancia". Esta situación de los contrayentes es una reelaboración del reino de los fines postulado por Kant, es decir, en la posición originaria aquellos son seres libres y racionales. En líneas generales, el análisis de Turiel de la actividad moral en términos de los conceptos de bienestar, justicia y derechos, se apoya en esta perspectiva filosófica. El estudio psicológico es moral en tanto incluye los "rasgos inherentes de ciertas experiencias sociales", derivados de aquel enfoque filosófico universalista y abstracto. Dicho recurso nos parece una característica fundamental de la investigación psicológica, e ilumina gran parte de sus postulados teóricos y metodológicos. Principalmente al permitir establecer una nítida diferenciación entre estos rasgos "inherentes " y las reglas o sistemas "constitutivos" de la experiencia social. Es decir, los actos morales no dependen de legislación social alguna, por lo que su incumplimiento es cuestionable independientemente de lugar y tiempo.

## Las críticas de Turiel a Piaget

La caracterización del dominio moral en la psicología de Turiel se origina, desde el punto de vista de la teoría psicológica, en una crítica a la perspectiva piagetiana, según la cual los conocimientos morales responden a una actividad intelectual general. Según este autor, el foco principal de la investigación piagetiana deja de lado el contenido de las normas, bajo el supuesto de que en las relaciones entre individuo y sociedad prima la existencia de normas sociales a las que el sujeto adhiere por la autoridad de la que emanan (Turiel 1984). Así, para Piaget, el respeto a las normas en los niños estaría relacionado con el origen de las mismas, ya que la primera adhesión a las reglas proviene simplemente de la autoridad adulta que las sustenta. Más tarde, el respeto de las normas se basará en el respeto mutuo entre pares.

Para los niños el respeto a la norma no se basa en su contenido, sino en la dependencia social con ellas, sean las reglas de un juego o de cualquier otro tipo. Por ello, Piaget utiliza las reglas de un juego infantil para indagar la moral infantil, sin importar que aquellas no se refieran a temas morales. El acceso a las ideas morales infantiles por este camino queda invalidado para Turiel: "La idea de que los niños pequeños tratan todas las reglas por igual y no comprenden su justificación racional subyacente, condujo a Piaget a usar las reglas de los juegos como estímulos para el estudio de las concepciones infantiles sobre las reglas morales. El empleo de estas reglas en el estudio del juicio moral constituye un ejemplo de inadecuación del estímulo" (Turiel, 1984:182). Según Turiel esta elección condujo a que no se pudiera distinguir en las respuestas de los niños los aspectos morales de los convencionales. Las características que Piaget atribuye a la moral heterónoma y autónoma a partir de las respuestas infantiles, se refieren para Turiel indistintamente a aspectos del dominio convencional y del dominio moral. Por ejemplo, la inmodificabilidad es para Piaget una característica de la *moral* heterónoma, ya que la norma es considerada eterna y de origen adulto. Sin embargo, el acatamiento a una regla sobre la base de la imposición de una autoridad sería propia del dominio *convencional,* para Turiel. Asimismo, que las reglas sean modificadas por consenso –configuración moral autónoma para Piaget– no hablaría para Turiel de una característica moral sino de la contingencia propia de las normas evaluadas dentro del dominio convencional.

En la perspectiva de Turiel la constitución de una configuración moral no supone la superación de un estadio previo de indiferenciación de convención y moralidad, sino que se constituyen de inicio como dominios separados.

> "Las afirmaciones generales de que los niños son incapaces de distinguir entre moralidad y costumbre, y de que el desarrollo supone la diferenciación entre ambos, no están de acuerdo con los resultados de algunos de los estudios discutidos (...)" (Turiel, 1984:171-172).

Por lo tanto, no habría un período de moral heterónoma, ya que el respeto a la regla no surge de la autoridad sino que desde muy pequeños los niños diferencian consecuencias morales o meramente convencionales de los actos que se les presentan.

En síntesis, el desarrollo moral para Turiel no consiste en el pasaje de la heteronomía a la autonomía, sino en el logro de una mayor sistematización del pensamiento al interior de este dominio. Es decir, los argumentos brindados por los sujetos para justificar los actos tanto morales como convencionales (categorías de justificación) se complejizarían progresivamente. A la vez se mantendrían los criterios infantiles para la diferenciación entre dominios (criterios de juicio).

## Piaget, Turiel y el dominio moral

La diferenciación de las tres dimensiones del concepto de dominio puede servirnos como herramienta para el análisis de las relaciones entre los autores. Con el dominio en el sentido a), nos referimos a las entidades en las que los sujetos piensan cuando realizan juicios morales. En Piaget, el campo de los actos que los niños consideran morales está relacionado con la responsabilidad objetiva o subjetiva, y el respeto objetivo o subjetivo por la norma. En su pensamiento moral inicial, los actos recortados por los niños como correctos o incorrectos son aquellos vinculados con la obediencia a las reglas adultas y por las consecuencias materiales producidas por el acto; en su perspectiva más avanzada, los niños consideran morales los actos que involucran reciprocidad e intencionalidad de los agentes respecto de las normas.

En Turiel, los niños recortan actos y experiencias sociales considerados como "morales" siguiendo los criterios (criterios de juicio) que consideran inherentes a la situación presentada. Así, los actos que implican daño, injusticia o trasgresión a los derechos de los otros, por ejemplo robar, se incluyen en el campo de lo "concebible" como moral por los niños; y se excluyen otros actos cuya evaluación depende de criterios constituidos por reglas convencionales. Los argumentos morales se ocupan de formular inferencias que dan cuenta de una trasgresión a lo que consideran el bienestar o la justicia.

Respecto del dominio en el sentido b), para ambos autores la construcción de los juicios morales se basa en la interacción de los niños con el mundo social. Pero incluyen caracterizaciones diferentes de las experiencias sociales infantiles en la constitución de su pensamiento moral. Para Piaget las normas sociales son constitutivas de las experiencias morales de los niños, en el sentido de que la reflexión moral se refiere a los tipos de respeto que los sujetos desarrollan sobre este objeto social, con el que interactúan. Se ha hablado de una perspectiva "libre de dominio" ya que no habría una especificidad constitutiva de un tipo de juicio moral más allá del hecho de su origen en la interacción social. Es decir, se trataría de relaciones entre práctica de la norma y juicio moral; entre prácticas sociales basadas en el respeto unilateral y respeto mutuo, que subyacen a los juicios morales heterónomos y autónomos, respectivamente. El desarrollo moral, para Piaget, se refiere a una modificación profunda del criterio moral propiamente dicho. No se encuentra en Piaget un dominio moral pensado en términos de un criterio de juicio "ya constituido" que sostenga las argumentaciones infantiles.

Por su parte, Turiel señala que los niños pueden realizar diferenciaciones entre actos morales y convencionales –además de los propiamente psicológicos– a edades tempranas (26 meses en diversos estudios, según Tisak, 1995) dado que participan de inicio en diferentes tipos de eventos sociales. En este sentido, habría una distinción original respecto al reconocimiento de los actos convencionales y morales. Según el autor, los niños pueden realizar diferenciaciones entre estos actos interactuando con tipos diferentes de eventos experimentados por ellos. Claramente, las diferencias en el conocimiento no están determinadas por los eventos sociales, ni son su reflejo. Los niños logran elaborar la distinción entre los actos con consecuencias morales y otros con derivaciones convencionales, actuando sobre los eventos y abstrayendo a partir de éstos. Sin duda, hay una relación sistemática entre conceptos y experiencia social, ya que ambos no son de una sola clase. Ahora bien, Turiel habla de conocimiento moral de "dominio" porque los criterios de juicio estarían diferenciados muy precozmente, y en este sentido no hay una "historia de constitución." Solamente se modifican los argumentos que justifican las razones de los actos en el interior de cada dominio.

Con respecto al dominio c), en otro sitio (Castorina, Faigenbaum, Helman y Clemente, 2001) hemos analizado los presupuestos filosóficos que subyacen a la investigación piagetiana sobre el juicio moral. Si bien la obra moral de Piaget reconoce múltiples influencias e intereses teóricos (filosóficos, teológicos y políticos) se vincula principalmente, por una parte, con el pensamiento kantiano y, por otra, con el de Durkheim. Respecto del primero, asumió la inmanencia de la conciencia moral, fuertemente altruista y centrada en las obligaciones respecto de los demás (la justicia); respecto del segundo, la relación de los actos morales con las normas, pero reivindicando contra las tesis de Durkheim la moral autónoma "inmanente" basada en interacciones de pares. En la investigación piagetiana del juicio moral subyace una orientación interna de la racionalidad hacia un equilibrio ideal, coherentemente con el resto de su planteo epistemológico de la época. Esto es, la superación de la centración individual y del sometimiento a la autoridad hacia un equilibrio individual y social más avanzado. La psicología moral se ocupa, sobre esta base teórica, de examinar la racionalidad creciente de los juicios morales referidos al modo de evaluar las normas.

Por su parte Turiel, como se ha dicho antes, recorta el dominio de los actos morales por medio de la filosofía moral que distingue nítidamente entre juicios vinculados a reglas constitutivas (las experiencias convencionales) y aquellos que afirman una cierta universalidad, independiente de disposiciones y reglas sociales. Respecto del concepto de justicia, central en la filosofía racionalista contemporánea, importantes filósofos han sido mencionados por Turiel (Dworkin, Gewirth, Habermas y Rawls). Estos coinciden en que

> "...existe un punto en común (...) acerca de la proposición que señala que la justicia es universal (tiene la misma validez en cualquier cultura), no se legitima por acuerdo (en oposición a la convención) y es imparcial (no se basa en preferencias o inclinaciones personales)" (Turiel, 1998:90).

Según Tisak (1995) numerosos estudios en diferentes países y culturas han mostrado que aún niños pequeños establecen diferenciaciones entre cuestiones referidas al dominio convencional (dependientes de convenciones) y moral (de obligatoriedad incondicional, generalizables e impersonales). Es decir, la psicología moral transcultural parece verificar la universalidad de las evaluaciones personales por "rasgos inherentes" propios del dominio moral. Volveremos sobre esta cuestión a propósito del debate con el contextualismo. Por último, el dominio definido por Turiel, pero también por Piaget, ha sido criticado desde el punto de vista filosófico por su orientación fuertemente racionalista, que ha restringido los actos morales a los referidos a la justicia y a la equidad (Flanagan, 1996) Otros psicólogos han coincidido en considerar que aquella perspectiva resulta limitativa respecto a las evaluaciones efectivas que hacen las personas en la vida cotidiana, porque no toma en cuenta los sentimientos, el carácter y las virtudes morales (Walker y Pitts, 1998).

De este modo, los tres sentidos de "dominio" aclaran algunas de las diferencias que separan a Turiel de Piaget. Así, la principal crítica –y además el aporte más original– de la teoría de Turiel a la perspectiva de Piaget está basada en las preguntas específicas de su programa de investigación. De hecho, la lectura que Turiel hace de Piaget está sesgada por sus propios objetivos (que corresponden a la dimensión c). Él mismo lo reconoce al establecer la relación que existe entre el dominio en el sentido a) (el dominio de objetos y relaciones en los que piensa el sujeto) y el dominio en el sentido c) (el recorte que realiza el investigador sobre la base de sus compromisos filosóficos):

> "Los criterios de juicio aluden a las categorías que los individuos emplean en la identificación y clasificación de los parámetros de un dominio del conocimiento. Al estudiar estos criterios, el investigador formula un conjunto de ellos, basándose en las definiciones del dominio, con el fin de

determinar la forma con la que el sujeto elabora sus pará-
metros" (Turiel 1984:69).

Las *categorías que los individuos emplean* refieren a cómo el
sujeto organiza el dominio conceptual en el que piensa (sentido a);
la formulación de un conjunto de estas categorías, *basándose en las
definiciones del dominio*, alude a la selección y categorización conceptual por parte del investigador (sentido c), que en parte determina
el universo de preguntas y temáticas a ser presentada a los sujetos. En
este caso, es evidente la intervención de sus compromisos filosóficos
en el recorte de la moralidad y la convención.

En cambio, el enfoque piagetiano está centrado en las relaciones entre individuo y sociedad y entre presión social y pensamiento
heterónomo. Si bien Piaget no rechazaría el reconocimiento de valores universales, generalizables e impersonales (como lo son para
Turiel bienestar y justicia) su investigación está dirigida a demostrar
que las relaciones sociales están fuertemente relacionadas con el
tipo de juicio moral individual. Los conceptos de bienestar, justicia,
derechos, etc., que Turiel ubica como base de la diferenciación en
dominios que los individuos realizan, en Piaget serían el producto de
la racionalidad a la que tienden los intercambios sociales basados en
el respeto mutuo. Lo que el primer pensador ubica en el origen del
desarrollo moral, el segundo lo concibe como producto de la toma de
conciencia de relaciones sociales de cooperación. En este último, los
valores morales se hacen universales a partir de la cooperación social,
que permite al sujeto liberarse de las limitaciones propias del pensamiento egocéntrico. De este modo puede juzgar los actos morales en
términos similares a los del imperativo categórico kantiano.

## La crítica del contextualismo

La perspectiva contextualista en la psicología del desarrollo he
emergido como una posición crítica a las corrientes cognitivas centradas en el estudio de los procesos individuales de conocimiento,
sea la orientación piagetiana o computacional. Su tesis principal es
el rechazo a la postulación de una naturaleza psicológica de los individuos, disociable del contexto en el que el pensamiento, la emo-
ción o la conducta tienen lugar. Así, y aún con fuertes diferencias,
Shweder, Mahapatra y Miller, (1987); Rogoff, (1990) y Gergen,

(1987) han tratado de situar la actividad cognitiva en los contextos culturales de modo tal que la unidad de análisis no es ya la actividad individual sino la actividad sociocultural de la que los individuos participan. Shweder *et. al.* (1987) se han ocupado explícitamente del conocimiento moral, sosteniendo que los juicios son transmitidos a los niños por "*los guardianes locales del orden moral*" durante las interacciones sociales, como por ejemplo con los padres. Es decir, son las formas propias de una cultura las que constituyen a las concepciones morales de los individuos. Así, la moralidad es transmitida a los niños través de juicios culturales en el contexto de rutinas cotidianas, como las familiares.

Estos autores han elogiado los esfuerzos de Turiel por vincular el dominio moral con las interacciones sociales y por poner de relieve cómo los niños evalúan sus propios actos y las consecuencias de los mismos. Sin embargo, consideran que su debilidad residió en haber otorgado una muy escasa atención a la manera en que los juicios infantiles emergen de las prácticas socio-culturales. Esto es, la teoría parece subestimar la comunicación social que subyace en la clasificación infantil de los actos morales y convencionales. Los psicólogos contextualistas han subrayado la importancia de la transmisión social en el desarrollo moral, esto es, que amenazas, justificaciones, mandatos, etc. de los mayores definen lo que Turiel considera actos morales y convencionales. Por ejemplo, los adultos dicen a los niños que golpear a otro chico pequeño es un daño que puede ser sancionable.

Según esta perspectiva, la distinción entre dominios no depende de una actividad intelectual sobre eventos sociales, sino de la transmisión de aquello que la cultura clasifica como moral o convencional. Si bien no en toda sociedad hay tal distinción, cuando la hay no depende de juicios de inherencia sobre eventos, sino de la transmisión social. La distinción, por tanto, no sería un rasgo universal del desarrollo cognoscitivo moral. Específicamente, el autor considera que el desarrollo socio-cognitivo –del cual el pensamiento moral es un caso particular– no implica un desarrollo organizado en estadios sino antes bien un cambio de "marcos interpretativos" propios de una cultura. Estos últimos son adquiridos por la comunicación de juicios e ideologías. Por esto se considera difícil diferenciar grados crecientes de madurez en los juicios morales (Eckensberger y Zimba, 1996).

La tesis fundamental de Shweder es que la distinción entre dominios no reside en razones sustantivas ni de inherencia, sino que está especificada culturalmente. A partir de investigaciones transculturales, Shweder sostiene que la definición de moral propuesta por Turiel es demasiado estrecha, ya que basa los juicios morales infantiles en inferencias a partir de la percepción del perjuicio de la víctima. De esta manera deja fuera del dominio moral actos que implican daño a entidades que, si bien no son personas, pueden ser considerados seres vulnerables al daño. Por ejemplo, que una viuda no como pescado porque cree que eso dañaría al espíritu de su esposo. Mientras que para Turiel las reglas que regulan los hábitos alimenticios forman parte del dominio convencional, según la versión de Shweder los miembros de la cultura hindú las tratarían como prohibiciones morales porque son consideradas inalterables. Análogamente, las investigaciones de Nisan (1987) ilustran la tesis de que las reglas convencionales pueden estar embebidas de significados culturales que las ligan a principios morales como el daño. De este modo se cuestionaría la existencia de una diferenciación universal entre los dominios morales.

En síntesis, para el contextualismo no existen actos sociales inherentemente morales, nada en la experiencia interactiva *per se* involucra una separación tajante entre moral y convención. Incluso los estudios culturales, según Shweder, sugieren un cierto escepticismo respecto de que tal distinción esté presente en todas las culturas.

## La respuesta de Turiel

Para responder las criticas de Shweder, Turiel introduce el concepto de *supuestos informacionales* en su teoría (Wainryb y Turiel, 1995; Turiel 2000), con el objetivo de articular la intervención de la cultura con la universalidad de la distinción entre dominios. A los fines de aclarar este concepto, retomaremos el ejemplo dado por Shweder, Mahapatra y Miller, (1987) sobre la trasgresión de tabúes alimenticios y el daño que acarrea para las entidades no terrenales. Que una viuda hindú decida no comer pescado, porque esto dañaría el alma de su marido muerto, es un juicio basado en suposiciones sobre el efecto de su acto. En esa cultura hay supuestos informacionales provenientes del sistema religioso vigente, según los cuales se establece una relación entre actos terrenales y sus efectos inobservables. Para considerar como moral este acto, los sujetos se basan en dicha relación.

En tal sentido para Turiel, las diferencias en las creencias sobre cómo funciona el mundo suministran las condiciones en base a las cuales cada sujeto examina el daño de un acto. De este modo, la información proveniente de la cultura hace variar lo que cada uno entiende por dañino; pero considerar como pertenecientes al dominio moral los actos que producen daño es universal. Más aún, el autor utiliza la categoría *supuestos informacionales* no sólo para justificar una relación entre universalidad y cultura, sino para dar cuenta de los hechos invocados por Shweder como contrarios a su teoría. Con esta finalidad, se apoya en una indagación realizada por Madden (1992) sobre las mismas situaciones que Shweder indagó en sujetos hindúes y estadounidenses. La conclusión es que cualquier individuo que hubiera vivido en esa cultura o hubiese contado con la misma información juzgaría como moral al acto de "*transgredir los hábitos alimenticios*". Es más, las diferencias entre culturas pueden reflejar creencias existenciales y no principios morales diferentes: en ambas culturas se identificó la existencia de actos considerados específicamente morales sobre la base de que causasen daño o injusticia (Turiel, 1998).

Madden le pide a los sacerdotes hindúes que evalúen este mismo acto, pero suponiendo que no tuviese efectos perjudiciales para el alma de los muertos. Aquellos que pudieron suspender sus creencias por un momento consideraron que la trasgresión en cuestión pertenecía al dominio convencional. En la misma dirección, Wainryb (1991) estudió la influencia de los supuestos informacionales en los juicios individuales. Para ello solicitó a adolescentes que juzgaran una situación hipotética en la que un adulto le pega a un niño, bajo el supuesto de que de esta manera se lo despoja de la influencia de un espíritu demoníaco. Los sujetos indagados respondieron que si las personas dispusieran de esta información juzgarían el acto como correcto. De este modo, se pone de relieve que los juicios morales dependen de ciertas informaciones contextuales.

Como se ve, el autor no ha modificado la tesis del carácter "inherente" de los juicios morales, en tanto que todo acto que tenga una consecuencia de dolor, daño, o injusticia, es evaluado como moral. La información cultural no impone la distinción entre moralidad y convención; sólo brinda un contexto respecto del cual cada individuo debe elaborar su propia distinción. Es sólo un ingrediente más en la mezcla para el análisis social de la situación.

# El dominio moral en Turiel y en el contextualismo

Utilizaremos nuevamente, tal como en la discusión entre Turiel y Piaget, los distintos sentidos de "dominio" para comparar las ideas de Turiel y las del contextualismo.

Con respecto al dominio en el sentido a), recordaremos que para Turiel los sujetos piensan en situaciones morales o convencionales de acuerdo con las características intrínsecas de la situación evaluada. Por su parte, en las investigaciones presentadas por Shweder los sujetos (en este caso adultos) no recortan los actos morales en virtud de su actividad intelectual. Ellos participan de una interacción social en la que adquieren los argumentos que les permiten interpretar las situaciones. En otras palabras, la participación de los individuos en la vida cultural fija el "deber ser" sobre el cual se articulan los juicios morales.

En referencia al sentido b), el contexto juega un rol decisivo en la perspectiva de Shweder. Como se dijo antes, su unidad de análisis no es la actividad intelectual del individuo sino aquella participación con el contexto. Hacer foco en esta relación llevó a la mayoría de los autores contextualistas a no distinguir entre el nivel de la actividad intelectual individual y el de sus condiciones contextuales (Rogoff, 1990; Helwig, 1995). En el caso de Shweder la experiencia social proporciona los argumentos y modos de concebir las relaciones sociales que en sí mismas operarían como categorías de juicio. Se rechaza así una contribución subjetiva a los juicios sociales. En esta perspectiva, la participación en la vida cultural otorga significado moral a los actos individuales; incluso puede otorgar significado moral a reglas que en otra cultura serían consideradas convencionales. Como se dijo en a), para Shweder no hay un sujeto que piensa moralmente, en el sentido piagetiano de una actividad progresivamente autónoma; pero tampoco hay un juicio que sea intrínsecamente moral, en el sentido de Turiel, entendido como la reflexión del sujeto sobre las consecuencias intrínsecas de los actos relacionados con daño, bienestar o justicia. O dicho en trazos gruesos por Gergen (1992): la moralidad no es algo que un sujeto *posea dentro* suyo, más bien es la acción participativa que adquiere significado sólo dentro de un escenario cultural.

Por su lado, Turiel admite la relevancia de las suposiciones informacionales derivadas del contexto cultural, utilizadas por el sujeto para el análisis de las situaciones sociales. Desde el punto de vista teórico, se contraponen claramente los enfoques epistemológicos "contextualista" y "constructivista de dominio". Por un lado, el primero defiende una indiferenciación entre el contexto y el individuo, entre las condiciones culturales y la actividad individual. El segundo mantiene la diferenciación entre actividad cognitiva e información contextual, ya que sin esta distancia no se podría reconstruir la índole de las ideas infantiles y su modificación, aunque en la interacción de ambos polos. Por otro lado, en el contextualismo, la distinción entre moral y convención, en aquellas sociedades donde existe, proviene fundamentalmente de la especificación cultural. En la versión de Turiel, la actividad de distinguir los dominios es precoz y está asociada a los rasgos universales de las experiencias sociales. Las creencias condicionadas culturalmente hacen variar las decisiones de los sujetos, pero estos elaboran una distinción entre dominios.

Con respecto al sentido c), hemos dicho que en la investigación de Turiel el dominio moral está constituido por los criterios de juicio que se conciben inherentes a las situaciones y se establecen a partir del carácter universal e impersonal de los derechos y la justicia. Las transgresiones morales involucran violaciones al bienestar y al derecho de los otros. Esto es, hay una influencia explícita de la filosofía moral del racionalismo moderno y contemporáneo (Rawls y Gerwith).

En la posición contextualista se puede identificar la influencia del pensamiento filosófico comunitarista, dedicado justamente a la crítica de la filosofía racionalista. Principalmente, a la concepción desarraigada del sujeto moral propia de esta última, a la que contraponen el *ethos* de una comunidad determinada (Thiebaut, 1992). Según la posición comunitarista, la interacción social es el crisol del significado, de modo que el "significado" de alguna cosa o acto –incluyendo la identidad y la moralidad– depende de lo que es comprensible y reconocido dentro de una comunidad. Y como tenemos múltiples comunidades, cada una ofrece a los individuos narrativas y tradiciones para que reconozcan su identidad y para que tengan sentido las obligaciones morales. A este respecto, Shweder describe tabúes entre los hindúes que carecen de sentido para los estadounidenses.

Además, para el comunitarismo la sociedad funciona sobre la base de la interdependencia de los individuos y su acción es evaluada según la adhesión a las responsabilidades comunes. Al situar los individuos en el espacio social, se afirma una relación con los valores de la comunidad, de modo que aquellos adquieren el sentido moral, particularmente el sentido de la responsabilidad, en el inter-juego con dicho espacio. Incluso la virtud o la idea específica de felicidad se define en el lenguaje contextual de una comunidad. Esta ética rechaza el postulado racionalista de seres solitarios capaces de razonar o de establecer criterios de juicio autónomamente, en base a una hipotética "posición originaria" que suspenda la cultura. A menos que tomemos contacto con el contexto histórico y cultural la moralidad se hace incomprensible (Haste, 1996). Según lo dicho, la psicología cultural de Shweder se corresponde bastante bien con las tesis principales de la ética comunitarista.

## Los problemas abiertos

Este artículo pretendió examinar la índole del conocimiento de dominio moral en la psicología de Turiel, comparando su versión con otras vigentes en la psicología del desarrollo. Para ello introdujimos varios sentido del término dominio. Los análisis realizados ponen de relieve al menos tres problemas epistemológico/filosóficos que parecen encontrarse en las teorías psicológicas del dominio moral. Aquí querríamos solamente identificarlos y sugerir su posible signi-ficación para las propias psicologías.

Ante todo: ¿Hasta qué punto las decisiones en filosofía moral orientan las investigaciones empíricas? En nuestra opinión, parece difícil fijar ciertas condiciones necesarias y suficientes para deter-minar los límites del dominio moral considerado en c). Es decir, no se pueden establecer a priori los rasgos que debe cumplir la fijación del dominio de estudio. Sin embargo, los psicólogos hacen una elec-ción en la que intervienen inevitablemente compromisos con alguna filosofía moral, se trate de versiones racionalistas o comunitaristas. Por lo menos, es evidente que no es suficiente tener en cuenta sólo investigación empírica para evaluar una teoría del desarrollo moral, sea la de Piaget, Turiel o la contextualista.

Más aún, hemos visto que la conceptualización filosófica inter-viene decisivamente fijando el dominio moral, de tal forma que es después de tal definición que la investigación empírica del desarrollo adquiere significado. Se podría afirmar que la filosofía es una parte central del núcleo duro de cualquier programa de investigación mo-ral. En este sentido, se puede afirmar la primacía de la reflexión teórica sobre las cuestiones empíricas para la evaluación de un programa. Sin embargo, éstas últimas no carecen de importancia epistémica, ya que al ser consistentes o inconsistentes con los presupuestos teóricos del programa de psicología moral contribuyen a la mayor o menor plausibilidad del programa. Otro tanto puede decirse de la amplitud o poder explicativo de cada programa respecto de una variedad de situaciones empíricas; hasta puede hablarse de interacciones entre las definiciones teóricas y los datos interpretados. Adoptar la perspectiva de un programa que incluye tanto cuestiones teóricas como empíricas parece más promisorio que intentar sostener a toda costa la inducción de la teoría a partir de los datos empíricos. Por ejemplo, sostener que la distinción entre dominio moral y el dominio convencional fue descubierta por los investigadores por inducción a partir de los datos.

Otra cuestión esclarecida por los análisis del dominio b) y del dominio a), es la referida a la teoría del conocimiento moral que está incluida o sustenta el programa de psicología moral. Es decir, si el conocimiento moral de "dominio" es una derivación de los contextos culturales o si proviene de la elaboración intelectual individual, efectuada en ciertas condiciones culturales. Sin duda, el enfoque constructivista está formulado con mayor claridad en Piaget que en Turiel, porque no sólo los sujetos elaboran argumentos, sino que reorganizan sustancialmente los actos morales y su significado. La ventaja del enfoque de Turiel reside en otorgar un lugar a las informaciones culturales y su intervención en las decisiones morales que adoptan los sujetos. En cuanto a la contraposición con el contextualismo, lo más importante son las dificultades que ponen de manifiesto ambas perspectivas. En el caso de Turiel no resulta satisfactorio el lugar que otorga a la cultura en la elaboración de los juicios morales, ya que la reduce a los "supuestos informacionales" en base a los cuales los sujetos interpretan la inherencia moral. Se trata de un elemento accesorio para la elaboración intelectual. En el caso del contextualismo, la ausencia de la reflexión que cada individuo debe hacer por sí mismo para decidir entre actos justos o injustos, deja fuera lo más representativo de la herencia de la filosofía moderna. Es decir, se deja afuera el sujeto, al no ser ya un problema cómo se constituye un punto de vista sobre virtudes o derechos. En otras palabras, hay dificultades complementarias en ambas perspectivas, por lo que quizás pueda postularse que la cultura restringe o pone serias condiciones a la elaboración moral que, sin embargo, continúa siendo un acto de elaboración individual. Esta es una reflexión pertinente para el análisis de los programas de investigación sobre conocimiento moral.

Por último, las ideas volcadas en el sentido c) de dominio permiten reencontrar la discusión filosófica entre universalismo y relativismo en la propia investigación psicológica. Toda psicología moral basada en una filosofía racionalista defiende alguna tesis de universalidad. En el caso de la teoría de Piaget, la universalidad adquiere por lo menos dos sentidos: Por una parte, la marcha de la heteronomía a la autonomía responde a una racionalidad inmanente, a un proceso orientado hacia un equilibrio ideal. Por otra parte, en cada sujeto emerge una exigencia de validez universal, en tanto al postular ideas de justicia o de derechos está significando que esas ideas *deberían* ser reconocidas por todos (Faigenbaum, Castorina, Helman y Clemente, 2003). La racionalidad depende de los intercambios de reciprocidad en los que se evalúan los actos, por lo que se podría postular una moral "formal," caracterizada por el modo de producción del juicio individual.

Por su parte, la universalidad adquiere en Turiel los siguientes rasgos: cualquier sujeto considerará que una trasgresión es inherentemente incorrecta, de manera independiente del contexto. Teniendo en cuenta los supuestos informacionales de origen cultural que el sujeto disponga, siempre se realizarán juicios intrínsecamente morales. Estos juicios serán generalizables ya que teniendo en cuenta el universo de objetos y entidades a los que una cultura defina como "sensibles," cualquier afrenta al derecho, bienestar y justicia de los mismos será considerada inmoral. En cierto modo, se trata de una universalidad de principios o inherente a una evaluación de los actos, sin una historia de formación en sentido estricto.

Por el contrario, se puede vincular el contextualismo con tesis relativistas, en la medida en que al afirmar que los juicios morales son culturalmente relativos –como hemos mostrado– se afirma también que todas las concepciones morales son igualmente válidas. Incluso, se ha defendido explícitamente una posición filosófica relativista (Gergen, 1992). Se puede cuestionar este modo de ver por ser contradictorio, ya que se conecta la diversidad de los valores morales con el postulado absoluto de que todos valores morales son equivalentes. No es nuestro interés ahondar en la discusión entre las posiciones relativistas y universalistas en la psicología del desarrollo moral. Sólo quisimos poner de relieve que un análisis de las diferencias entre los psicólogos del desarrollo plantea con todo derecho la discusión sobre el relativismo y el universalismo. Además, tal discusión es inevitable. Aún resta por estudiar el modo en que impacta esta reflexión en la elaboración y evaluación de las investigaciones empíricas.

## Referencias bibliográficas

CASTORINA, J. A. y FAIGENBAUM, G. (2002) "The Epistemological Meaning of Constraints in the Development of Domain Knowledge". *Theory & Psychology,* vol. 12 (3): 315-334.

———; FAIGENBAUM, G.; HELMAN, M. y CLEMENTE, F. (2001) "Teología, filosofía y sociología en la psicología moral de Jean Piaget". *IX Anuario de Investigaciones.* Facultad de Psicología, Universidad de Buenos Aires.

COLE, M. (1996) *Cultural Psychology: A once and future discipline.* Cambridge, Ma: Harvard University Press.

ECKENSBERGER, L. y ZIMBA, R. (1996) "The Development of Moral Judgement". En: BERY, J.; DASE, P. y SARASWALD, T., (Eds.) *Handbook of Cross-Cultural Psychology.* Boston: Allyen and Bacon.

FAIGENBAUM, G.; CASTORINA, J. A.; HELMAN, M. y CLEMENTE, F. (2003) "El enfoque piagetiano en la investigación del juicio moral: alternativas frente al naturalismo y al relativismo". *Revista Estudios de Psicología,* 205-222. España, Madrid.

FLANAGAN ,O. (1996) *Psychologie, Moral et Etique.* Paris. P.U.F.

GERGEN, K. (1992) "Social Construction and moral action". En: ROBINSON, D. (Ed.) *Social Discourse and Moral Judgement.* California: Academic Press.

—— (1987) *Reason and morality.* Chicago: University of Chicago Press.

HASTE, H. (1996) "Comunitarism and the social construction on morality". *Journal of Moral Education,* Vol. 25, No.1.

HELWIG, C. (1995) "Social context in social cognition: Psychological harm and civil liberties". En: KILLEN, M. y HART, D. (Comps.) *Morality in everyday life.* New York: Cambridge University Press.

HIRSCHFELD, L. (1994) "Is the adquisition of social categories based on domain-specific competence or on knowledge transfer?" En: HIRSCHFELD y GELMAN, (Eds.) *Mapping the mind. Domain specificity in cognition and culture.* New York: Cambridge University Press.

MADDEN, T. (1992) *Cultural factors and assumptions in social reasoning in India.* Disertación doctoral inédita. Universidad de California, Berkeley.

NISAN, M. (1987) "Moral norms and social conventions: A cross-cultural comparison". *Developmental Psychology,* 23: 719-725.

PIAGET, J. (1932/1997) *El criterio moral en el niño.* Barcelona: Fontanella.

PREMACK, D. y PREMACK, A. J. (1994) "Moral Belief: Form vs. Content" En: HIRSCHFELD y GELMAN, (Eds.) *Mapping the mind. Domain specificity in cognition and culture.* New York: Cambridge University Press.

RAWLS, J. (1971) *A Theory of Justice.* Oxford: Oxford University Press.

ROGOFF, B. (1990) *Apprenticeship in thinking.* New York: Oxford University Press.

SHWEDER, R.; MAHAPATRA, M. y MILLER, J. (1987) "Culture and moral development". En: Kagan, J. y Lamb, S. (Eds.) *The emergence of morality in young children.* Chicago: University of Chicago Press.

THIEBAUT, C. (1992) "Neoaristotelismos contemporáneos". En: CAMPS, GUARIGLIA y SALMERÓN, (Eds.) *Concepciones de la ética.* Buenos Aires: Ed. Trotta.

TISAK, M. S. (1995) "Domains of social reasoning and beyond". In R. Vista (Ed.) *Annals of child development,* Vol. 11, London: Jessica Kingsley.

TURIEL, E. (1984) *El Desarrollo del Conocimiento.* Madrid: DeD bate.

TURIEL, E. (1998) "The definitive reference in child psychology and development". En: DAMON, W. (Ed) *Handbook of Child Psychology.* 5 th Edition, Vol 3. New York. John Wiley y Sons.

—— (2000) *The culture of morality: social development, context and conflict*. Cambridge University Press.

WAINRYB, C. (1991) "Understanding differences in moral judgements: The role of informational assumptions". *Child Development*, 62: 840-933.

—— y TURIEL, E. (1995) "Diversity in social development: Between or within cultures?" En: KILLEN, M. y HART, D. (Eds.) *Morality in everyday life.* New York: Cambridge University Press.

WALKER, L. J. y PITTS, R. (1998) "Naturalistic Conceptions of Moral Maturity". *Developmental Psychology,* vol. 34 (3): 403-419.

# Segunda Parte

CAPÍTULO **III**

# La construcción de conocimientos políticos en niños y jóvenes. Un desafío para la educación ciudadana[1]

Alicia Lenzi
Sonia Borzi
Alejandra Pataro
Cristina Iglesias

## Introducción

Develar los sucesivos obstáculos epistémicos que niños y adolescentes superan para comprender las instituciones políticas constituye un problema escasamente investigado en la psicología del desarrollo de los últimos veinte años (Barret y Buchanan-Barrow, 2002). Incluso la actual perspectiva cognitiva del desarrollo de dominio específico ha evidenciado poco interés en el tema aunque los adultos legos todavía disponen de una teoría ingenua sobre la política, y su adquisición puede "rastrearse" en la infancia (Berti, 2002). En el pasado Piaget abre esta senda de investigación, tangencialmente, al establecer las ideas infantiles sobre el país y el extranjero (Piaget y Weil, 1951), luego Connell (1971) publica uno de los estudios empírico más su-

---

1    Este artículo presenta modificaciones sustanciales al de Lenzi, A.M; Pataro, A.; Zuccalla, G.; Kohen, R.; Borzi, S.; Iglesias, M.C. y otros (2003) *Comprensión del Gobierno Nacional en niños y jóvenes una problemática de la Educación Ciudadana"*. Actas 2° Congreso Nacional sobre Problemáticas Sociales Contemporáneas [cd-rom -ISBN 987-508-2279]. Santa Fe. Argentina. Universidad Nacional del Litoral. Ha sido realizado en el marco del Subsidio UBACyT P060 otorgado a la primera autora, quien se desempeña como Prof. y coordinadora de un área de especialización de la Maestría de Psicología Educacional, Facultad de Psicología, UBA, y es Prof. Titular Regular de Psicología Genética, UNLP. Las Licenciadas Borzi, Iglesias y Pataro son docentes investigadores de UNLP y UBA.

gerentes sobre el desarrollo de ideas acerca del "mundo político" en niños y adolescentes. En nuestra opinión, la insuficiente productividad posterior en este campo, hoy se torna más significativa porque ciertos datos sobre esta problemática podrían vincularse con relevantes cuestiones contemporáneas y aportar interesantes distinciones para abordarlas, como intentaremos demostrar.

En primer lugar, numerosos especialistas subrayan su preocupación ante el fenómeno internacional del aumento de la desafección política de jóvenes y adultos. La consideran un producto más de las últimas y radicales transformaciones globalizadas, económicas y socioculturales, ocurridas en las sociedades occidentales. Desde este diagnóstico se acude a promover una ciudadanía activa y participativa, especialmente entre los jóvenes, como un instrumento de superación de diversos problemas de insatisfacción ciudadana en las sociedades democráticas actuales (Balestrini, 2000; Benedicto y Morán, 2002). No obstante, los proyectos de educación que procuran el protagonismo juvenil en la toma de decisiones sobre los asuntos públicos, parecerían no contemplar ciertos aspectos psicosociales que podrían incidir críticamente para alcanzar aquella meta. Así los resultados de distintas encuestas educativas nacionales e internacionales muestran que un alto porcentaje de jóvenes desconocen información política básica. A su vez, algunos interrogantes surgidos desde la psicología del desarrollo son pertinentes: ¿los jóvenes comprenden la organización y funcionamiento del orden político? ¿o en ellos prevalece una teoría ingenua sobre estas cuestiones? Los resultados de nuestras investigaciones, hasta el momento, se inclinan por la predominancia de una teoría ingenua. Si se articulan ambos datos generales mencionados ¿cómo lograr entonces que los jóvenes desarrollen prácticas de participación ciudadanas reflexivas, autónomas y críticas? Aún más, los jóvenes ¿cómo orientarán sus prácticas si sostienen en general una teoría sobre las autoridades gubernamentales fuertemente presidencialista con connotaciones paternalistas? La complejidad del tema amerita establecer diálogos entre psicólogos dedicados al desarrollo conceptual de "lo político" y diseñadores de aquellos proyectos, ya que las cuestiones apenas esbozadas interpelan a las propuestas actuales de educación ciudadana informal.

En segundo lugar, la educación ciudadana en la institución escolar también ha cobrado un renovado interés internacional (Albala-Bertrand, 1996; Emler y Frazer, 1999, entre otros) y es objeto de continuos debates. Las actuales y profundas transformaciones mundiales, económicas y socioculturales, suscitan interrogantes sobre quiénes y en qué condiciones de igualdad pueden ejercen la ciudadanía y de qué modo, así como cuál es la función de la escuela ante procesos como la exclusión social, el distanciamiento entre políticos y ciudadanía, la apatía política o los movimientos alternativos de la sociedad civil, entre otros problemas (García Canclini, 1995; Pérez Gómez, 1998; Torres, 1998). Las consecuencias de estos cambios generan preocupaciones acerca del debilitamiento de la democracia (Gimeno Sacristán, 2001) o aún sobre su gobernabilidad (Pilotti, 2004, OEA). Se apela entonces a la institución escolar y a la educación ciudadana como ámbito privilegiado para "cohesionar" los perturbados lazos sociales o por el contrario, como postula Giroux ( 1993), para promover una ciudadanía emancipadora donde la escuela obraría como agente de mejora social y no como un dispositivo de control social.

Los problemas indicados constituyen un inédito reto para los especialistas en educación ciudadana los que examinan qué significa hoy su enseñanza en las instituciones educativas. Así Cullen (1996: 106), afirma que los contenidos escolares de la formación ética y ciudadana conforman un conjunto de

> "...saberes que permiten fundamentar racional y argumentativamente la convivencia democrática, el estado de derecho, la participación política, la responsabilidad social, la búsqueda del propio bien y la solidaridad".

A su vez Audigier (1999:106), subraya una peculiaridad de la educación ciudadana ya que trata de promover *aprendizajes sociales* y enseñar saberes algunos de los cuales adquieren en los alumnos un significado pleno a posteriori, cuando participan como adultos en prácticas cívico-políticas. También señala ciertos problemas en su enseñanza (Audigier, 2000): los contenidos escolares son heterogéneos ya que abarcan desde normas de convivencia escolar y social, a valores democráticos, hasta *instituciones políticas democráticas.* Además, advierte que las prácticas de enseñanza suelen reducirse a una transmisión formal de las instituciones políticas o se limitan sólo a considerar las normas de respeto y convivencia en las relaciones sociales que ocurren en la escuela. Por el contrario, su propuesta es la de una educación ciudadana que muestre cómo las instituciones políticas regulan la vida de la sociedad y sus problemas: *"que esté próxima (..) a la gente, que muestre a los actores sociales en acto*

*(...), en debate, en acuerdos y en desacuerdos, en compromiso*" (*op. cit*:107), y que se sustente "*en las normas del juego social y político*" (*ob. cit.*:101). En suma, postula una educación ciudadana cuya referencia principal es una ciudadanía democrática fundada en los conceptos de democracia, ciudadanía y derecho.

En nuestra opinión, la lúcida proposición didáctica de Audigier se enriquecería aún más si incluyera contribuciones de la investigación psicológica vinculadas a la problemática del cambio conceptual en el aula. Las concepciones o "teorías" de los alumnos sobre un dominio de conocimiento restringen su aprendizaje, es decir, al mismo tiempo que lo posibilitan lo limitan ofreciendo resistencia a la enseñanza si no se parte de ellas mientras el contexto didáctico las "estructura". Una de nosotras lo ha constatado en una investigación multidisciplinar acerca del cambio conceptual del Gobierno Nacional, con un grupo escolar de 11 años edad promedio (Lenzi, Castorina, 2000; Lenzi, 2001).

Por lo tanto, determinar cuáles son las concepciones de sujetos de diversas edades acerca de las instituciones políticas permite suministrar datos de interés para la didáctica. Justamente ellos constituyen probables "herramientas" para diseñar propuestas o investigaciones didácticas bajo el supuesto constructivita que otorga relevancia al establecimiento de las concepciones previas de los alumnos con las que interpretan los contenidos escolares a ser aprendidos (Lenzi, 1998; Schnotz, Vosniadu y Carretero, 1999). Sin embargo, en el campo de la educación ciudadana formal la alternativa de una "interacción productiva" entre psicología y didáctica constituye aún un reto pendiente.

Finalmente, ubicados ciertos problemas y desafíos plantearemos primero los antecedentes que preceden una investigación que realizamos en las Universidades de Buenos Aires y la Plata sobre la psicogénesis del Gobierno Nacional en niños y adolescentes. Luego trataremos su marco teórico referencial, sus interrogantes y su perspectiva metodológica. Describiremos entonces los resultados principales obtenidos hasta el momento, y finalizaremos proponiendo algunas conclusiones.

# Construcción del Gobierno Nacional en niños y adolescentes

## *Antecedentes más relevantes*

Varias encuestas sobre el conocimiento cívico de jóvenes y adultos parecen corroborar una probable consecuencia de aquel modo puramente formal de enseñar las instituciones políticas ya señalado antes por Audigier (2000). Por ejemplo, en nuestro país los últimos datos publicados del Operativo Nacional de Evaluación en Ciencias Sociales, indican que alrededor del 60% de los alumnos de 7º año de EGB fracasan en la comprensión del contenido escolar sobre el Gobierno Nacional, su conformación y la división de los tres poderes (Ministerio de Cultura y Educación Nacional, 1995).

A su vez, la Asociación Internacional de Evaluación Educativa (AIE) ha realizado una prueba y encuesta trasnacional sobre Educación Cívica a estudiantes de 14 y 18 años en 28 y 16 países, respectivamente. Los ítems refieren principalmente a definiciones de democracia o ciudadanía, y en menor grado a actitudes democráticas (Torney-Purta *et. al.*, 2001; Amadeo, Torney-Purta *et. al.*, 2002). Los resultados generales evidencian que a los 14 años los alumnos no disponen de ideas sobre la democracia mientras a los 18 formulan algunos conceptos pero aún sin vinculación con los modelos de democracia de la teoría política (Husfeldt y Nikolova, 2003). En la escala establecida los estudiantes de varios países del este europeo se encuentran por debajo de la media internacional y en último lugar figuran los de Chile y Colombia, únicos representantes de América Latina. No obstante, Colombia se halla entre los primeros en relación al respeto de principios y valores democráticos. En nuestra opinión, parece entonces posible promover actitudes democráticas desde la escuela, pero el problema persistente es el de la comprensión de las instituciones políticas.

Por último, Delli, Carpini y Keeler (1996) muestran resultados inquietantes en adultos norteamericanos, entre otros, la amplia mayoría es incapaz de denominar su propio estado o su representante en el congreso, o conoce vagamente cómo trabajan sus gobernantes. En suma, el conjunto y sistematicidad de los datos expuestos justifican algunas problemáticas educativas señaladas en el apartado anterior, pero también permiten enmarcar ciertos interrogantes de nuestro estudio.

En cuanto a los antecedentes específicos próximos a nuestra investigación, han sido los estudios empíricos sobre el desarrollo de las concepciones políticas de niños y adolescentes, entre los cuales no se ha investigado el problema del Gobierno Nacional como es nuestro propósito. La mayoría de las investigaciones se ubica en una perspectiva de "inspiración piagetiana", se han realizado en distintos países y sistemas políticos, y todas evidencian las vicisitudes que atraviesan los sujetos para atribuir significado a diversas dimensiones del orden político. Entre los temas y edades investigados se encuentran el sentido de comunidad entre 11 y 18 años (Adelson y O´Neill, 1966, USA); la organización política de 5 a 16 años (Connell, 1971, Australia); el compromiso político de 14 a 19 años (Furth y McConville, 1981, USA); las nociones políticas entre 5 y 17 años (Delval, 1982/1989, Madrid); las concepciones sobre presidente, congreso, y partidos políticos de 5 a 8 años (Moore, Lare y Wagner, 1985, USA); la comprensión política entre 5 y 15 años (Berti, 1988, Italia); y la autoridad presidencial de 6 a 12 años (Castorina y Aisenberg, 1989, Buenos Aires). Posteriormente y desde un enfoque cognitivo de dominio específico se estudian las relaciones entre los conceptos de sistema judicial, estado y ley entre 6 y 13 años (Berti y Ugolini, 1998, Italia). En general, los resultados indican que los niños pequeños manifiestan ideas originales acerca del orden político que no reproducen meramente las de los adultos, mientras en la adolescencia avanzada los jóvenes se aproximan a una relativa comprensión de los problemas planteados.

La lectura de tales antecedentes han originado nuestros primeros interrogantes: ¿cómo los niños y adolescentes pasan de un estado de menor conocimiento a otro más objetivado respecto al Gobierno Nacional?; sus concepciones sobre este objeto ¿seguirán líneas de desarrollo general semejantes a las encontradas en los estudios previos?

## *Marcos referenciales e interrogantes de investigación*

La perspectiva teórica que posibilita ubicar los interrogantes e interpretar los resultados de nuestro estudio, se sitúa en las extensiones del programa de investigación piagetiano que aborda nuevos dominios de conocimiento, y se sustenta en la versión última de la teoría que enfatiza la estructuración de diversos contenidos. En el caso del dominio social. por ejemplo, postula que las concepciones o teorías infantiles no derivan de la aplicación de operaciones intelectuales independientes de las acciones cognitivas simbólicas sobre los contenidos sociales, sino se constituyen durante el proceso constructivo de ideas sobre este campo de conocimiento (Castorina, Kohen, Zerbino, 2000). Desde este enfoque general procuramos capturar el punto de vista del sujeto, que inmerso en un determinado contexto sociocultural interpreta el significado de las autoridades gubernamentales y sus actos, en sus peculiares interacciones con ellas. En la dialéctica de estas interacciones el sujeto construye concepciones o "teorías" sobre dichas autoridades, distantes del saber experto, y mediante sucesivas diferenciaciones, integraciones y reestructuraciones, las reorganiza progresivamente aproximándose de modo lento, no lineal, a una mayor objetivación conceptual (Lenzi, 1998; 2001).

Según nuestro punto de vista, el objeto de conocimiento social posee especificidad en comparación con objetos de otros dominios ya que el "material" que lo constituye son relaciones sociales de distinto orden, ocurridas en una determinada sociedad, y encarnadas en prácticas y discursos simbólicos. Estas relaciones se producen en "espacios sociales" donde se "distribuye el poder" social simbólico de modo diferente entre las posiciones de los agentes implicados, creando tensiones entre ellos al tratar de "conservar o transformar" aquellas diferentes posiciones sociales (Bourdieu, 1998). Pero las *relaciones sociales en el sub-dominio político* se distinguen por vincularse con una *distribución explícita del poder público* o poder político (Castoriadis, 2000). Así las relaciones sociales son explícitamente asimétricas entre los actores sociales y las autoridades que detentando el poder político emiten mandatos que los agentes deben cumplir. El poder político de las autoridades tiene la particularidad, además, de haber sido instituido históricamente para asegurar la organización y permanencia de una sociedad (*ob. cit*).

A su vez, el objeto de conocimiento social se halla inmerso en un entramado preexistente de significados compartidos acerca del propio mundo social que conllevan valores y representaciones sociales, los que restringen –posibilitando y limitando– la construcción del sujeto sobre ese objeto, aunque sin intervenir en los mecanismos constructivos (Lenzi, Castorina, 1999/2000; Castorina, Faigenbaum, Clemente, 2002). En nuestra investigación actual hemos reencontrado ciertos significados sociales compartidos, ya señalados en otro lugar:

"El mundo social está constituido por relaciones individuales y personales, no institucionalizadas; los actos de
la autoridad son personalizados y corresponden a un jefe
máximo; algunos individuos protegen a otros, dando lugar
a una concepción moralizada y benefactora de la autoridad;
ésta resuelve los problemas de la "gente" directamente, sin
intermediaciones; el mundo social implica una armonía sin
conflictos entre intereses colectivos contrapuestos, salvo los
que son de orden individual; los sujetos naturalizan lo social
en términos de fenómenos que suceden con un orden independiente de la intervención humana" (Lenzi, Castorina,
1999/2000: 210-211).

En cuanto a las interacciones de los "actores sociales" infantiles
con las autoridades gubernamentales y sus actos, en tanto objeto de
conocimiento, presentan la peculiaridad de estar mediadas por las
prácticas sociales y los discursos de otros actores acerca de dichas
autoridades: familia, docentes, comunicadores de diversos medios y
políticos. Justamente, los actos de las autoridades gubernamentales
que regulan la organización política de una sociedad implican inten-
cionalidades e intermediaciones simbólicas que resultan opacas a
los ojos del niño al mantener, supuestamente, lejanía con su mundo
cotidiano, y también se desdibujan en los adolescentes al carecer,
en su mayoría, de prácticas políticas específicas. Así construidas las
sucesivas concepciones o "teorías" de los sujetos funcionan como
esquemas interpretativos con los que otorgan significado a aquellas
autoridades, en el transcurso de sus interacciones con ellas.

Por otra parte, la dimensión política de la sociedad constituye
un dominio multidimensional con complejas interacciones entre aspectos legales, sociales, gubernamentales y económicos, en consecuencia, implica una actitud interdisciplinaria en los investigadores
que se ocupan del estudio del pensamiento político (Turiel, 1989).
En nuestro caso acudimos a la teoría política para caracterizar al Gobierno Nacional y al derecho político para definirlo desde un punto de
vista normativo. El concepto es complejo ya que supone un conjunto
de instituciones interrelacionadas que ejecutan diversas acciones.
Según Orlandi (1998: 23-24), el gobierno constituye "el conjunto
de estructuras de autoridad encargadas de la toma de decisiones que
posee el régimen de un sistema político dado", y que representan
"el poder objetivado en instituciones". Incluye a los tres poderes,
ejecutivo, legislativo y judicial, que son los que deciden, ejecutan,

administran y controlan "la orientación política y el poder político del Estado llevando a cabo la organización política de la sociedad" mediante normas jurídicas constitucionales, que a su vez los regulan. Además, considera que las acciones del gobierno inciden sobre la sociedad civil pero también están influidas por ella; en esta dialéctica se producen luchas entre fuerzas sociales y distintos intereses que tratan de articularse mediante normas. Finalmente, Castoriadis (2000) precisa que el explícito poder político público cumple la función de decidir lo que hay que hacer o no en una sociedad determinada según "fines comunes" y "obras públicas", legislando, "ejecutando", resolviendo "litigios" y gobernando mediante mandatos a los actores sociales que le delegaron el poder.

Finalmente, los marcos referenciales apenas expuestos nos han permitido establecer los interrogantes de nuestra investigación: ¿cuáles aspectos del complejo concepto de Gobierno Nacional capturan los niños y adolescentes?, ¿qué concepciones o "teorías" construyen para comprenderlo?, ¿de qué modo las transforman desde un conocimiento menor hacia otro más objetivado? Por otra parte, se reconoce que un problema a resolver por los sujetos en esta construcción, es distinguir a las autoridades gubernamentales en tanto personas de su representación como instituciones (Delval, 2000). Es decir, las actuaciones y relaciones de tales autoridades se hallan institucionalizadas a través de cargos preexistentes establecidos en normas constitucionales que a su vez las regulan. Cabe preguntarse entonces: ¿cuándo realizan los sujetos estas diferenciaciones?, ¿en qué momento comprenden el carácter institucional del gobierno?; las tareas que le atribuyen, ¿se modifican cuando capturan su institucionalidad? Además, si los niños conciben a las autoridades gubernamentales como lejanas a su cotidianeidad y las prácticas políticas específicas de los jóvenes son casi inexistentes, estas condiciones ¿inciden sobre las posibilidades de diferenciar y objetivar sus concepciones?; la información escolar, ¿juega algún papel en este último sentido?

## Perspectiva metodológica

Como se ha mencionado el propósito de nuestra investigación es establecer la psicogénesis del Gobierno Nacional en sujetos de 7 a 17 años. El estudio ha seguido un diseño evolutivo, transversal y cualitativo. La muestra estuvo constituida por 96 sujetos de ambos sexos distribuidos en grupos de 7, 9, 11, 13, 15 y 17 años, que concurrían a escuelas públicas. La submuestra de la ciudad de Buenos Aires abarcaba sujetos de sectores socioculturales medios altos, hijos de profesionales universitarios que asistían a instituciones de calidad educativa según la opinión de la comunidad, mientras la submuestra de la ciudad de La Plata incluía a sectores socioculturales bajos y sólo uno de los padres disponía de nivel de escolaridad primaria completa.

Luego de varios estudios exploratorios se recogió el material definitivo mediante una entrevista semi-estructurada organizada a partir de preguntas claves acerca de diversas dimensiones del Gobierno Nacional: conformación, jerarquía entre autoridades, funciones, legitimidad y límites. Para capturar el punto de vista del sujeto se acudió a una interrogación clínico crítica de una duración de cuarenta minutos promedio dependiendo de la edad, que se grabó en audio y se protocolizó. Luego se realizó un sistemático análisis cualitativo que implicó la elaboración de categorías y una matriz de datos, así como una comparación constante intra e intersujetos al interior de cada submuestra y entre ambas, para determinar las concepciones infantiles y su génesis. Aún se halla en proceso la profundización del análisis comparativo sobre las peculiaridades encontradas en los sectores socioculturales bajos, y el análisis histórico crítico acerca de la institución gubernamental con el fin de iluminar ciertos resultados encontrados.

*Resultados*

En este apartado describiremos las concepciones de sujetos pertenecientes a sectores socioculturales medios altos, hijos de profesionales, halladas en un amplio estudio piloto y la primera hipótesis de progresión genética que propusimos. Así también nos referiremos a ciertas diferencias encontradas en los nuevos datos de la muestra definitiva. Cabe destacar que en esta ocasión nos centraremos especialmente en los resultados del sector sociocultural medio alto ya que muestran los alcances y límites de las concepciones de aquellos sujetos que se encuentran en las condiciones más favorables tanto por pertenencia sociocultural como por sus oportunidades educativas. A continuación entonces presentamos nuestra primera hipótesis de progresión psicogenética que consta de tres niveles (Lenzi, 2001b).

• *Primer nivel*

Abarca niños de 7 a 9 años que piensan al Gobierno Nacional desde un marco interpretativo de carácter moralizado, personalizado, benefactor y asistencialista, orientados por las creencias sociales compartidas antes citadas.

Los niños pequeños de **7 años**, ante los ojos adultos presentan concepciones originales: excepto dos pequeños que desconocen qué es el *gobierno* el resto lo concibe como *un lugar espacial donde reside el presidente*, única autoridad política que conciben como si se tratara de una autoridad paternal. El presidente es intrínsecamente "bueno", protector, y se le debe obediencia porque "cuida" al país "haciendo el bien" a la gente mediante tareas genéricas o muy puntuales, las que ejecuta en forma personal y directa: alguien le avisa sobre un problema y actúa. Lo ayudan personas que no pertenecen al ámbito político, aunque un niño piensa que también lo acompañan los candidatos presidenciales que perdieron la elección contribuyendo a "darle ideas" mientras practican de presidentes. En relación a su legitimación, la mayoría considera que accede al mando debido a su elección mediante el voto (aludiendo a un proceso muy rudimentario), aunque dos pequeños agregan una dimensión epistemológica: posee saberes sobre "cuidar" al país porque asistió a "una escuela de gobierno" o estudió en la facultad. En cambio dos pequeños manifiestan una concepción patrimonialista más primitiva: llega a ser presidente porque compró la casa de gobierno a su dueño (su constructor) y para uno de ellos, además, el propietario le paga el sueldo por eso puede "mandarlo" y establecerle límites si no cumple con su trabajo. En esta versión patrimonialista parece encarnarse aquella creencia social acerca de que "todo objeto tiene dueño" experimentada en las prácticas cotidianas de "dueñedad", posibilitando a los niños pensar sobre las razones de por qué unos mandan a otros (Lenzi, Castorina, 1999/2000). Por otra parte, un pequeño grupo alude a la existencia de "leyes" de carácter moral, genérico e inmutables, creadas en tiempos inmemoriales pero no vinculadas a la autoridad presidencial.

En suma: es posible que los niños hayan construido algunas de estas concepciones por analogía con la autoridad paternal, pero también a través de su participación en prácticas sociales familiares vinculadas al trabajo, el estudio o la votación. Además, cabe destacar que los pequeños aunque conciben al gobierno como un lugar espacial y relevan una sola autoridad política, distinguen ya una relación social asimétrica que supone obediencia de los adultos debido a la intencionalidad benefactora de dicha autoridad. Observemos entonces algunas de estas concepciones en ciertos fragmentos discursivos en los que omitimos las pausas lingüísticas, por razones de espacio:

> "[El Gobierno] es donde vive el presidente / Eligen la persona más buena del mundo como presidente / es como un padre que creó a todos y todos lo tienen que obedecer / cuida al país. El dueño del gobierno puede mandar al presidente porque no sólo es la casa del presidente el gobierno, sino la casa del señor". (Juan, 7;7).

> "[El Gobierno] es donde trabajan las personas que gobiernan / El presidente está para mandar, gobierna, escribe, firma papeles / estudió de ser presidente en la facultad / Si no hubiera gobierno habría ladrones, las personas manejarían fuerte porque nadie les dice que no lo hagan / [Quien pierde las elecciones] va a seguir ayudando al presidente / El señor que construyó el lugar donde trabaja el presidente manda en ese lugar, le dice: "si no trabajás bien te voy a echar". (Lucía, 7;6).

> "[El Gobierno] no sé lo que es / [Nombra elecciones, están] para elegir presidente, porque alguien tiene que cuidar el país, fijarse que todo vaya bien, hacer cosas buenas / ve lo que está mal, trata de arreglarlo para hacer bien a la gente, que tengan donde vivir, darle los remedios a la gente / se fija si alguien no tiene casa, llama por teléfono y le da plata a alguien para que lo haga / Está el presidente y esos que lo ayudan / atienden el teléfono, escriben cartas, le avisan si se tiene que fijar en algún lado que está mal, por ahí le manejan el auto." (Pablo, 7;5).

Los mayores de **9 años** mantienen aquel marco interpretativo de creencias sociales pero presentan notables diferenciaciones conceptuales. Ya no se hallan ideas patrimonialistas acerca del acceso al mando presidencial ni la concepción espacial del gobierno; no obstante perduran vestigios de aquella espacialidad. Los niños ahora conciben al *gobierno* como un *ámbito espacial* ocupado por un *grupo de personas del campo político* exclusivamente, ellas son ayudantes del presidente quien es el más importante porque "maneja todo", aunque ese todo continúa indiscriminado.

La mayoría considera que el gobierno está conformado por el presidente, gobernador, a veces vicepresidente o "jefe de gobierno", aunque uno aún refiere a candidatos presidenciables (que esperan sustituir al presidente o gobernador), otro a los "señores del congreso", y pocos a abogados y jueces dudando si ubicarlos dentro o fuera del gobierno. En esta instancia los niños, con evidentes contradicciones, tratan de distinguir la correspondencia entre las autoridades y el tamaño de sus jurisdicciones de mando: así el presidente es el más importante porque es de todo el país mientras el gobernador menos porque es de la "ciudad", más pequeña; la ausencia de tareas específicas para cada uno de ellos contribuye a esta indiscriminación. La concepción presidencialista que manifiestan es débil ya que no aceptan que el presidente "mande" a la "gente" sino sólo les "dice" al entender el poder de mando como orden perentoria, y además, porque conciben al grupo gubernamental como un equipo de trabajo sin liderazgos, que se ayuda mutuamente. Las tareas indiferenciadas que le atribuyen a la autoridad gubernamental continúan siendo moralizadas y benefactoras aunque con un carácter más asistencialista.

Un grupo pequeño muestra distinciones más avanzadas: de modo genérico consideran que para "cuidar" a la "gente" el presidente anuncia públicamente (mediante la TV) normas que debe cumplir: morales (no robar ni matar) y de tránsito ("no pasar en rojo el semáforo"). Además, dos niños ya distinguen que el gobierno no es intrínsecamente "bueno" porque a veces "miente" al no cumplir lo que "dice", piensan entonces en la posibilidad de protesta mediante huelgas. Estas ideas implican una ruptura con el modo sistemático de pensar de los niños de este nivel anunciando el próximo. Ciertos fragmentos discursivos dan cuenta de algunas de las concepciones descriptas:

> "[El Gobierno] es un centro, un lugar / es lo mismo [que el de la ciudad] pero tiene lugares más grandes / [El presidente debe] cuidar, como ser la mamá del país / es el más importante, dirige todo, es como la autoridad mayor, puede decir lo que van a hacer / es jefe porque es del gobierno más grande del país / El gobernador ayuda al presidente."
> (Federico, 9;11)

> "[El Gobierno] es gente que dice cosas para que la gente las cumplan y la hagan bien / ahí están el presidente, vicepresidente, gobernador / [El Presidente] no manda al país, dice / Dice las leyes en las propagandas (TV), puede ser que diga una, dos, o tres / para que la gente no robe, para que sepa qué hacer / Si no existe gobierno, habría muchísimos más muertos, choques, porque el gobierno también tiene algo que ver con las leyes que pone de la ruta." (Alejandro, 9; 5)

En síntesis, las concepciones infantiles de este nivel acerca de las relaciones entre las autoridades políticas y la "gente" (un precursor primitivo de la sociedad civil) revelan una interpretación totalmente armoniosa y sin conflictos orientada por las creencias sociales compartidas. Pero conceptualmente los niños ya conciben la asimetría del poder de mando de un jefe paternal, que luego se problematiza en los más grandes al incluir otras figuras políticas e intentar establecer correspondencias entre distintas autoridades y jurisdicciones de mando. Asimismo, todos los niños distinguen una única tarea general presidencial: la ejecutiva. Recién en el próximo período diferenciarán de modo sistemático la tarea gubernamental legislativa.

- *Segundo nivel*

Se constatan aquí los resultados obtenidos por Lenzi (1998) en una investigación precedente realizada con 22 sujetos de 11,4 años edad promedio. Como estas concepciones constituyen una instancia relevante entre los avances previos y los posteriores amerita considerarlo como un nivel en sí mismo.

A los **11 años** la novedad más significativa es que los niños manifiestan una rudimentaria *teoría ingenua sobre el Gobierno Nacional* que procura las bases de una incipiente comprensión del orden político. Para ellos el gobierno está constituido por un *grupo de personas donde la máxima autoridad es el presidente* y cuyo propósito general es *mantener el orden* en la vida de las personas *mediante normas*. Sin embargo, los niños continúan sosteniendo el carácter benefactor del gobierno, aún más asistencialista, aunque mucho menos personalizado y moralizado que en el anterior nivel.

El grupo de personas que conforman el gobierno está constituido por la autoridad presidencial –en una versión presidencialista fuerte ya que todas las decisiones gubernamentales dependen de él–, y un conjunto amplio de funcionarios que lo acompañan; la jerarquía entre ellos sólo se halla ordenada en la cúspide. Algunos niños consideran que aquellos funcionarios "ayudan" al presidente pero con otro significado diferente al del nivel anterior, despojado de su voluntarismo: ayudan debido a la amplitud de tareas a desarrollar en el gobierno, aún inespecíficas. Otros, establecen diferenciaciones entre los funcionarios sobre la base de los saberes particulares que disponen (no explicitados) y sus ámbitos de incumbencia, o por la necesidad de una mejor organización gubernamental interna.

El progreso más interesante y sistemático es la distinción de una *tarea legislativa* del gobierno muy genérica: todos los niños atribuyen a las autoridades gubernamentales el deber de evitar el caos social mediante la producción de normas que ordenan la vida de las personas. Sin embargo, para la mayoría estas "leyes" son normas morales (no robar) o de tránsito, aunque unos pocos refieren a pertinentes normativas sociales. Pero estas normas aún no son jurídicas en sentido estricto porque los niños desconocen el mecanismo de su elaboración o es muy indiscriminado, y porque todos creen que las "leyes" son elaboradas y aprobadas por la autoridad presidencial, un rasgo más que muestra su presidencialismo fuerte. Esta indiferenciación acerca de las normas se advierte también en los límites que los niños le atribuyen a las autoridades gubernamentales: la mayoría considera que son regulados por normas morales al igual que el resto de la población. Y aunque varios aluden de modo espontáneo a la Constitución Nacional –una novedad incipiente–, considerándola un enorme libro que contiene *todas* las leyes, aún no conciben que ella incluya normativas específicas que regulen y limiten el accionar de aquellas autoridades.

Otra novedad que refleja la complejización de la organización interna del aparato gubernamental, es que la mitad de los niños mencionan de modo espontáneo a la existencia de los tres poderes, Ejecutivo, Legislativo y Judicial (que a esta edad constituyen un contenido de enseñanza escolar), sobre los que jerárquicamente se halla la autoridad presidencial según su versión fuertemente presidencialista. Sin embargo, desconocen quiénes integran cada poder y qué significa, recurriendo a una estrategia de "etiquetamiento" con significados indiferenciados ("el poder ejecutivo, viene de ejecución"); pero algunos ya atribuyen al poder legislativo la tarea genérica de "hacer leyes". Cabe destacar que sólo ante el requerimiento del investigador los niños refieren ambiguamente a cierta tarea judicial circunscripta sólo a litigios penales, pero dudan si corresponde o no al gobierno. Los sujetos más avanzados piensan que estas "partes" del gobierno contribuyen a una mayor organización gubernamental interna vislumbrándose el inicio de una idea de institución con funciones específicas, más que un enunciado de simples actividades. Sin embargo, aún se hallan lejos de pensar en un poder político público distribuido entre los tres poderes que se controlan mutuamente y articulado entre diversas autoridades que emiten mandatos a ser cumplidos por los actores sociales.

A pesar del avance que implican estas distinciones, solamente unos pocos niños diferencian el "deber ser" de las autoridades políticas de sus prácticas concretas al concebir que pueden robar o ser corruptos; de este modo instalan una ruptura con la versión benefactora y moralizada del anterior nivel. A continuación presentamos algunos fragmentos discursivos de diferentes aspectos relevados:

> "[El Gobierno] es un grupo de personas que gobierna el país / está para poner orden / Hay leyes diferentes para [eso] en la Constitución / [Se ocupa] de dar trabajo, de la pobreza, de hacer las cosas bien para que a la gente le vaya bien / Está dividido en tres poderes / El Presidente es como el que está arriba de todos y muchas cosas decide él / conduce a todos, a los tres poderes, porque tiene el cargo más alto, con más poder". (Bruno, 11; 8)

> "[El Gobierno] pone leyes / debe existir una ley que diga que es contra las leyes robar, no ir en contra mano en la calle / Cuando la mayoría de las personas cumplen las leyes se ordena más [el país]". (Ignacio, 11; 8).

> "Sin gobierno un país sería un lío, yo te puedo robar sin que nadie me lo impida / El presidente tiene que dirigir, armar todas las cosas / Puede [ser] corrupto, no sabe qué hacer en el gobierno, indulta millones de presos / [Nombra los tres poderes y varios funcionarios: se indaga si alguno pertenece al Ejecutivo] Los jueces, sí.. o no.. Los jueces en el ¡Ya me olvidé el partido! Y Ejecutivo, viene de ejecución ¿no?". (Sol, 11; 1)

> "[No se puede controlar ni sacar al Presidente] porque es el que manda todo, es el cargo más alto que hay en el país, entonces tiene más poder que todos / No es que hay una ley que dice que el Gobierno tiene que hacer tal cosa, tal otra". (Julián, 11; 7)

En suma, en este nivel los niños piensan en una relación entre autoridades gubernamentales y actores sociales ya centrada en el poder político público aunque limitado a la autoridad presidencial, y que, junto a la tarea gubernamental de ordenamiento social mediante normas, constituyen una rudimentaria teoría ingenua. Esta base indispensable –en tanto precursor necesario–, permitirá reestructuraciones posteriores en dirección a una mayor objetivación del Gobierno Nacional. No obstante, como se observará, para la mayoría de los jóvenes mayores esta revisión se tornará sumamente dificultosa.

- ***Tercer nivel***

Abarca jóvenes de **13 a 17** años e incluye ciertos datos de la muestra definitiva de sectores sociales medios. El análisis comparativo intersujetos muestra que las concepciones halladas en este nivel se caracterizan por su acentuada disparidad ya que un adolescente de 15 o 17 años puede pensar el gobierno de un modo menos avanzado que otro de 13, o darse su inversa. Por lo tanto, distinguimos dos subniveles independientemente de la edad que organizamos de acuerdo a sistemas conceptuales comunes.

*Las concepciones menos avanzadas*

Estos jóvenes manifiestan la *persistencia de la teoría ingenua sobre el Gobierno Nacional* descripta en el nivel anterior aunque con ciertas diferenciaciones, puntuales y heterogéneas, tendientes a una mayor objetivación conceptual pero que no alcanzan a sustituir aquel "núcleo duro" resistente.

Las diferenciaciones conceptuales halladas se vinculan a diversos aspectos. La mayoría de los adolescentes parecen focalizar más en la sociedad en su conjunto. Respecto a la relación entre las autoridades gubernamentales y los actores sociales ya conciben al gobierno como representante del "pueblo" elegido a través del voto. Además, mientras aumentan el número de funcionarios intermedios (diplomáticos, cancilleres o secretarios), precisan las actividades gubernamentales hacia la sociedad. Disminuyen entonces las referencias a aquellas de tipo asistencialista (como amparar a los pobres), y consideran otras que se dirigen a la salud, educación, medio ambiente, desocupación, deuda externa-interna, regulación de precios, etc., mostrando una mayor objetivación en relación al nivel anterior. Por otra parte, se acrecienta el número de jóvenes que aluden espontáneamente a la Constitución pero utilizando diversas versiones: la idea del nivel anterior donde se afirma que es un libro que contiene todas las leyes (no robar, reglas de convivencia y de tránsito), o aparecen diferenciaciones que incluyen algunos derechos (a la vivienda, educación o alimento) o que incorporan una incipiente regulación del gobierno como la duración del mandato presidencial.

Por último, los tres poderes siguen constituyendo un punto crítico para la comprensión de estos adolescentes: algunos no los mencionan espontáneamente o cuando lo hacen persisten los mismos rasgos del nivel anterior, es decir, se refieren a ellos de modo indiferenciado. Esta evidencia indica las dificultades para capturar el particular sistema institucional del poder político de autoridades gubernamentales articuladas. Los fragmentos discursivos que siguen relevan algunas de estas características:

> "[El Gobierno] está integrado por personas que elige el pueblo y lo gobierna / El presidente manda a todos, es como el jefe, a veces dicta leyes o a veces dice si las leyes están bien o mal / [El Gobierno se ocupa] del medio ambiente, la salud, la economía, escuelas / [Está] para gobernar al pueblo, decirle las cosas que tiene que hacer con leyes / no matar a alguien, ser más obligatorio el secundario para que no haya tantos chicos en la calle / [sino] sería todo un descontrol / [La Constitución] es un libro con derechos a tener una casa y a ir a una escuela y tener alimento / [Las leyes] no están en la Constitución, están en un libro [que dice] cómo se tiene que comportar una persona: no puede ir caminando por la calle y pegándole a la gente". (Nacho, 14;1)

> "[El Gobierno] es un conjunto de gente que manda, se encarga de todos los problemas del país, hacer que el país funcione bien / El presidente [es] la autoridad máxima / [El Gobierno se ocupa] de la economía, de los problemas con otros países, de las escuelas públicas / [Cada funcionario] se debe ocupar específicamente de una cosa, pero cuál de cuál, no sé / Sé que está el partido legislativo y judicial, qué son cada uno, no sé, tienen algo que ver con el gobierno / El poder judicial me suena a juicio, por eso supongo que debe poner leyes / [Se accede al gobierno] por voto porque el pueblo tiene derecho a elegir quién lo gobierne. Cada uno hace como una oferta: 'yo voy a darles tal y tal cosa' y al que parezca más bueno y más le crean, ganará" (Denise , 16; 0) .

En síntesis, los adolescentes de este subnivel distinguen nuevos observables sobre el Gobierno Nacional probablemente ante su creciente interpretación de información contextual. No obstante, estas diferenciaciones aún no resultan suficientes para modificar su versión fuertemente presidencialista del gobierno.

*Las concepciones más avanzadas*

En este caso los jóvenes de 13 a 17 años, independientemente de su edad, manifiestan un notable avance conceptual. Conciben al *gobierno* como una *institución constituida por tres poderes* que actúa sobre la sociedad mediante *cargos y funciones normativizados* y normas jurídicas que organizan el país, especialmente en el ámbito público, orientando sus problemas sociales, económicos y políticos.

Todos los adolescentes de este subnivel consideran que el gobierno es una institución que mediante la legislación de normas jurídicas cumple funciones para organizar la vida social del país, y a su vez, se encuentra regulado y limitado por una normativa constitucional (aunque la mayoría presenta ciertas indiscriminaciones acerca del tipo de leyes específicas que incluye la Constitución). Aquella concepción del subnivel anterior acerca del gobierno como representante del "pueblo" a través del voto subsiste, pero aquí, sólo en muy escasos jóvenes más avanzados, se articula con el papel atribuido a los partidos políticos en esas elecciones y la existencia de intereses contrapuestos.

Pero ¿cuál es la diferenciación conceptual hallada más significativa que supone una reestructuración importante? Ella reside en el núcleo fundamental del poder político de las autoridades gubernamentales. Un saber mayor acerca de las funciones que ejercen las diversas autoridades así como su necesaria multiplicidad, habilita a los adolescentes a argumentar sobre la necesidad de distribuir el poder político en tres poderes, para evitar su concentración en unos pocos. De este modo disminuye el fuerte presidencialismo del nivel anterior: el presidente es sólo una figura destacada en el gobierno y puede ser destituido de su cargo mediante juicio político, aunque el procedimiento que mencionan es ambiguo. La totalidad de los jóvenes, sin embargo, aún presentan restricciones en la comprensión de las funciones específicas de cada poder y acerca de los miembros que los integran, especialmente en referencia al Poder Judicial y al proceso de elaboración de las leyes del Legislativo. Estas limitaciones persisten todavía a los 17 años, edad próxima a la de un votante primerizo. Además, sólo un joven, el más avanzado conceptualmente, argumenta acerca de la relevancia de ejercer la función específica del mutuo control político entre los poderes y sobre la imposibilidad de realizarlo cuando los funcionarios que los integran son mayoría de un solo partido ya que, según sus términos, pertenecen a la "misma ideología". Finalmente, cabe destacar que la población total estudiada no se considera sujeto de obediencia de los mandatos de las autoridades gubernamentales aún hasta la adolescencia avanzada, aunque con ciertas excepciones. Presentamos a continuación fragmentos discursivos de algunas de estas novedades:

> "Un gobierno es una institución en la que trabaja mucha gente y se dividen en tres poderes [que] son iguales de importantes / El Legislativo hace las leyes; el Judicial es el que enjuicia a una persona cuando quizá violó una ley y se encarga de saber si es culpable o no / [Hay tantos] porque se necesita dividir el poder, que no esté concentrado en alguien, y que cada uno tenga esa función y se ocupe de [ella] / [El Gobierno] está para organizar el país / El pueblo solo no se podría gobernar porque todos pensamos distinto, entonces tenemos un gobierno.. que son nuestros representantes, [y] por medio del voto elegimos / Las leyes son normas para que la sociedad pueda convivir bien, para .. llegar a un acuerdo más fácil: leyes de trabajo, de derechos del hombre / [Existen leyes para el Gobierno] porque si no, puede aprovecharse y hacer lo que quiera / [están] en la Constitución [que] es un libro con todas las leyes. (Sabrina, 13; 10)

> "Un gobierno democrático es elegido por el pueblo y ejerce las funciones que tienen los tres poderes. Es el que lleva a cabo el mandato del país / Tiene una organización basada en los tres poderes, que se vigilan, se controlan entre sí / Un sistema de control que en algunos casos no se puede dar del todo porque para esto se necesitan diversos partidos dentro de los poderes, diferentes ideologías o propuestas políticas / Supuestamente está para representar el interés general del pueblo, [éste] elige a través del voto al representante que elige la mayoría, presentando un plan de gobierno [que] lleva a cabo en el país / Muchas veces aparecen actos que el gobierno hace y no están de acuerdo con lo que piensa la gente que lo votó / [Se ocupa] de hacer cumplir las leyes, que las escuelas públicas tengan buena educación, que [los] hospitales estén en condiciones, bajar el nivel de pobreza, de las cosas que son públicas/ Tiene también que ver [con lo privado] porque tiene que fijarse que sea legal / Si se demuestra [un ilícito presidencial] puede ir a un juicio político, [lo hace] la oposición que está dentro del gobierno, en la minoría". (Federico, 15; 9)

> "El gobierno está formado por tres poderes, siempre me olvido uno.. el Ejecutivo. El Legislativo, Judicial y .. el Ejecutivo. Uno se encarga de hacer cumplir las leyes, otro de dictar las leyes y otro de.. / El Ejecutivo, me mataste / Legislativo creo que, legislar es de leyes: sí, es el que dicta las leyes, Judicial se encarga de hacer

> que las cumplan y el Ejecutivo en parte controla al resto.. si no me
> equivoco es el Senado y el Presidente". (Martín, 17; 5)

Martín, al igual que otros jóvenes de nuestros estudios, acude a la etimología de la palabra para evocar información escolar referida a los tres poderes, de similar modo que lo hacen algunos sujetos de 11 años (Lenzi, 1998). Esto permite suponer que la información escolar parece haber sido más bien memorizada que comprendida permaneciendo inerte a través del tiempo, como se ha mostrado.

Las heterogeneidades conceptuales sobre el Gobierno Nacional halladas en nuestros adolescentes podrían deberse, entre otras razones, a la subvaloración de la enseñanza de contenidos escolares sobre instituciones políticas durante este período etario. Así lo han confirmado varios jóvenes durante las entrevistas donde justificaban sus lagunas conceptuales aludiendo a la lejanía de este tipo de enseñanza que remitían a 6° o 7° año de EGB. Estos datos muestran la necesidad de una enseñanza sistemática y específica de los contenidos escolares referidos a las instituciones políticas con las particularidades señaladas por Audigier (2000).

Presentada la primera hipótesis de progresión genética indicaremos ahora las diferencias encontradas en los datos obtenidos en la muestra definitiva de ambos sectores socioculturales. La primera conclusión general es la reconsideración de aquella hipótesis por las siguientes razones. Primero, en los sectores socioculturales medios altos en general se ha constatado esta progresión, aunque hacia los 7 años es mayor el número de niños que desconocen al Gobierno Nacional, y entre los mayores son muy escasos aquellos que presentan las concepciones más avanzadas del tercer nivel, que acabamos de describir. Segundo, al comparar ambas submuestras se advierte en los sujetos de sectores socioculturales bajos un desfase temporal significativo respecto a los desarrollos conceptuales de los sectores medios altos, que se extiende hasta alrededor de los 13 años. Este desfase es más pronunciado entre los niños de 7 a 9 años de ambas poblaciones, luego se atenúa y va desapareciendo alrededor de los 13 años manteniendo ciertas especificidades. Así el Gobierno Nacional no es un observable para los pequeños de sectores bajos hasta alrededor de los 10 años. Estos se encuentran en un momento previo al establecido en los sectores medios consistente en una versión de las autoridades gubernamentales de carácter mítico y extremadamente benefactor: en este sentido los niños refieren a próceres como San

Martín o Belgrano. Además, el problema de la correspondencia entre el mando de las autoridades y sus ámbitos de jurisdicción se prolonga hasta alrededor de los 13 años, en consecuencia, el acceso a una teoría ingenua sobre el gobierno fuertemente presidencialista también es más tardío. A su vez, ningún joven alcanza las concepciones más avanzadas del tercer nivel descriptas antes, en general utilizan un menor despliegue argumentativo, y para pensar las cuestiones indagadas parecen basarse más que los sectores medios en los saberes escolares aprendidos.

Por último, el conjunto de los datos fortalece la hipótesis de una predominancia y persistencia de la teoría ingenua sobre el Gobierno Nacional fuertemente presidencialista, todavía en la adolescencia tardía. Más aún, ciertos resultados de un estudio piloto realizado con docentes que enseñan Ciencias Sociales en 6° año de EGB (Pataro y Lenzi, 2004), refuerza aquella hipótesis ya que esa teoría ingenua persiste incluso en los adultos. Así algunos docentes consideran que la existencia de los tres poderes responde sólo a una cuestión de funcionamiento organizativo, y que el presidente como representante del ejecutivo posee una jerarquía superior respecto a los otros poderes, de igual modo que lo piensan niños de 11 años pertenecientes a sectores socioculturales medios (Lenzi, 1998).

El conjunto de respuestas, especialmente de los adolescentes, apelan a la reflexión sobre la necesidad de una enseñanza significativa de las instituciones políticas gubernamentales, acerca del alcance efectivo de tales aprendizajes, y del papel que cabría esperar de tales saberes en función de sus futuras prácticas ciudadanas.


## Conclusiones

Los datos parecen confirmar que la progresión genética hacia una mayor objetivización de la institución del Gobierno Nacional se produce mediante una lenta y laboriosa reconstrucción conceptual que implica aproximaciones sucesivas, y en la cual los sujetos descubren nuevos observables a través de procesos cognoscitivos de diferenciación e integración progresiva.

Por su parte, en la progresión analizada se delinean algunas transiciones significativas que, en términos sumamente amplios, mantienen cierto paralelismo con una sociogénesis histórica de la institución gubernamental: desde una sostenida personalización de las autoridades gubernamentales hacia su institucionalización y objetivación con la aparición de cargos y funciones normativizados, y desde la producción de normas unidireccionales para la población –primero morales, luego de carácter social–, hacia la regulación gubernamental mediante una normativa constitucional. A su vez, se advierte un pasaje desde concepciones iniciales sobre las autoridades políticas de carácter míticas o luego extremadamente protectoras y benefactoras, hacia una progresiva ruptura inacabada de estas últimas creencias sociales compartidas. En suma, se trata de una diferenciación progresiva que se dirige desde lo moral al poder público estrictamente político, dimensión aún incompleta en la totalidad de los adolescentes estudiados debido a la persistencia de un presidencialismo fuerte.

Los interrogantes pendientes son múltiples. Entre ellos, los vinculados a los procesos y factores contextuales que intervienen en la construcción de este dominio de conocimiento. O los problemas que suscita la alta heterogeneidad encontrada entre los adolescentes del tercer nivel presentado. O la cuestión de establecer hasta qué punto la mayoría de los jóvenes, o aún adultos, alcanzan una dimensión del problema estrictamente política. O cuál es la calidad de la educación ciudadana brindada y si favorece o no, a una mayor objetivación de las teorías ingenuas de niños y adolescentes.

En este último sentido, los datos expuestos parecen mostrar que los contenidos escolares previstos para la enseñanza ciudadana, las instituciones políticas, constituyen conceptos sumamente complejos para su comprensión, aún en adolescentes mayores de sectores socioculturales medios, hijos de profesionales, con mayores oportunidades educativas. Sin embargo, ellos también permiten vislumbrar que existen nuevas "herramientas" para abordarlos, accediendo tanto a los límites como a los esfuerzos de comprensión de los aprendices en distintas edades. Asimismo, sugieren cuáles podrían ser los puntos de partida más pertinentes a considerar para favorecer, mediante una enseñanza adecuada, la apropiación de estos contenidos especialmente significativos para el ejercicio de la ciudadanía.

Entendemos que la inserción del sujeto en la sociedad como sujeto de pleno derecho, implica la asunción consciente y crítica de los derechos y obligaciones que hacen posible, pero a la vez necesaria, su participación transformadora en la dimensión política de la vida social. Por lo tanto, la comprensión y prácticas críticas de esta dimensión no deben seguir constituyendo una "asignatura pendiente". Para evitar que ello continúe sucediendo es necesario promover estudios psicológicos sobre la construcción del "mundo político" en la infancia, investigaciones didácticas para develar y superar algunas de las problemáticas que plantea la formación ciudadana, y convocar a realizar proyectos de cooperación entre psicólogos y educadores.

## Referencias bibliográficas

ADELSON, J. y O´NEIL, R. P. (1966) "Growth of political ideas in adoe lescence: The sense of community". *Journal of Personality and Social Psychology,* 4 (3), 295-306.

ALBALA-BERTRAND, L. (1996) "Ciudadanía y educación: hacia una práctica significativa" *Perspectivas,* XXVI (4), 697-841.

AMADEO, J.; TORNEY-PURTA, J.; LEHMANN, R.; HUSFELDT, V.; NIKOLOVA, R. (2002) *Civic Knowledge and Engagement: An IEA Study of Upper secondary Students in sixteen countries.* Amsterdam: IEA.

AUDIGER, F. (1999) "Scholl disciplines, social representations, and the construction of didactics of history, geography, an civics". *Instructional Science,* 27, 97-117.

—— (2000) "L´Education aux citoyennetés. Un domine instable aux référénces problématiques". *Actes du Colloque 1998-1999 Education aux citoyennetés,* 101-112.

BARRET, M. y BUCHANAN-BARROW, E. (2002) "Children's Understand: ing of Society". En SMITH, P. K. y CRAIG, C. H. (Eds) *Blackwell Handbook of Childhood social development.* Oxford: Black- well.

BALARDINI, S. (Comp.) (2000) *La participación social y política de los jóvenes en el horizonte del nuevo siglo.* Buenos Aires: CLACSO.

BOURDIEU, P. (1997) *Razones prácticas. Sobre la teoría de la acción.* Barcelona: Anagrama.

BENEDICTO, J. y MORÁN, M. L. (2002) *La construcción de una ciu- dadanía activa entre jóvenes.* Madrid: Instituto de la Juventud -Ministerio de Trabajo y Asuntos Públicos.

BERTI, A. E. (1988) "The development of political understanding in children between 6-15 years old". *Human Development,* 41, 437-446.

—— (2002) "Children´s understanding of politics". En BARRET, M. Y BUCHANAN-BARROW (Eds) *Children´s understanding of society.* Psychology Press.

—— y UGOLINI, E. (1998) "Developing Knowledge of the Judicial System: A Domain-Specific Approach". *The Journal of Genetic Psychology,* 159 (2), 221-236.

CASTORIADIS, C. (2000) "Poder, Política y Autonomía". En: *Ciudadanos sin brújulas.* México: Coayacán.

CASTORINA, J.A.; AISEMBERG, B. (1989) "Psicogénesis de las ideas infantiles sobre la autoridad presidencial". En CASTORINA, J. A. y otros: *Problemas en Psicología Genética* (pp.63-152). Buenos Aires: Miño y Dávila.

——, J.A.; KOHEN, R.; ZERBINO, M. (2000) "Reflexiones sobre la especificidad de un subdominio del conocimiento social". En: CASTORINA, J. A. y LENZI, A. M. (2000) (Comps.) *La formación de conocimientos sociales en los niños. Investigaciones psicológicas y perspectivas educativas* (pp. 135-154). Barcelona: Gedisa.

——; FAIGENBAUM, G; CLEMENTE, F (2002) "Conhecimento individual e sociedade em Piaget: implicações para a investigação psicológica". *Revista Educação y Realidade,* 27 (1), 27-50.

CONNELL, R.W (1971) *The child's construction of politics.* Australia: Melbourne University Press.

CULLEN, C. (1996) *Autonomía moral, participación democrática y cuidado del otro. Bases para un currículo de formación ética y ciudadana.* Buenos Aires: Novedades Educativas.

DELLI CARPINI, M.X y KEETER, S. (1996) *What American know about politics and why it matters.* New Haven: Yale University Press.

DELVAL, J. (1989) "La representación infantil del mundo social". En: TURIEL, E.; ENESCO, I. y LINAZA, J. (Comps.) *El mundo social en la mente infanti* (pp. 245-328). Madrid: Alianza.

—— (2000) "Sobre la naturaleza de los fenómenos sociales". En KORTA, K. y GARCÍA MURGA, F. (Comps.) *Palabras. Víctor Sán-*

*chez de Zavala in memoriam.* Leioa, España: Servicio Editorial de la UPV-EHU.

EMLER, N. y FRAZER, E. (1999) "Politics: the educational effect". *Oxford Review of Education,* 25 (1-2), 251-273.

FURTH, H. G. y MCCONVILLE, K. (1981) "Adolescent understanding of compromise in political and social arenas". *Merrill-Palmer Quarterly,* 27, 413-427.

GARCÍA CANCLINI, N. (1995) *Consumidores y ciudadanos; conflictos multiculturales de la globalización.* México: Grijalbo.

GIMENO SACRISTÁN, J. (2001) *Educar y convivir en la cultural global.* Madrid: Morata.

GIROUX, H.A. (1993). *La escuela y la lucha por la ciudadanía.* México: Siglo XXI (original en inglés, 1988).

HUSFELDT, V. y NIKOLOVA, R. (2003) "Students´ Concepts of Democracy". *European Educational Research Journal,* 2 (3), 396-409.

LENZI, A. M. (1998) "Psicología y Didáctica: ¿Relaciones 'peligrosas' o interacción productiva? Una investigación en sala de clase sobre el cambio conceptual de la noción de gobierno". En: BAQUERO, R.; CAMILLONI, A.; CARRETERO, M.; CASTORINA, J. A.; LENZI, A.; y LITWIN, E.; *Debates Constructivistas* (pp. 69-113) Buenos Aires: Aique.

—— (2001a) "El cambio conceptual de nociones políticas: problemas, resoluciones y algunos hallazgos". En: CASTORINA, J. A. (Comp.) *Desarrollos y Problemas en Psicología Genética* (pp. 213-252). Buenos Aires: EUDEBA.

—— (2001b) "Las concepciones de gobierno en niños y adolescentes. Un problema psicoeducativo". En: JULIÁ JORQUERA, M. T. y CATALÁN AHUMADA, J. (Eds.) *Psicología y Educación. Encuentros y Desencuentros* (pp.97-107). Chile. Universidad de La Serena.

——; CASTORINA, J. A. (1999/2000) "El cambio conceptual en conocimientos políticos. Aproximación a un modelo explicativo". En: CASTORINA, J. A. y LENZI, A. M. (Comps.) *La formación de los conocimientos sociales en los niños. Investigaciones psicológicas y perspectivas educativas.* Barcelona: Gedisa.

——; IGLESIAS, M. C. (2004) "Poder Judicial y Gobierno Nacional. Comprensión de niños y adolescentes". En: VOGLIOTTI, A.; COR-

TESE, M. y JACOB, I. (Comps.) *En tiempos de adversidad: Educación Pública* (pp. 129-137). Córdoba: Universidad Nacional de Río Cuarto.

MINISTERIO DE CULTURA Y EDUCACIÓN DE LA NACIÓN (1995) *Recomendaciones metodológicas para la enseñanza. 3ª Operativo Nacional de Evaluación* (Ciencias Sociales. Desarrollo Histórico. Organización Social). Buenos Aires: Secretaría de Promoción y Evaluación Educativa.

MOORE, S. W., LARE, J. y WAGNER, K. A. (1985) *The child's political world. A longitudinal perspective.* New Cork: Praeger.

ORLANDI, H. (Comp.) (1998) *Las instituciones políticas de gobierno.* Buenos Aires: EUDEBA.

PÉREZ GÓMEZ, A. I. (1998) *La cultura escolar en la sociedad neoliberal.* Madrid: Morata.

PATARO, A. y LENZI, A. M. (2004) "Concepciones políticas de los docentes: semejanzas y diferencias con el pensamiento adolescente". *Jornadas Latinoamericanas de Investigación y Prácticas en Psicología Educacional.* Buenos Aires: Maestría de Psicología Educacional, Facultad de Psicología, UBA.

PILOTTI, F. (2004) "La promoción de la democracia a través de la educación cívica". En: TORNEY-PURTA, J. y AMADEO, J. A., *Fortalecimiento de la democracia en las Américas a través de la educación cívica: un análisis empírico que destaca las opiniones de los estudiantes y los maestros.* Washington, DC. OEA.

SCHNOTZ, W.; VOSNIADU, S.; CARRETERO, M. (1999) (Eds) *New Perspectives on Conceptual Change.* Amsterdam: Pergamon.

TORNEY-PURTA, J.; LEHMAN, R.; OSWAL, H. y SCHULTZ, W. (Eds) (2001) *Civic Education Study, Citizenship and Education in Twenty-eight Countries: Civic Knowledge and Engagement at Age Fourteen, International Release Report.* Ámsterdam: IEA.

TORRES, C.A. (2001) *Democracia, Educación y Multiculturalismo. Dilemas de la ciudadanía en un mundo global.* México: Siglo XXI.

TURIEL, E. (1989) "Commentary". *Human Development,* 32, 45-52.

# Capítulo **IV**

# La construcción de la realidad jurídica[*]

Raquel Kohen[**]

## Los distintos "planos" de los fenómenos sociales

En el seno de las sociedades compartimos unas expectativas acerca del comportamiento de los agentes sociales. Y lo hacemos porque constatamos regularidades en su modo de realizar las acciones. Tales regularidades reposan en la existencia de normas –de distintos tipos– que establecen cuáles son los comportamientos deseables o no deseables, permitidos o prohibidos, aceptados o rechazados.

Las personas tenemos en cuenta esas normas para elaborar nuestras explicaciones a propósito de las interacciones sociales. Y de acuerdo con ellas, juzgamos si un comportamiento es o no adecuado, prevemos el desarrollo de los acontecimientos, anticipamos los comportamientos de los otros, elegimos cursos de acción. Aún cuando la mayoría de las veces no somos conscientes de ello, nuestras expectativas, nuestros juicios y nuestras propias acciones, y nuestras previsiones sobre las acciones de los demás se basan, entre otras cosas, en principios morales, costumbres o leyes.

---

[*]   Este trabajo está basado en la tesis doctoral de la autora, dirigida por Juan Delval y defendida en la Universidad Autónoma de Madrid, España, en 2003. La realización de la tesis fue posible gracias a una Beca del Fondo para el Mejoramiento de la Calidad Universitaria, otorgada por la Facultad de Psicología de la Universidad de Buenos Aires y el Ministerio de Educación de la República Argentina.

[**]  Correo electrónico: r.kohen@psi.uned.es

Los fenómenos del mundo social son complejos y es posible afrontarlos desde distintas perspectivas. En el intento de comprenderlos se establecen *niveles, planos* o *tipos de análisis* de una situación, que se caracterizan por los principios utilizados para explicar su funcionamiento, y que permiten adjudicarle unas propiedades; transformarlos en parte de una cierta clase de realidad.

Entonces, un mismo hecho "participaría" de distintas realidades. Así, hay fenómenos que se pueden explicar de manera privilegiada en el plano de las relaciones personales, y los principios a los que se recurre se vinculan con los rasgos psicológicos de las personas que participan de una interacción, con sus atributos personales; en definitiva, con su singularidad.

De la misma manera, los fenómenos admiten ser analizados ateniéndose a principios morales y criterios generales de racionalidad que se atribuyen a los seres humanos en tanto que sujetos autónomos, libres y racionales. Estos criterios funcionarían como límites internos a la propia conducta, y también permitirían valorar los comportamientos como positivos o negativos con relación a los fines que persiguen, a los medios utilizados o a las razones que los motivan.

En otros casos se apela a principios relativos a lo que es aceptado o rechazado por los miembros de una sociedad y que se vincula con lo que es o no habitual en un cierto contexto: las costumbres y las convenciones sociales. Son éstas las que permiten comprender lo que sucede o juzgar lo que debiera ocurrir. En este plano ya no se trata de los rasgos propios de un sujeto, sino de la singularidad de una cultura, de un grupo social o de un momento histórico, y de los modos que establecen para interactuar con los demás. Este tipo de análisis permite entender el funcionamiento de los agentes en ámbitos más amplios que involucran organizaciones sociales. En ellas, los comportamientos están de alguna manera *tipificados*[1]: suponen un cierto grado de institucionalización, aunque en un sentido débil porque las reglas suelen ser implícitas dado que todos los participantes las dominan y su seguimiento no es obligatorio en la acepción coactiva del término.

Pero también los intercambios se producen en marcos propiamente institucionalizados, y es el nivel de las instituciones el que permite explicar la especificidad de ciertos fenómenos. En el plano estricta-

---

1. Se recoge el lenguaje utilizado por Berger y Luckmann (1966) en su caracterización del proceso de institucionalización.

mente institucional el comportamiento de los agentes es comprendido de acuerdo con el papel que desempeñan, y no por sus rasgos personales. Los comportamientos están fuertemente tipificados, en tanto que hay reglas explícitas a seguir para desempeñar un papel. Además, de acuerdo al tipo de asunto para el que han sido creadas, es posible distinguir unas instituciones de otras: las que se dedican a gestionar los recursos se consideran instituciones económicas, mientras son políticas aquellas que se ocupan de la administración del poder.

La diversidad de las disciplinas denominadas sociales y humanas, así como la cantidad de corrientes o teorías que en éstas participan, ayudan a comprender la complejidad de los intercambios sociales. Cada disciplina produce un tipo de realidad de acuerdo con los problemas que intenta despejar y la manera como los formula, los principios explicativos elaborados para responder a sus interrogantes o los métodos con los que aborda su objeto de estudio.

Pese a esto, las unas son solidarias de las otras, y los límites entre ellas suelen ser difusos. Para comprender la complejidad de los fenómenos sociales resulta necesario diferenciar los tipos de explicaciones relativos a las distintas disciplinas, pero también es preciso articularlas e integrarlas en niveles superiores.

Tal como ocurre con las disciplinas sociales, cada uno de los planos de análisis conceptual –en tanto que clase de organización que se atribuye a una parcela de la realidad– que los sujetos utilizan para explicar lo que sucede a su alrededor es parcial: revela aspectos del fenómeno y no su totalidad. De esta manera no se puede considerar que un tipo de análisis sustituye o excluye a los otros, sino que se articula con ellos. Y la posibilidad de ponderar e integrar los distintos tipos de análisis permite formarse una idea relativamente ajustada de su funcionamiento. En cualquier caso, y dependiendo del fenómeno de que se trate, alguno de estos niveles resulta ser más pertinente que otro en la medida en que ayuda a entender la especificidad de ese fenómeno.

Para comprender lo social, en sentido amplio, los humanos a veces funcionamos como filósofos[2], antropólogos o psicólogos intuitivos. Pero para comprender lo social en sentido estricto –lo social en tanto que institucionalizado– debemos aprender a comportarnos como sociólogos, economistas y políticos. A través de nuestras explicaciones transformamos los fenómenos en psicológicos y personales,

---

2.  Según la terminología utilizada por Kohlberg.

en morales, en culturales, en políticos y, dentro de este último campo, en fenómenos jurídicos.

## Lo jurídico

El Derecho[3] consiste en una institución que atribuye el ejercicio de la fuerza al Estado y cuya finalidad es regular el orden social. Una relación es jurídica cuando ha sido institucionalizada, cuando ha sido recogida por el Derecho dentro del Ordenamiento Jurídico que regula, entre otras cosas, gran parte de los intercambios entre los agentes sociales.

Bobbio (1958 y 1960) afirma que el Derecho constituye la única realidad jurídica, puesto que una relación jurídica es aquella que, cualquiera sea su contenido, es tomada en consideración por una norma integrada en un ordenamiento jurídico. Hasta que eso no ocurra se trataría de una relación de hecho. Por tanto, defiende que el aspecto normativo es condición necesaria y suficiente para la formación del orden jurídico.

De este modo, los intercambios entre los agentes sociales se pueden transformar en relaciones jurídicas al ser positivizados, recogidos en un ordenamiento jurídico a través de normas que constan de un precepto (que estipula cuál es el comportamiento prescripto) y una sanción[4] (el tratamiento aflictivo que se hará corresponder en caso de transgresión) (Kelsen, 1960).

Puesto que las relaciones se hacen jurídicas cuando se normativizan, existe consenso al señalar que el Derecho es un conjunto de normas. Por el contrario, surgen desacuerdos respecto de cuáles son los rasgos esenciales de dichas normas. Se han ejecutado distintos procedimientos para caracterizar las normas jurídicas e intentar diferenciarlas de otras clases de normas (Kelsen, 1960; Hart, 1961; Bobbio, 1958 y 1960).

---

3. Siguiendo la distinción que hacen los juristas, reservamos el término "Derecho", con mayúsculas, para referirnos al Orden Jurídico formado por normas positivas, y diferenciarlo de los "derechos" subjetivos.

4. La norma jurídica entendida como "precepto más sanción" ha llegado a constituirse en prototipo. Sin embargo, muchos autores cuestionan que se trata de un modelo que sólo se corresponde con las normas incluidas en el código penal. Pese a ello, este modelo permite describir el tipo de normas –normas de derechos– que se han explorado en el estudio empírico.

Autores como Kelsen y Bobbio sostienen que las normas jurídicas se distinguen porque son válidas, "existen" en un cierto ordenamiento. Consisten en normas válidas porque han sido creadas por una autoridad competente, a través de los procedimientos estipulados dentro del sistema y aún no han sido derogadas. Estos juristas defienden que el plano de la existencia de las normas es un plano distinto al de su justicia o su eficacia. Y que aunque es deseable que estos tres planos –el de la validez, el de la justicia y el de la eficacia– converjan, pueden no hacerlo. Una norma puede existir aunque los destinatarios no la observen. Y otra ser injusta y, sin embargo, estar recogida en el ordenamiento jurídico. Por cierto, los criterios de justicia y eficacia pueden motivar la creación o la derogación de una norma jurídica, pero no la constituyen como tal.

Se ha apelado a distintos rasgos para caracterizar las normas jurídicas y diferenciarlas de otras clases de normas. Bobbio (1958) destaca que el tipo de sanción que se hace corresponder a su transgresión es el criterio que mejor permite identificarlas. Este autor afirma que un comportamiento recibe una forma jurídica cuando es acogido en un determinado sistema jurídico como obligatorio, como aquel a cuya trasgresión se le imputa una sanción. Y considera que el modo como se administran las penas permite distinguir mejor que otros entre normas morales, sociales y jurídicas. Son morales las normas cuya sanción es puramente interior, aunque ésta resulta con frecuencia poco eficaz. Por el contrario, las normas de la costumbre, la urbanidad y en general de la vida social, se caracterizan por una sanción externa cuyo modelo es la reprobación o rechazo por parte del grupo social; su riesgo es que se suele manifestar la ausencia de una proporción entre la violación y la respuesta. Para evitar los problemas que éstas suscitan, el Derecho establece que las penas deben ser externas (para paliar la escasa eficacia) e institucionalizadas (para que sean proporcionadas a la falta).

La perspectiva reseñada ha guiado nuestro acercamiento a la génesis de las ideas sobre la realidad jurídica.

## *Pensar lo jurídico*

En lo que sigue, y al hilo de algunos resultados de investigación referidos a las concepciones infantiles sobre el ámbito jurídico, defenderemos que cada uno de los planos o niveles de análisis de los fenómenos humanos, que señalábamos al principio, se va construyendo progresivamente a partir de un momento "inicial" en el cual los niños utilizan en sus explicaciones unos criterios globales que aplican indistintamente a problemas de naturaleza diversa.

Entendemos que los resultados de un conjunto de investigaciones psicológicas parecen dar vigencia a la hipótesis de que los niños construyen un marco epistémico basado en criterios morales –muy genéricos– y principios personalizados, que "sesga" su interpretación de los fenómenos sociales y orienta la producción de sus explicaciones (Lenzi y Castorina, 1999b y 2000). Este marco lleva a los sujetos a naturalizar los fenómenos sociales, a concebirlos como armónicos y a explicarlos con criterios personales en los cuales se detectan fuertes rastros morales. Dicho marco también funciona como telón de fondo en la elaboración de ideas sobre aspectos más específicos, e incluye explicaciones genéricas, creencias y valores muy arraigados acerca de la sociedad que lo hacen resistente a los cambios. Y por tanto, a la vez que permite orientar la elaboración de los conocimientos, constituye un obstáculo para las transformaciones.

Este marco epistémico toma cuerpo en las ideas de los niños a propósito de una diversidad de temas que permiten inferir que su visión de la realidad social es muy distinta de la que tienen los adultos. Hasta los diez u once años, aproximadamente, se representan la sociedad como una realidad idílica, en la cual priman la cooperación y la ayuda mutua, y que funciona de acuerdo con criterios morales y de racionalidad compartida. Para ellos, la sociedad carece de conflictos, todos cooperan con todos y cada elemento funciona como debe hacerlo (Delval y Padilla, 1999).

Las investigaciones también muestran que el conocimiento infantil parece avanzar desde dicha concepción moralizada y personalizada de los fenómenos humanos hacia una visión institucionalizada. Y que esta dirección parece constituir una tendencia evolutiva, o pauta de desarrollo estable, en las ideas a propósito de distintos asuntos sociales.

En cuanto al tema que nos ocupa, el ámbito de lo jurídico, en estas líneas defenderemos que para comprender las relaciones jurídicas en sentido estricto resulta preciso reconocer la existencia de la faz institucional de los fenómenos humanos. Y que se requiere crear una ontología de lo jurídico, llegar a comprender que hay determinadas cosas que existen sólo porque así lo dispone el orden normativo vigente. En otras palabras, relaciones que son jurídicas porque el Derecho, al incorporarlas en su seno, les otorga ese estatus.

Las formulaciones de los teóricos del Derecho, en particular las de Bobbio, han servido como guía epistemológica para nuestra indagación, tanto a la hora de formular los problemas como de analizar las respuestas infantiles. Partiendo de dichas formulaciones, tendremos en cuenta que las explicaciones estrictamente jurídicas deben atender a la existencia de normas válidas que establecen un deber ser normativo puesto que no describen los comportamientos de hecho sino que estipulan lo que está permitido y prohibido. Y muy especialmente que la construcción de una ontología jurídica supone diferenciar lo jurídico de lo no jurídico; en particular, distinguir lo que es válido de lo que es justo.

Como hemos señalado, el Derecho es un conjunto de normas válidas que se distinguen de otras normas por existir en un cierto ordenamiento y porque ante su violación se hace corresponder una sanción institucionalizada. Por ello, en la indagación nos preocupamos por averiguar cuándo y cómo se reclama la existencia de normas –previamente dictadas por autoridad competente– como requisito para imponer sanciones institucionales. Este criterio permitiría inferir que los entrevistados establecen diferencias entre el plano jurídico y otros planos de los fenómenos humanos, en particular el moral.

Por ello, sostendremos que se va elaborando progresivamente un dominio de pensamiento jurídico que nace por diferenciaciones sucesivas a partir de un marco global con fuertes sesgos morales. En consonancia con los resultados de pasadas investigaciones prevemos que los participantes menos avanzados explicarán las situaciones que les formulamos –y que están reguladas por normas– a partir de dicho marco global con el cual se enfrentan y otorgan sentido a las relaciones sociales. Y que según avanzan en sus concepciones, irán elaborando explicaciones cada vez más específicas y propias de las distintas "facetas" de los fenómenos; se trataría de explicaciones diferenciadas de acuerdo a la naturaleza que progresivamente los sujetos van atribuyendo a los fenómenos humanos.

En ningún caso estamos planteando que primero se desarrolle el pensamiento moral y luego el jurídico. No se trata de que un tipo de análisis sustituya o excluya a los otros, sino que los planos o ámbitos deben diferenciarse para articulase posteriormente. Entendemos que la diferenciación entre planos de los fenómenos humanos es un "inicio", y no implica que los sujetos hayan acabado de construir uno de ellos para comenzar a pensar en otro.

Los resultados de nuestra investigación mostrarían que las primeras –y más primitivas– explicaciones de tipo jurídico aparecen más tarde en el desarrollo que las explicaciones de tipo moral. Pero este hecho no quiere decir que un nivel de análisis sea más avanzado que el otro. Por el contrario, mantenemos que en un comienzo se elaboran unos pocos principios generales para explicar una diversidad de asuntos referidos a lo humano. Y que entre ellos adquiere relevancia la evaluación positiva o negativa que se hace de los sucesos, así como la valoración moral en tanto que valoración del daño que éstos pueden causar a otros.

También consideramos que los conflictos que pueden surgir por la insuficiencia de las explicaciones iniciales impulsarán la diferenciación entre planos de los fenómenos humanos, y asistiremos a explicaciones cada vez más específicas de cada ámbito aunque éstas puedan surgir desfasadas en el tiempo dependiendo del plano al que se refieran. Consecuentemente, queremos mostrar que los resultados de la investigación ponen de manifiesto que los conflictos cognitivos operarían como motor de los avances que conducen a ofrecer ciertas explicaciones propiamente jurídicas, aquellas en las que se reclama la existencia de normas para administrar sanciones institucionales.

## Las concepciones infantiles

¿Cuáles son los momentos estables en la construcción del pensamiento jurídico? ¿Cómo se pasa de un estado de menor a mayor conocimiento sobre la dimensión jurídica de los fenómenos sociales? ¿Cómo pasan los sujetos de concebir las interacciones sociales sólo en el nivel de las relaciones personales reguladas por criterios morales y de racionalidad compartida a comprender la existencia de una faceta jurídica de los fenómenos?

Para avanzar una respuesta a estos interrogantes, hemos realizado un estudio con sesenta y cuatro participantes de entre siete y catorce años que asisten a colegios públicos de la ciudad de Madrid. Con ellos mantuvimos entrevistas clínico-críticas en las cuales indagábamos por sus ideas sobre la existencia de normas jurídicas que garantizan algunos de los derechos de los propios niños. Como punto de partida de la indagación se utilizaron tres situaciones hipotéticas en las que se pretende vulnerar tres derechos de la infancia, reconocidos como tales en la *Convención de los derechos del niño*

(ONU, 1989). En concreto, se preguntaba por un niño que aspiraba a trabajar en una fábrica como hacen los mayores, por una niña que quería abandonar la escuela en la etapa obligatoria y por un padre que maltrataba a su hijo.

A partir de cada una de las situaciones se indagaba si era posible llevar a cabo esas acciones o si algo lo impedía (quién, qué y cómo). En caso de que el entrevistado hiciera referencia a normas (derechos o reglas): en qué consistían, quién las dictaba, cómo lo hacía. También, si esas normas estaban en "alguna parte"… (¿Dadas, escritas, dichas…?), o qué ocurriría si no hubiera normas de ese tipo, etcétera.

Con el propósito de descubrir cuáles son las hipótesis que los niños elaboran sobre la realidad jurídica, se ha prestado particular atención a las respuestas recurrentes al analizar las entrevistas. Para detectarlas, sistematizarlas y proceder a la búsqueda de las razones que pueden explicar su aparición, se elaboró un conjunto de dimensiones de análisis que permitieron cotejar las respuestas que ofrecen los distintos sujetos a propósito de un mismo problema, pero que también hacen posible la revisión de la consistencia interna de los protocolos y la comparación de las producciones de cada uno de los niños respecto de las tres situaciones presentadas en la entrevista.

Entre esas dimensiones, aquí nos ocuparemos de aquella que contempla las ideas de los entrevistados sobre las sanciones que se administrarían a los personajes si realizaban las acciones por ellos pretendidas. Y en particular, analizaremos las relaciones que establecen entre la imposición de dichas sanciones y la posible existencia de normas que consignen los comportamientos como prohibidos.

Los análisis han permitido detectar y caracterizar modos progresivos[5] de concebir las posibles relaciones entre la existencia de normas y la imposición de sanciones. Primero, los sujetos proponen sanciones pero no hacen referencia a normas. Posteriormente, incluyen normas que establecen la prohibición de los comportamientos y sanciones que se administran con independencia de ellas. Sólo paulatinamente comienzan a establecer relaciones entre las normas y las sanciones, que al principio se manifiestan de forma asistemática. Por último, los sujetos más avanzados reclaman que sólo se puede sancionar institucionalmente en virtud de la existencia de leyes. Si

---

5. El orden en el que se presentan las respuestas refleja el de su aparición.

bien la categorización de las respuestas se ha realizado con independencia de la edad de los sujetos, los resultados muestran que existe una tendencia evolutiva en la génesis en la dirección en la que se presentan los tipos de respuesta.

Los análisis también han posibilitado caracterizar algunos conflictos cuya superación sería responsable de los avances de una explicación a otra más elaborada, los cuales se presentan apelando a los mecanismos formulados por Piaget en su *Teoría de la Equilibración* (1975).

## *Ausencia de normas, sanción moral y rechazo social*

Los sujetos menos avanzados no apelan a normas explícitas cuando hablan de los personajes que intentan trabajar, abandonar la escuela o pegar a sus hijos. Parecen ubicarse en un momento previo al descubrimiento de que las situaciones que se presentan suponen acciones reguladas por normas; aunque en otras ocasiones puedan aludir a normas generales, habitualmente de índole moral, no las aplican a los contextos presentados.

Sin embargo, estos participantes proponen sanciones frente a la posibilidad de que se cometan esas acciones. Para algunos consistirían en sanciones internas, de tipo moral, tales como el arrepentimiento o la reflexión. Pero mayoritariamente, proponen una respuesta externa: el rechazo por parte de otros agentes que participan –o pueden participar– directamente de la situación (v.g. el jefe de la fábrica, el padre, el director de la escuela…).

Para Guillermo (7;04), a quien citamos a continuación, el resultado negativo de no asistir a la escuela radica en la falta de aprendizaje. Pero también contempla la imposición de un castigo que se expresa en el aislamiento al que será sometido el sujeto y a la cantidad de deberes que ha de realizar en su casa, que son muchos más que si asistiera al colegio. Además, al señalar que él mismo debería reconsiderar su actitud, alude a la reflexión y en cierto modo al arrepentimiento, el cual puede ser entendido como una sanción interna:

> "Imagínate que una niña no viene casi nunca al colegio. ¿Qué pasa? *Que no va a aprender nada y que estará sola en su casa, porque sus padres a lo mejor trabajan, se quedará sola y eso. Si no quiere ir al colegio, deberes en su casa, ¡total! (...) 24 horas haciendo deberes... (...) ...él mismo tiene que*

*decir: 'yo quiero ir al colegio para aprender, porque si no, no voy a aprender nada'. Lo tiene que pensar él mismo".* (Guillermo, 7;04).

Como hemos señalado, las primeras explicaciones que aparecen tienen en común la falta de alusión a normas, aunque algunas sanciones sean internas y otras externas. Se han reunido aquí las respuestas que incluyen estas dos clases de sanciones debido a que los niños se refieren de manera sistemática a las que provienen de fuera, y sólo unos pocos también incorporan el arrepentimiento, la toma de conciencia o la reflexión por parte de quien pretende cometer la acción. En este sentido, aún cuando de manera implícita para ellos se trate de la violación a una norma moral, la sanción que proponen es externa.

En nuestra opinión, la caracterización de las normas morales como aquellas que admiten sólo sanciones internas puede resultar poco adecuada si se tiene en cuenta que las sociedades suelen reaccionar con más fuerza ante la violación de una norma moral que de una costumbre. Asimismo, una mirada genealógica revela una relación estrecha entre la sanción impuesta desde fuera y su fin de propiciar la reflexión moral (Foucault, 1976).

Con relación al desarrollo del pensamiento infantil, y en la misma dirección argumental, los resultados de diversos estudios muestran que los niños parecen atender a la gravedad de las consecuencias de las acciones para imponer penas externas más severas aun cuando les atribuyan una función expiatoria (Piaget, 1932), y que tempranamente reconocen que la violación de normas morales implica respuestas más enfáticas por parte de los otros (Smetana, 1981). En todo caso, sí nos parece esclarecedora la distinción entre sanciones morales y sociales, por un lado, e institucionales, por otro; ésa es la razón por la que se recupera en este análisis.

En cuanto a los posibles avances, resulta compatible con los datos suponer que estas explicaciones de nivel psicológico, en las cuales los adultos implicados en una interacción establecen castigos de acuerdo con su propio criterio (teniendo en cuenta la racionalidad y la moral compartidas), se mostrarán pronto insuficientes para justificar la regularidad de los comportamientos; creando una laguna cognitiva. Lo cual dará lugar, probablemente, a la posterior incorporación de normas en los razonamientos sobre las situaciones que se presentan.

## *Se castiga lo que está mal, con independencia de las normas*

En un segundo momento del desarrollo, los sujetos comienzan a referirse a normas, reglas o derechos en sus explicaciones. Pero éstas parecen no guardar relación con la posibilidad de sancionar los comportamientos, de tal manera que las normas y las sanciones constituyen dos aspectos de las explicaciones entre los cuales no se establece vinculación alguna. Para ellos se castiga tanto, e indistintamente, una acción que persigue un fin negativo como una que esté en las normas, reglas o leyes, términos que muchas veces aplican a recomendaciones y no a prescripciones obligatorias.

Las leyes o reglas existirían para favorecer que la gente las conozca y las cumpla, pero se puede sancionar un comportamiento que se evalúe negativamente con normas o sin ellas:

> "—Y si no está en el libro, ¿se puede agarrar al padre y llevarlo a la policía (por pegar a su hijo), o ya no?
> — *Si, también, porque nunca se puede pegar a la gente.*
> — Si lo pueden llevar a la policía igual, ¿para qué lo habrán puesto en el libro?
> — *Pues para que lo sepan de antemano, para que no lo hagan, y si lo hacen, pues se le castiga".* (José, 10;09).

En cuanto a los mecanismos que dan lugar a los avances en el desarrollo es posible sugerir la hipótesis de que la inclusión de las normas –en tanto que nuevo elemento de las explicaciones– lleva a los sujetos a preguntarse por su función con relación a los castigos y que impulsa transformaciones posteriores. Conduce a los niños a preguntarse: Si se castiga lo que está mal, ¿para qué están las normas? Pero la respuesta a esta pregunta supone en un primer momento una represión cognitiva o evitación de los posibles conflictos en cuanto a que las normas desempeñen –junto o en lugar de la moral– un papel en la administración de las sanciones; se trata entonces de una resolución de tipo *alfa* (Piaget, 1975). No obstante, los participantes atribuyen a las normas la función de hacer saber o recordar las normas a los destinatarios, lo cual desde su punto de vista permite justificar su existencia.

## *Relaciones entre norma y sanción*

Tras incorporar normas en sus explicaciones, los sujetos parecen realizar esfuerzos cognitivos por vincularlas con la sanción. En esta dirección, elaboran respuestas en las que sigue primando la necesidad de sancionar los comportamientos por sus posibles efectos pero en las cuales las normas también comienzan a desempeñar alguna función. Se han detectado tres modos de relacionar las normas con las sanciones, previos a la comprensión estable de que las primeras constituyen siempre un requisito para que se implementen castigos institucionales.

### *Las primeras relaciones*

En primer lugar, algunos entrevistados sostienen que se requiere de normas para administrar los castigos, pero éstas no tienen porqué preexistir a los actos que serán juzgados. En otras palabras, elaboran la idea del *castigo autorizado* que involucra *sancionar según normas que son posteriores a la comisión de una acción*. La estrategia que proponen es la siguiente: Cuando se comete una acción cuyas consecuencias pueden ser negativas hay que consultar con las autoridades para poder imponer una pena. Estas "dirán" una norma, y se procederá al castigo. Las normas serían expresión de la voluntad de las autoridades, a quienes los niños procuran un trato bastante personalizado, atribuyéndoles, por ejemplo, el responder caso por caso ante las preguntas de la policía.

Si bien se requiere de una norma para sancionar, la misma no preexiste a los comportamientos; de tal manera que estas normas *a posteriori* en nada regulan la capacidad de actuar de las autoridades. Al igual que los niños que consideran que se pueden sancionar los comportamientos con independencia de su inclusión en las normas, para estos sujetos hay que castigar lo que está mal, y lo que está mal es evidente. Y por ello, creen que las autoridades permitirán la imposición de penas ante un proceder que es a todas luces negativo.

Javier (9;04), por ejemplo, requiere que el Presidente mande que algo no se puede hacer para poder sancionarlo. Pero primero se produce el hecho, luego el mandato, y más tarde el castigo:

> "–¿Podría venir la policía y llevárselo a la cárcel (por pegar a su hijo), o no?
>
> *– (...) Hasta que no lo mandaran no. Porque entonces la*

> *policía no tendría, no tendría ni idea de si habría que llevarlo a la cárcel o no... (...)*
> — ¿Tendría que venir la policía o no?
> — *Sí, tendría que venir.*
> — ¿Y qué haría?
> — *Pues lo primero decirle al padre que como le volviera a pegar, que le llevaban a la cárcel. (...) ...Entonces tendría que ir al gobierno a hablarlo con el Presidente.*
> — ¿Pero la policía se puede meter en algo si el gobierno no ha mandado sobre eso, o no se puede meter?
> — *Sí se puede meter. (...) Porque si la policía, si oyen que les han hecho eso, pues a lo mejor la policía se enoja, y tiene que ir a contárselo al presidente. (...)*
> — ¿Lo tendrían que llevar primero a la policía o lo tendrían que mandar primero?
> — *No, primero a la policía, y luego mandar.*
> — ¿Y la policía se lo puede llevar a la cárcel antes de que manden, o no?
> — *Pues, no sé. (...) Yo creo que no. "* (Javier, 9;04).

En segundo lugar, algunos de los entrevistados afirman que *las normas facilitan la imposición de sanciones* puesto que constituyen un apoyo al juicio contrario a los comportamientos. De esta manera, las normas no son un requisito para actuar pero colaboran en que las acciones que se valoran negativamente sean sancionadas. Un elemento que distingue esta respuesta de la anterior es que las normas a que se alude parecen ser previas a las acciones que se juzgan.

Entre otros, Guillermo (9;07) considera que la presencia de normas facilitaría juzgar y castigar a los que hacen algo indeseable, pero no es un requisito para ello:

> *"— ...si no la pone (en la Constitución), pues es como si no fuera una ley en España. (...) Entonces, pues sería más difícil juzgar a esas personas que dicen que han hecho un delito. Como no es una ley, pues será más difícil ganar el juicio.*
> — ¿Pero se podría ganar?
> — *Sí. "* (Guillermo, 9;07).

Las dos ideas antes señaladas son poco frecuentes, y resulta difícil establecer un orden de progresión; incluso, es posible que consistan en soluciones alternativas. En todo caso, ambas respuestas suponen un esfuerzo por vincular normas y sanciones. En ellas se intenta conciliar la hipótesis previa que establece que se castiga lo que está mal con la presencia de normas que desempeñan alguna función en la administración de sanciones; consisten en hipótesis respecto de cuál puede ser el papel de dichas normas.

El primer tipo de respuestas permite atribuir un papel a las normas entendidas como "cosas dichas por una figura institucional", aun cuando ellas no preexisten a la falta, se decida caso por caso y la intervención de las autoridades sea de tipo personalizado. Se trata de una solución que involucra algunos ajustes, ya que la hipótesis que "manda" castigar lo que está mal se ve matizada por el añadido del requisito de una autorización para administrar las penas. No obstante, dicho requisito resulta fácil de cumplimentar puesto que para "dictar" una norma es suficiente que una autoridad la "diga", y su racionalidad y sentido común la llevará a hacerlo siempre que el comportamiento sea negativo.

El segundo tipo de respuestas, que las normas facilitan la administración de las sanciones porque sirven de prueba para demostrar que el comportamiento no sólo es indeseable sino que así ha sido considerado por las autoridades, también puede ser entendida como una solución de compromiso para adjudicar un papel a las normas, sin por ello abandonar la creencia en que se castiga lo que está mal. La inclusión de normas hechas explícitas por figuras institucionales se convierte, para estos niños, en un elemento perturbador que tratan de incorporar en sus explicaciones. Y en el intento de establecer relaciones, es posible que se hagan la siguiente pregunta: ¿Para qué ciertas autoridades se ocupan de "decir" las normas? Para enfrentar este conflicto las normas explícitas comienzan a constituirse como un medio de prueba. ¿En qué sentido funcionan como "prueba"? Por un lado, para colaborar en su cumplimiento. Pero también para facilitar la imposición de sanciones a quienes no las respetan.

*Relaciones más sistemáticas entre norma y sanción*

En tercer lugar, los sujetos elaboran una hipótesis que atribuye una función específica a la existencia de normas en el momento de sancionar sin por ello abandonar los criterios morales que establecen que se castiga lo que está mal. Ésta propone que *se pueden imponer penas más severas o más duraderas cuando una norma recoge el comportamiento como prohibido.*

Esta original idea introduce una distinción entre presencia o ausencia de normas cuando se imputan sanciones. Pero se trata de una diferencia cuantitativa y no cualitativa, porque la novedad es una diferencia en el grado o duración de la sanción impuesta por autoridades (cada vez más despersonalizadas y, por tanto, más políticas), sin que la norma constituya aún un requisito ineludible para administrarla.

Veamos dos ejemplos de cómo se presenta:

> *"– (...) si una persona ha hecho algo, pero que no está escrito, se debería de castigar, pero no tanto tiempo como si estuviera escrito.*
> – ¿Por qué?
> *– Pues... cuando está escrito yo creo que es por más responsabilidad a que la gente lo cumpla. Después, si no está escrito, también es responsabilidad, pero menos. Entonces, igual tiene que ser el castigo, más o menos. Pero yo lo tomaría que hay que castigar tanto si está escrito como si no está escrito. Pero la gente, si no estuviera escrito en los derechos de los niños, y una persona le pegara a un niño y todo el mundo lo supiera, yo creo que, si no estuviera escrito, no le condenarían a tantos años de cárcel, a lo mejor le condenarían a unos meses, y eso no es suficiente".* (Lidia, 11;11).

> *"*– ¿Y tu crees que el padre de Luis puede hacerlo (pegarle y dejarlo sin comer)?
> *– Puede, pero está mal.*
> – ¿Puede? *La Constitución pone que no se debe maltratar.*
> – ¿Y si no lo pusiera la Constitución, estaría mal igual o no estaría mal? *Sí, seguiría estando mal. Pero no le pueden hacer nada. Porque no hay ningún derecho que tenga que cumplir. (...) ...Si no hay derechos, creo que también pero no tanto. (...) También le pueden castigar, o le pueden meter en la cárcel... (...) Yo creo que sería distinto. Si aquí pone: 'hay que hacer esto', sería un castigo más fuerte que si no pone nada. (...) ...En un país que hay ese derecho, a lo mejor, lo ponen a cadena perpetua, a estar toda la vida en la cárcel. A lo mejor, al otro le ponen un año o dos. (...) ...Si lo pone la Constitución, lo tiene que cumplir. (...) [Y si] no lo han puesto [con voz resignada], pues, a lo mejor, le pueden hacer algo menos severo que en el país que lo pone..."* (Delia, 11;01).

Esta solución también es parcial (*beta*), aunque más frecuente que las anteriores. Y la ofrecen niños de mayor edad que además parecen más avanzados por el conjunto de sus explicaciones. Quienes la enuncian conciben normas explícitas creadas por autoridades políticas y muestran importantes esfuerzos por diferenciar entre legalidad y moralidad, entre validez y justicia.

La presentan entrevistados con tendencia a defender que las normas constituyen un requisito para la administración de sanciones cuando la situación no enfrenta la Moral con el Derecho, o cuando la realización del comportamiento no tendría en su opinión efectos demasiado nocivos. En dichas ocasiones, parecen ser capaces de analizar las situaciones propuestas con criterios jurídicos al reclamar la existencia de una ley para establecer la pena, sin por ello dejar de realizar un juicio de valor sobre los comportamientos.

Pero a la vez, los sujetos parecen poco predispuestos a abandonar la moral como criterio central para establecer sanciones. Y estos mismos participantes ofrecen la solución que venimos comentando cuando creen que es extremadamente dañina la conducta que podría quedar impune. Y en tales casos, la norma deja de ser un requisito para la sanción por parte de las autoridades. Sin embargo, en el transcurso de las entrevistas suelen mostrar contrariedad o resignación al formular esta propuesta, lo cual se puede entender como un indicador de la existencia de un conflicto cognitivo y de la toma de conciencia de las contradicciones en las que incurren.

En definitiva, la aparición de esta respuesta revela, por un lado, el debilitamiento de la hipótesis que dicta castigar un comportamiento únicamente porque está mal, puesto que sólo prevalece en los casos que son evaluados como muy opuestos a la moral. Pero a la vez que pone en evidencia que dicha hipótesis se ve limitada en su capacidad explicativa, la solución muestra las dificultades que conlleva diferenciar Moral y Derecho, y permite reflexionar acerca de la fortaleza del "marco epistémico" (Piaget y García, 1982; Lenzi y Castorina, 1999a/2000) sobre cuya base los niños interpretan los fenómenos de la sociedad y que hace que algunos de ellos, que parecen progresar en sus conceptualizaciones con relación a las situaciones que no enfrentan la Moral con el Derecho, ofrezcan respuestas menos avanzadas cuando éstos no coinciden.

Todas las respuestas en las que se intenta vincular norma con sanción involucran novedades en el modo de organizar los problemas, pero no permiten aún superar el conflicto entre los criterios morales y los nacientes criterios jurídicos. Se trataría de soluciones parciales que expresan los esfuerzos de acomodación para integrar las normas en las explicaciones. La idea de que sólo se castiga lo que está mal comienza a matizarse. Y a ella llegará a contraponerse más tarde una hipótesis naciente: se sancionan aquellos comportamientos recogidos en las normas. Pero antes que esta idea llegue a consolidarse e imponerse, la primera resulta ser la más sólida durante un tiempo prolongado quizás por su anclaje en el "marco epistémico" global con sesgos tan moralizados que los niños utilizan como referencia central para sus interpretaciones.

## *Superar la contradicción: sólo se puede sancionar institucionalmente en virtud de la existencia de leyes*

En un momento posterior del desarrollo, los sujetos llegan a comprender que la posibilidad de administrar sanciones está subordinada a la existencia de las normas. Los teóricos sostienen que una norma jurídica consta de un precepto que describe el modelo de comportamiento prescrito y de una sanción que consiste en el tratamiento aflictivo que el ordenamiento jurídico liga a un comportamiento que viola el precepto (Kelsen, 1960). Esta idea se refleja con claridad en las respuestas más avanzadas; en ellas, es la norma la que establece que la trasgresión conllevará una pena: *"Pues una ley hay que cumplirla porque si no está claro que le meten en la cárcel."* (Diego, 13;03).

Los participantes afirman que autoridades despersonalizadas pueden juzgar y castigar las acciones que son contrarias a una norma amparada en el ordenamiento jurídico vigente. Las leyes son las que instauran la posibilidad de denunciar, hacer juicios, aplicar penas; en suma, imponer una sanción institucionalizada:

> *"— ...pero si les pilla la policía... (...) Le echarán. (...) Porque no se puede contratar a menores.*
> *— ¿Y qué pasaría...?*
> *— No sé, que le pueden poner una multa de bastante dinero. (...) Por infringir la ley. (...)*
> *— Y... en un país donde sí está permitido que trabajen niños..., ¿qué pasaría?*
> *— Yo creo que nada. (...) Porque está permitido, no infringiría la ley ni nada".* (Raúl, 14;01).

Para ellos, quienes pueden intervenir son instancias institucionales autorizadas. Asimismo, comprenden y explicitan que las leyes establecen límites a la capacidad de actuar de dichas autoridades; éstas deben restringirse a penalizar aquello que está recogido en la normativa positiva:

> "– ¿Y sirve para algo que haya una ley...?
> – *Sí, porque ahora mismo hay muy poca gente que no venga al colegio, los gitanos y esa gente que es la que menos quiere venir, un poco marginados y eso. Pues hay veces que va la policía a hacer redadas, y todos los niños al colegio. Los traen en autocares, y eso. Yo creo que eso está bien, ¿no? Y que eso se hace gracias a una ley.*
> – Si no estuviese la ley, ¿podrían hacer eso o no?
> – *Yo creo que si no estuviese una ley, ...llevarte los niños a un sitio donde no quieren, y los padres tampoco quieren, yo creo que eso es ilegal, ¿no?"* (Sara, 13;10).

Los sujetos diferencian entre el juicio negativo que atribuyen a la comisión de una acción y la existencia de una norma que determina que la conducta sea ilegal. En decir, comprenden que, en ausencia de norma, el comportamiento está permitido sin por ello dejar de ser malo o injusto. Además, entienden que el Derecho estipula un *deber ser* y no describe lo que de hecho sucede, y que es a los comportamientos ilegales –aquellos que contravienen un precepto– a los que se imputan penas:

> "– *Hay personas que ilegalmente dejan que trabajen niños. Pero no le pagan como a una persona que estuviera legalmente trabajando, sino que lo explotan.*
> – En esa situación, ¿sirve para algo que exista una ley o no sirve para nada?
> – *Sirve para algo, porque si pillan a estas personas que trabajan con niños o con otras personas de modo ilegal, pues le puede caer una multa"*. (Nuria, 13;10).

Aunque los entrevistados no conozcan aún los procedimientos efectivos que otorgan validez a las normas jurídicas, parecen distinguir entre los problemas de validez y los de justicia. Además de la diferenciación entre los ámbitos de la justicia y del Derecho, las respuestas evidencian que los sujetos intentan establecer relaciones entre ambos. En esta dirección, conciben que un comportamiento cuyas consecuencias pueden ser negativas debería incorporarse en una ley que permita penalizarlo. Pero distinguen entre la justicia y la validez de las normas, puesto que consideran que no es suficiente el juicio negativo sobre el comportamiento para sancionarlo: hay que legislar porque es malo, y porque está legislado se puede sancionar:

> *"– ...Tendrían que hacer algo para que los padres no pegaran a sus hijos.*
> *– ¿Qué podrían hacer...?*
> *– Pues hacer leyes.*
> *– ¿Y con eso sería suficiente?*
> *– No. Y a cada padre que pegase a su hijo, le denunciarían o le llevarían a la cárcel".* (Miriam, 11;05).

En este tipo de explicación, las leyes son siempre un requisito para la administración de sanciones institucionales, con independencia de cuánto pueda ser el daño que cause la realización de un cierto comportamiento. En la medida en que permite incorporar y neutralizar la contradicción, esta hipótesis constituye una reacción de tipo *gamma*, y muestra una reorganización de las concepciones infantiles. Para elaborarla resulta preciso distinguir de manera estable entre el nivel de análisis moral y el jurídico, así como entre los aspectos del problema que pueden ser explicados de manera más ajustada con los principios que corresponden a uno y a otro. Y en este sentido, supone descubrir que son los criterios relativos al Derecho los que permiten explicar cuándo son posibles las sanciones institucionales.

Al elaborar un tipo de análisis estrictamente jurídico de los fenómenos, los sujetos son capaces de diferenciar entre los aspectos del problema relativos a la Moral y los que pertenecen a la esfera del Derecho, lo cual les posibilita eliminar la tensión entre ambas que se manifestaba en las soluciones anteriores. Sobre la base de esta diferenciación infieren que sólo dentro del Derecho se puede juzgar la legalidad o ilegalidad de un acto, en tanto que se ajuste o no a las normas vigentes; y que el sistema normativo imputa sanciones únicamente a los comportamientos ilegales. Pero también son capaces de entender que el análisis de tipo jurídico no sustituye al análisis de tipo moral, el cual resulta adecuado para valorar los comportamientos y reclamar su inclusión en el Ordenamiento jurídico cuando son contrarios a la racionalidad, la justicia o la libertad. Es decir, llegan a comprender que sólo lo que está contemplado por el Derecho forma parte de la realidad jurídica y admite sanciones institucionalizadas; y que sobre la base de criterios morales se puede reclamar la inclusión de un comportamiento en las normas o su exclusión –exigir la creación o derogación de leyes–, pero no resulta posible aplicar un castigo institucional por los fines que persigue un acto o por los daños que éste pudiera ocasionar.

En definitiva, con la explicación más avanzada los sujetos son capaces de diferenciar entre lo que está prohibido y lo que está mal: entre lo legal y lo moral, y concebir que la aplicación del sistema institucional de castigos está subordinado a la existencia de la norma. Cuando esta respuesta aparece de manera estable es porque se comprende que una relación es jurídica en tanto que está sometida al sistema de normas positivas, que los preceptos establecen un *deber ser* y que la legalidad o ilegalidad de una acción hay que juzgarla de acuerdo con lo que ellos disponen, porque lo ilegal es un comportamiento contrario a la norma vigente –diferenciado de lo bueno y lo malo– en virtud del cual se administran las sanciones institucionales.

## Conclusiones y discusión

Si repasamos brevemente los resultados del estudio, nos encontramos en un comienzo con sujetos que no incluyen normas en sus explicaciones y privilegian el rechazo social como respuesta a la realización de las acciones pretendidas por los personajes, y que vulnerarían algunos de los derechos de los niños. En sus respuestas aparecen rasgos –v.g. el tratamiento personalizado que hacen de los agentes– que se han detectado en las explicaciones que ofrecen los participantes de otros estudios referidos a diversos problemas sociales. Este hecho avalaría la existencia y las características del marco global desde el cual interpretan la sociedad.

Nuestros entrevistados van progresivamente estableciendo vínculos cada vez más estrechos entre la presencia de normas y la posibilidad de administrar sanciones. Y en la creación de estas relaciones surgen conflictos cognitivos y lagunas que se esfuerzan por superar. Finalmente, los más avanzados llegan a concebir que sólo se pueden imponer sanciones institucionales cuando un comportamiento está recogido en una norma jurídica vigente. La dirección que se manifiesta en la génesis refuerza la previsión de una tendencia estable en la elaboración de los conocimientos sobre la sociedad, desde la personalización a la institucionalización de las relaciones.

De esta manera, los análisis realizados muestran que para elaborar el pensamiento jurídico los entrevistados construyen en términos intelectuales un *universo de relaciones jurídicas*, al que adjudican unas propiedades y relaciones específicas; es decir, una *ontología* que le es propia. Y esto les posibilita comportarse como juristas intuitivos que interpretan hechos que existen sólo porque así lo dispone el orden normativo vigente. Para hacerlo, se basan en la existencia de normas válidas, dispuestas por autoridad competente, que estipulan un deber ser normativo que se recoge en los preceptos e imputan sanciones cuando éstos se contravienen.

Esta construcción intelectual posibilitaría a los sujetos atribuir una ontología de lo jurídico –fundada en la validez de las normas– puesto que les permite considerar que un comportamiento es legal si se adecua a la norma e ilegal si no se ajusta a ella (Kelsen, 1960). En este sentido, los entrevistados parecen descubrir que el Derecho constituye una institución que crea un cierto tipo de realidad, y sólo en su interior un comportamiento vale como legal o ilegal. Podemos suponer que en la base de esta idea se encuentra la comprensión de que "lo ilegal" se crea a través de una norma constitutiva, en el sentido en que las describe Searle (1995 y 2001). Se trata de una norma o "transformación" que crea un hecho institucional, "lo ilegal", cuando a un comportamiento se le atribuye ese estatus en el contexto del Orden Jurídico vigente. Por fuera de él, se trataría de un comportamiento bueno o malo de acuerdo a los fines que persiga, y resultaría posible hacer un juicio de valor negativo y rechazarlo, pero no aplicar el aparato jurídico.

Entonces, pese al origen indiferenciado y aunque operan los mismos mecanismos cognitivos, los sujetos elaboran paulatinamente hipótesis específicas ajustadas a la naturaleza de los problemas que están construyendo, y lo hacen a partir de las resistencias de la realidad. Y es la interacción con ella la que les permite atribuir propiedades específicas a un fenómeno y analizarlo en distintos niveles. Por ello, se concibe que los distintos planos de los fenómenos no constituyen un *a priori* del conocimiento, sino el resultado de un proceso que avanza por diferenciaciones y coordinaciones sucesivas.

Frente a la pregunta de si el nivel de análisis, ámbito o plano, jurídico constituye un dominio de pensamiento diferenciado, defendemos que llega a formarse como tal a partir de sucesivas diferenciaciones. O con más precisión, como un sub-dominio dentro del conocimiento político, que es a su vez un sub-dominio del conocimiento sobre la sociedad.

Consistiría en un sub-dominio puesto que el Derecho es una institución social, y como tal debe ser tratado. Pero su peculiaridad radica en que para comprenderlo se requiere de explicaciones específicas que ayuden a entender que en el universo jurídico una norma existe porque es válida. Y también, que una norma jurídica es válida y que las autoridades tienen atribuciones para exigir su cumplimiento, aunque sea injusta.

Por esto, es nuestra responsabilidad como agentes sociales la de utilizar nuestras capacidades cognitivas no sólo para prever el curso de los acontecimientos, sino para actuar en consecuencia como ciudadanos libres y responsables. Esto es, como personas dispuestas a reclamar nuestros derechos y exigir cambios en los sistemas normativos, dispuestas a organizarnos para requerir la creación de leyes que concuerden con los valores sociales que defendemos y la modificación o derogación de aquellas otras que los contravengan, sin olvidar que el poder político que crea las leyes lo hace en virtud de un contrato social.

# Referencias bibliográficas

AISENBERG, B. (1993) *Estudio Exploratorio sobre la noción de autoridad escolar en niños del jardín de infantes*. Informe final no publicado, UBACyT. Beca de iniciación para graduados 1989/92. Directora: A. M. Lenzi. Buenos Aires: UBA.

BERGER, P. L. y LUCKMANN, T. (1966) *The Social Construction of Reality*. Nueva York: Doubleday. Trad. Cast. de S. Zulueta, *La construcción social de la realidad*. Buenos Aires: Amorrortu, 1968.

BOBBIO, N. (1958) "Teoría de la norma jurídica". En: *Teoría general del Derecho*. Trad. Cast. de E. Rozo Acuña. Madrid: Debate, 1991.

—— (1960) "Teoría del ordenamiento jurídico". En: *Teoría general del Derecho*. Trad. Cast. de E. Rozo Acuña. Madrid: Debate, 1991.

CASTORINA, J. A. y AISENBERG, B. (1989) "Psicogénesis de las ideas infantiles sobre la Autoridad Presidencial: Un estudio exploratorio". En: CASTORINA y otros, *Problemas en Psicología Genética*. Buenos Aires: Miño y Dávila editores.

——, KOHEN, R. y ZERBINO, M. (1997/2000) "Reflexiones sobre la especificidad de un subdominio del conocimiento social". *Anuario de investigaciones*, 4, 182-197. Buenos Aires: Facultad de Psicología, UBA. Reedición en: CASTORINA, J. A. y LENZI, A. (Comps.), *La formación de los conocimientos sociales en los niños. Investigaciones psicológicas y perspectivas educativas*. Barcelona: Gedisa, 2000.

DELVAL, J. (1989) "La representación infantil del mundo social". En: TURIEL, E.; ENESCO, I. y LINAZA, J. (Eds.) *El mundo social en la mente infantil*. Madrid: Alianza.

—— (1991) "Notas sobre la construcción del conocimiento social". En: ALONSO, I.; HINOJAL, J.; CARABAÑA, M.; FERNÁNDEZ ENGUITA y SUBIRATS, M. (Comps.), *Sociedad, cultura y educación. Homenaje a la memoria de Carlos Lerena Alerón*. Madrid: CIDE y Universidad Complutense.

—— (2000) "Sobre la naturaleza de los fenómenos sociales". En: KORTA, K. y GARCÍA MURGA, F. (Comps.) *Palabras. Víctor Sánchez de Zavala in memoriam*. Bilbao: Servicio Editorial de la UPV-EHU.

——, BARRIO, C. del, ESPINOSA, Mª A., BREÑA, J. y CHACUR, C. S. L. (1995) *Los derechos de los niños vistos por los propios niños*. Memoria del Proyecto. Madrid: Ministerio de Asuntos Sociales.

DURKHEIM, E. (1895) *Las reglas del método sociológico*. Trad. Cast. Madrid: Morata, 1974.

HART, H. (1961) *The Concept of Law*. Oxford, Nueva York: Oxford University Press. Nueva reimpresión, Oxford: Clarendon Press, 1997.

KELSEN, H. (1960) *Teoría pura del Derecho*. Trad. Cast. de R. J. Vernengo. México: UNAM, 1982.

KOHEN, R. (1996) *Conceptualización infantil de la sanción escolar. Un estudio exploratorio con niños de jardín de infantes*. Informe final no publicado, UBACyT. Beca de iniciación para graduados 1992/95. Directora: A. M. Lenzi. Buenos Aires: UBA.

KOHEN, R. (2003) *La construcción infantil de la realidad jurídica*. Tesis doctoral inédita. Director: J. Delval. UAM.

KOHLBERG, L. (1968) "The Child as a Moral Philosopher". *Psychology Today*, September. Trad. Cast. En: J. Delval (Comp.), *Lecturas de psicología del niño*, Vol. II. Madrid: Alianza, 1978.

FOUCAULT, M. (1976) *Vigilar y castigar*. México: Siglo XXI.

FURTH, H. G. (1980) *The World of Grown-ups*. Nueva York: Elsevier.

LENZI, A. M. (2001) "El cambio conceptual de nociones políticas: problemas, resoluciones y algunos hallazgos". En: CASTORINA, J. (Comp.), *Desarrollos y problemas en Psicología Genética*. Buenos Aires: Eudeba.

—— y CASTORINA, J. A. (1999a/2000) "El cambio conceptual en conocimientos políticos. Aproximación a un modelo explicativo". *Revista Latina de Pensamiento y Lenguaje*, 7 (1), 125-144. Reedición en: CASTORINA, J. y LENZI, A. (Comps.) (2000), *La formación de los conocimientos sociales en los niños. Investigaciones psicológicas y perspectivas educativas*. Barcelona: Gedisa.

—— y —— (1999b/2000) "Investigación de nociones políticas: Psicogénesis 'natural' y 'artificial'. Una comparación metodológica". *Anuario de Investigaciones*, 7, 223-240. Buenos Aires: Facultad de Psicología, UBA. Reedición en: CASTORINA, J. y LENZI, A. (Comps.) (2000), *La formación de los conocimientos sociales en los niños. Investigaciones psicológicas y perspectivas educativas*. Barcelona: Gedisa.

O.N.U. (1989) *Convención de los derechos del niño*. Madrid: UNICEF.

PIAGET, J. (1926) *La répresentation du monde chez l'enfant*. París: Alcan. Trad. cast. de V. Valls y Anglés, *La representación del mundo en el niño*. Madrid: Morata, 1973.

—— (1932) *El criterio moral en el niño*. Barcelona: Fontanella, 1971.

PIAGET, J. (1975) *La equilibración de las estructuras cognitivas. Problema central del desarrollo*. Siglo XXI: Madrid, 1978.

—— y García, R. (1982) *Psicogénesis e historia de la ciencia*. México: Siglo XXI.

Searle, J. (1995) *La construcción de la realidad social*. Trad. Cast. de A. Domènech. Barcelona: Paidós, 1997.

—— (1998) *Mente, lenguaje y sociedad*. Trad. Cast. de J. Alborés Rey. Madrid: Alianza, 2001.

Smetana, J. (1981) "Pre-school Children's Conceptions of Moral and Social Rules". *Child Development*, 52, 1333–1336.

CAPÍTULO **V**

# Las culturas infantiles y el intercambio entre pares[1]

Gustavo Faigenbaum*

## 1. Introducción

Los niños de edad escolar suelen intercambiar una gran variedad de objetos con sus pares. Niñas y niños frecuentemente cambian figuritas, bolitas y golosinas, así como también objetos no materiales como, por ejemplo, puntos (en los juegos por puntaje) y gestos de amistad. En este capítulo presentaré los resultados de mi investigación sobre intercambios espontáneos entre pares. Comienzo incluyendo un fragmento de un protocolo de observación para que el lector visite la escena de nuestra indagación y tome contacto con los personajes:

*Observación R12*

**Participantes**: Misha, 8 años, 2do grado; Franco: 7 años, 2do grado.
**Observadora**: Virginia Gutiérrez.

> — Misha [a Franco]: Te cambio figuritas. Te cambio ésta por dos [se refiere a una figurita de tipo "holograma" que el niño que inicia la transacción, Misha, tiene en su mano].

* gfaigenbaum@cyberferia.com

1. Este artículo resume la investigación sobre la "experiencia económica infantil" llevada a cabo por un equipo coordinado por el autor e integrado por: Silvina Cimolai, Diego Coppo, Virginia Gutiérrez, Ana Gracia Toscano, Gloria Zelaya, y Mario Zerbino. La investigación ha sido realizada en el Instituto de Investigaciones de la Facultad de Psicología (UBA), con el apoyo de un subsidio de Inicio de Carrera de la Fundación Antorchas.

Franco pone su dedo sobre la pila de figuritas de Misha. Se trata de un procedimiento muy común: el niño que está eligiendo las figuritas gradúa así la velocidad con que su pareja las muestra, disminuyendo la presión cuando una figurita no le interesa, y presionando cuando la quiere, de modo de impedir que su compañero continúe pasándolas.

Franco mira, y elige una, con la que se queda; luego Franco procede a mostrarle las suyas a Misha. Éste toma una de las de Franco. Por lo tanto no se produce el intercambio de 2 por 1, sino que cambian 1 por 1 de las comunes. Misha insiste en cambiar el holograma pero Franco no acepta. Más tarde Misha se acerca nuevamente a Franco.

> — Misha: Te cambio ésta por tres [se refiere al holograma].
> — Franco: No.

Misha lo persigue insistiendo: "Por 2". Sólo consigue intercambiar una por una de las comunes.

Cada vez que pronuncian la frase "te cambio", los niños realizan un acto de habla por el que invitan a otra persona a participar de un "contrato de intercambio". El enunciado "te cambio" presupone que quien lo formula es dueño de ciertos bienes, y está dispuesto a ceder su derecho de propiedad sobre los mismos a un par, quien a su vez le entregará otros, por un valor aproximadamente equivalente. Cuando media la violencia, o no se respetan ciertas normas de equidad y de procedimiento, los niños dejan de hablar de "cambio" para hablar, por ejemplo, de "robo" o "engaño"; y las consecuencias de sus actos son muy distintas a las del episodio utilizado como ilustración.

## 2.  Objeto de estudio

Nuestra unidad de análisis es el "episodio de intercambio", definido como toda situación con las siguientes características:

- Participan en ella por lo menos dos individuos en interacción mutua.
- Al menos uno de los individuos posee derechos sobre un artículo determinado (es su propietario o poseedor legítimo).
- Se produce una transferencia voluntaria de dicho artículo de un individuo a otro.

Esta definición contempla no solamente las transferencias recíprocas sino también las unilaterales: un obsequio es un acto de intercambio. Al mismo tiempo, se excluyen los modos ilegítimos de circulación tales como el robo.

El concepto de "bien" es un componente central del concepto de "intercambio".

- Todo bien es pasible de ser posesión de una persona, y consiguientemente puede ser cedido por esta persona a otras.
- Los bienes son valiosos, es decir, son cosas a las que se les puede asignar un valor (mayor o menor).

Los bienes pueden ser tangibles o intangibles. Figuritas, golosinas y bolitas son ejemplos de bienes tangibles. Un turno en un juego, una promesa de comportarse de una cierta manera, el derecho de admisión a un grupo o la amistad son ejemplos de bienes intangibles. El dominio de lo donable desborda ampliamente lo material; ese dominio está constituido por todo aquello cuya distribución es posible, tiene sentido, y puede crear obligaciones, o una deuda, en el otro (Godelier, 1998:150).

Los episodios de intercambio pueden ser diferenciados de los episodios de distribución. En la situación de intercambio, el poseedor de un artículo particular se lo otorga a un par. En la situación de distribución, un individuo o un grupo posee algunos bienes –generalmente escasos y deseados– y los distribuye entre los miembros del grupo. Usualmente, mientras que los actos de distribución reproducen distancias jerárquicas entre el dador y el receptor, los intercambios se dan entre actores cercanos en la escala social (Godelier, 1998). Los siguientes diagramas representan la circulación de bienes en el intercambio y en la distribución (un problema con este gráfico es que no ilustra el hecho de que, en realidad, existen formas intermedias entre el intercambio puro y la distribución pura).

GRÁFICO 1: Intercambio y distribución.

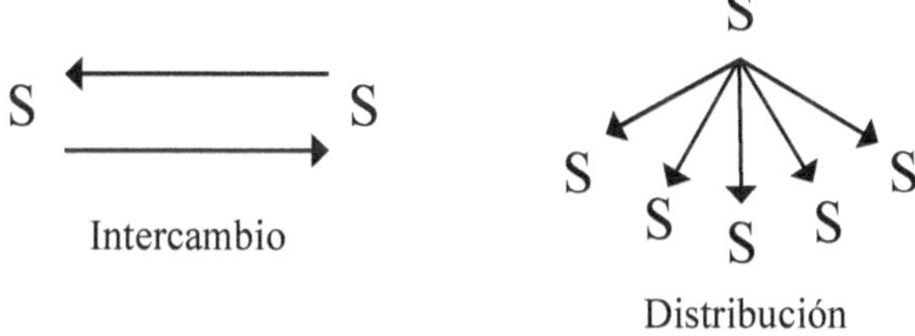

El presente capítulo examina las normas de intercambio observadas por los niños, en el contexto de las culturas de pares. La observación de episodios de intercambio y distribución de bienes, y la literatura existente (p. ej., Piaget, 1932/1971), sugieren que las normas de la sociedad infantil son relativamente estables. Los criterios utilizados por los niños no varían caprichosamente de situación a situación, y constituyen por lo tanto un objeto de estudio apto de ser investigado.

Esto no quita que, dentro de un mismo vecindario o incluso en una misma escuela, pueden encontrarse diferentes sub-culturas de intercambio. Por cierto, en su producción y reproducción cotidianas, las culturas infantiles no están aisladas de la cultura adulta. Las "representaciones sociales" (Moscovici, 1984) y la economía de mercado del mundo adulto impactan sobre las normas, argumentos y procedimientos de intercambio utilizados por los niños. Sin embargo, el micro-cosmos de las culturas de los niños mantiene un cierto grado de autonomía con respecto al macrocosmos de la totalidad social que las incluye. Los niños "habitan una subcultura económica propia, una subcultura que es dependiente, tanto cultural como materialmente, pero separada, de la de los adultos" (Sonuga-Barke y Webley, 1993).

En resumen, el fin de la investigación que presentamos es describir los sistemas de normas que ordenan los intercambios espontáneos entre pares a cada edad. Nuestro proyecto a largo plazo es describir los sistemas normativos que regulan el intercambio y distribución en las diferentes edades. La investigación que presentamos en este capítulo está centrada en los *episodios espontáneos de intercambio entre pares* en niños de 4 a 12 años. Aún cuando los resultados obtenidos son solamente válidos para una población específica, creemos que nuestro enfoque puede ser generalizado a otros contextos socioculturales, y que posee una relevancia general para el estudio de la socialización y del desarrollo cognitivo de los niños.


## 3. Método

Con el objeto de registrar situaciones de intercambio, se observaron las interacciones de niños de 4 y 5 años en un jardín de infantes público de la Ciudad de Buenos Aires, y de niños de 6 a 12 años en el patio de recreo de una escuela primaria pública de la Ciudad de

Buenos Aires, y en el patio de recreo de una escuela primaria pública de la ciudad de General Acha, La Pampa.

Se utilizó un método de observación que osciló, según el contexto y la oportunidad, entre la observación pura y la participante. Los observadores asistieron regularmente a los recreos escolares (en el caso de los niños de la escuela primaria), y a las actividades de clase (en el caso de los niños de jardín de infantes). Se tomaron notas en el lugar, y se realizaron grabaciones de audio mediante grabadores portátiles y de micrófonos inalámbricos. En general, los observadores no tomaron parte en los juegos ni en las actividades de los niños, y se abstuvieron de iniciar interacciones (con la excepción de algunas situaciones violentas, en que fue necesario intervenir). Sin embargo, cuando un niño se dirigía a un investigador, éste le respondía con naturalidad. Además, cuando la conducta de un niño durante una interacción era ambigua o generaba interrogantes teóricos, los observadores lo entrevistaban (informalmente y en el contexto) después del hecho, para lograr las aclaraciones necesarias. Como lo haría un antropólogo perplejo frente a un ritual desconocido, lo mejor es disipar las dudas preguntando a los nativos. Como dice Webley (1996:152): "La niñez es otro país y allí las cosas se hacen en forma diferente. Lo que se necesita para interpretar esta cultura son informantes locales. Esto sugiere que colaboradores son vitales, y que sin ellos podremos encontrarnos mirando al patio de juegos desde afuera".

Para el análisis de los datos, en especial para establecer los cambios en la cultura de intercambio, dividimos a las observaciones en cuatro grupos, según el grado al que asistían los sujetos participantes, y su edad.

- **Grupo a:** observaciones en que participan niños de jardín de infantes (4-5 años, aprox.).
- **Grupo b:** observaciones en que participan niños de primer y segundo grado (6-7 años, aprox.).
- **Grupo c:** observaciones en que participan niños de tercer y cuarto grado (8-9 años, aprox.).
- **Grupo d:** observaciones en que participan niños de quinto, sexto y séptimo grado (10 años en adelante, aprox.).

Para clarificar la razón por la cual hemos agrupado las observaciones de esta manera, debemos recordar que nuestra unidad de análisis *no* es el niño individual sino el *episodio de intercambio*. Este estudio no está interesado en la evolución del comportamiento social de los individuos, sino en la estructura de la situación de intercambio. Por otra parte, en las escuelas que hemos visitado, los niños que asisten a jardín de infantes generalmente interactúan con otros niños en el jardín de infantes (esto es, en parte, consecuencia del hecho que comparten los mismos horarios, juegan en los mismos espacios, etc.). De la misma manera, en la primera escuela pública que visitamos, los alumnos de primer y segundo grado poseen su propio patio de juegos y sus propios períodos de receso, por lo que se encuentran con otros alumnos de primer y segundo grado. Entre cuarto y quinto grado se produce un número importante de cambios en términos del desarrollo de los niños y de las actividades escolares. Basándose en todos estos hechos, hemos decidido que dividir nuestra muestra en estos cuatro grupos de grados era la mejor estrategia disponible para buscar las diferencias entre las diferentes culturas de pares.

En el 86% de los episodios, todos los sujetos participantes pertenecían a un mismo grupo. Los episodios en que participaron niños de diversos grupos, fueron asignados al grupo al que pertenecen la mayoría de ellos, y cuando este criterio resultaba insuficiente para determinar el grupo (al interactuar, por ejemplo, dos niños del grupo "a" y dos niños del grupo "b"), se recurría a la edad de los sujetos.

Los observadores completaron 78 horas de observación distribuidas en 29 visitas diferentes. Las observaciones fueron transcriptas y aquellas situaciones que contenían una transferencia voluntaria de ciertos bienes de un individuo a otro fueron individualizadas. Asimismo, algunas situaciones que no incluían una transferencia de propiedad pero en las cuales los niños discutían sobre intercambios (hipotéticos o reales) también fueron registradas. Nuestra muestra final contiene 232 observaciones. Algunas de ellas incluyen más de un episodio de intercambio, otras no incluyen ninguno, pero contienen comportamientos y argumentos de niños que son relevantes para el estudio de la "experiencia económica" de los niños. Registramos un total de 173 episodios de intercambio.

Las categorías teóricas que utilizamos en el análisis de las observaciones (y que comentamos en los apartados siguientes) son el resultado de varios años de investigación acerca de las nociones económicas de los niños y sus prácticas de intercambio. Ellas han sido formuladas en un movimiento doble y permanente de lectura de los datos empíricos a partir de un cierto marco teórico, y de reformulación de la teoría a partir de los datos empíricos.

# 4. La reciprocidad asociativa

A menudo hemos visto a los niños otorgar beneficios, o ceder bienes, en nombre de los favores recibidos de sus compañeros, o de los que recibirán en un futuro difuso, enfatizando los lazos de amistad y de pertenencia a un mismo grupo, más que el goce de la cosa material recibida en intercambio.

> "Me gusta regalarle a mis mejores amigas... Regalo las que tengo repetidas" (R21, 7 años)
> "Te regalo porque sos mi amigo" (R22,  7 años).
> "Es mi amigo, él me regaló un osito de peluche, entonces yo le prometí que le iba a regalar una bolita" (R38, 7 años).

Las normas que subyacen a estas transacciones son las de la reciprocidad asociativa. La falta de cumplimiento de la reciprocidad asociativa puede dañar lazos de amistad:

Bianca, 3 años, le habla a Florencia, también de 3 años, quien no le quiere ceder la hamaca:

> —Yo no soy más tu amiga. Cuando dije *pare*, vos tenés que parar. Vos no vas a venir a mi casa nunca más, no me vas a soplar mi velita (J39).

Fernando, de 6 años, explica a un compañero que no le prestará su juguete:

> — No, lo que me compran no se regala. Si lo querés, comprate. Cuando yo no traigo nada y vos traés algo no me convidás. El otro día me dijiste "la plata de mi mamá no la convido", dijiste eso y te comiste todo vos (R17).

> — [No te presto el muñeco porque] vos no me cambiás figuritas (R9, 10 años).

Los antropólogos que han estudiado las sociedades en las que la institución del don se encuentra altamente desarrollada han enfatizado la relevancia de los intercambios asociativos para la cohesión social. Los obsequios no solamente reflejan los vínculos sociales sino que también los redefinen (Zelizer, 1997:78). Donar y re-donar los mismos objetos constituye la forma más sencilla de producir dependencia y solidaridad (Godelier, 1998).

Aunque la forma específica de la institución del don cambia de una cultura a otra, alguna forma de reciprocidad asociativa parece estar presente en todas las culturas. La centralidad de los dones recíprocos para la vida social es resaltada por fuentes muy diversas, tales como la antigua mitología griega, los informes de los antropólogos sobre las culturas de Nueva Guinea, los cuentos nativos norteamericanos y la poesía medieval escandinava. Un ejemplo de esta última: *"Con su amigo debe ser el hombre amigo, y devolver presente con presente"* (Edda Poética, 23).

A primera vista, pareciera que los regalos hacen que los bienes circulen en un único sentido. Sin embargo, todos los intercambios asociativos (incluyendo los obsequios) generan obligaciones recíprocas. El que recibe permanece obligado con el que da; los niños que comparten golosinas con los compañeros que no poseen dinero asumen que, en la situación inversa, ellos se beneficiarían de la generosidad de sus amigos.

Como lo ha señalado P. Bourdieu (1994), la retórica del desinterés no impide que haya un "interés en el desinterés". Así, el mundo de la reciprocidad asociativa no es un paraíso del respeto mutuo, sino que muchas veces los niños manifiestan un cierto grado de mezquindad y egoísmo. Las actitudes de los niños constituyen un espejo de muchos de los verdaderos motivos que los adultos ocultamos más hábilmente con discursos altruistas y regalos, que a mediano o largo plazo, se transforman en reconocimiento y en beneficios materiales.

## *Observación R55*

**Observadora:** Virgina Gutiérrez
**Participantes:** Ezequiel (6 años, primer grado); Alexis (6 años, primer grado); Lucas (6 años, primer grado).

Ezequiel llevó a la escuela su colección de animalitos de la selva. Los mismos vienen incluidos en los paquetes de chocolates "Gody". Salió al recreo con algunos de ellos, se dirigió a donde estaban dos de sus compañeros de clase jugando, y les mostró los animalitos que tenía en ese momento. Los niños se mostraron bastante entusiasmados con la novedad y Ezequiel aprovechó la ocasión para intentar participar en el grupo.

> — Ezequiel: ¿Puedo jugar con ustedes?
> — Alexis: ¡Sí!, ¿me regalás éste? (Se refiere a una de las tres jirafas que tiene Ezequiel).
> — Ezequiel: Bueno.

> — Alexis: ¿Le regalás el hipopótamo a Lucas?
> — Ezequiel: Está bien.
> — Alexis: ¡Regalanos otro animal!
> — Ezequiel: No, otro no.
> — Alexis: Dale, si no me das otro animal no te dejamos jugar.

Ezequiel le da un oso panda y se queda jugando con ellos hasta que toca el timbre para entrar a clase.

En el siguiente recreo la observadora se acerca a Ezequiel y lo invita a mostrarle los animalitos. El niño fue corriendo al aula y los trajo a todos.

> — Observadora: ¿Alguno de tus compañeros tiene la colección?
> — Ezequiel: Sí, tengo un amigo que tiene toda la colección. Yo le quería cambiar una jirafa y un hipopótamo que tenía repetidos, pero el no vino a la escuela. Y yo quería jugar con unos nenes y les mostré los animalitos. Yo tenía una jirafa repetida, se la quería dar a él. Tenía tres jirafas, les podía dar una, pero no el hipopótamo porque tenía dos, y me sacó el hipopótamo que le iba a cambiar al otro nene.

En este caso, una situación de reciprocidad asociativa (regalar juguetes para tender lazos de reciprocidad y ser admitido en un grupo) se "degrada" en una situación de reciprocidad estricta, donde el derecho de admisión es canjeado por un bien material.

## 5. La reciprocidad estricta

Muchas veces los niños utilizan la retórica de igualdad y el beneficio mutuo, mientras intentan obtener lo más posible de sus intercambios. Los participantes manifiestan interés en los bienes intercambiados, y cambian para adquirir esos bienes. Dichos intercambios se asemejan a contratos de compraventa y son regulados por lo que llamamos *reciprocidad estricta*. A diferencia del caso de los obsequios, en este caso ambos participantes deben entregar bienes al otro y deben hacerlo dentro de un período de tiempo definido. Los bienes poseen un valor relativamente fijo (por ejemplo, la mayoría de los niños en nuestro estudio consideran que una figurita con holograma vale dos figuritas comunes) y se asume que los valores de la prestación y de la contraprestación deben ser equivalentes. En ocasiones los participantes discuten sobre el valor de los bienes, demostrando que están preocupados por su equivalencia. Frecuentemente aparece el lenguaje de la "conveniencia" (te conviene/ no te conviene cambiar), como lo ilustra la siguiente observación:

## Observación R87

**Observadora:** Virginia Gutiérrez
**Participantes:** Cristian (11 años, 4° grado), Kevin (10 años, 4° grado), Jonathan (11 años, 5° grado).

Cristian se acerca a la observadora con un muñeco de Pokemon y le comenta que Jonathan se lo va a dar a cambio de 40 figuritas. La observadora le pregunta si todas las figuritas tienen que ser distintas o puede haber repetidas; Cristian responde que no puede haber repetidas. Interviene Kevin.

> — Kevin: Si Jonathan tiene un muñequito y lo va a cambiar por 40 figuritas, ¿qué es más convenible (sic.), que Cristian se lo compre, o que le cambie todas las figuritas, que le salieron más plata?
> — Cristian: ¿de dónde voy a sacar 5 pesos? Y además sale 5 pesos el Pokemon favorito que me gusta.
> — Kevin: Pero podés hacer otra cosa...
> — Cristian: Sale 5 pesos el Pokemon que me gusta, y además viene con el Pokedester.
> — Observadora: ¿Te va a dar también el Pokedester?
> — Cristian: No, no me lo va a dar, por eso no me conviene (al parecer cambia de opinión).
> — Kevin: No le conviene, 40 figuritas por un muñeco, encima se lo puede comprar. Si querés los 5 pesos, vos podés vender las figuritas a 10 centavos cada una y seguro las vas a vender, porque todos quieren figuritas de Pokemon.
> — Cristian: No se lo voy a cambiar, solamente se lo cambio por 10 o por nada. Ahora voy y le digo, por 20 o por nada y si él me dice por 30, le digo no, por 20 o por nada, así sí se las dejo a las figuritas, sino no.
> — Cristian (a Jonathan): Te lo cambio por 20.
> — Jonathan: Por 30.
> — Cristian: Por 26
> — Jonathan: Por 30, o cobrás.

    — Kevin: 27.
    — Jonathan: Es lo mismo, 30 o cobrás.
    — Cristian: 27 (insiste tanto que finalmente Jonathan termina aceptando).

Los intercambios estrictos implican una confrontación de intereses. A menudo, las tensiones competitivas derivan en la disolución de la comunidad de juego e intercambio, y en métodos violentos para conseguir el objeto deseado o envidiado. En algunos casos, hemos observado a niños extorsionando a otros (amenazando denunciar una trasgresión que era ignorada por la maestra) con el objeto de obtener figuritas o golosinas de ellos. La naturaleza dual (cooperativa y competitiva) de los intercambios estrictos entre niños nos recuerda de la existencia de dos modalidades del don (agonístico o competitivo y cooperativo o realizador de alianzas) en algunas sociedades tribales (Mauss, 1950/1990). Nos preguntamos si la mezcla de colaboración y competencia es un ingrediente básico de las transacciones humanas en general.

Los niños utilizan un conjunto de procedimientos rituales y de formas establecidas que permiten conjurar, aunque sea provisoriamente, esta violencia. Por ejemplo, en un intercambio de figuritas, las palabras con las que uno manifiesta interés en una figurita del compañero, se declara dispuesto a ceder la propia, así como el momento y la forma de la entrega mutua de figuritas, están establecidos por convención. Los niños dan gran importancia al respeto de las normas de procedimiento. La negociación previa y la transacción siguen un orden preestablecido: invitación, manifestación de la intención de cambiar, muestra de las figuritas (por turno), acuerdo, entrega. Las prácticas de compra y venta de los adultos y la institución de la moneda pueden ser vistas como una forma más refinada de estas prácticas de trueque ritualizadas (ver Aglietta y Orléan, 1990).

Nuestra distinción entre reciprocidad asociativa y estricta posee algunas similitudes con el contraste enfatizado por algunos antropólogos entre la reciprocidad de los regalos (que estaría afectiva y socialmente determinada) y el intercambio libre de mercancías (el cual sería puramente instrumental, impersonal y socialmente "libre"). Coincidimos con Zelizer (1997:78) en que uno raramente encuentra formas puras y que, en general, muchos intercambios pueden ser localizados en un punto intermedio entre los polos asociativo y estricto.

## *Observación R90*

**Observadora:** Silvina Cimolai
**Participantes:** Florencia (8 años), Yanina (9 años), Pablo (10 años), Luciana (9 años). (Se trata de niños de 3° y 4° grado).

Los cuatro niños acaban de comprar algunas golosinas en el quiosco.

> — Florencia [a Luciana]: Te cambio mi chizito [el valor en el quiosco es de 10 centavos] por un Bis [20 centavos].
> — Luciana: No.
> — Florencia [a Pablo]: Te cambio un chizito [10 centavos] por dos papitas [20 centavos].
> — Pablo no le responde.

Florencia mira las golosinas de la bolsa de Luciana. Tras darse cuenta que no ha comprado caramelos Flynn Pass le dice:

> — Te cambio mi Flynn Pass [5 centavos] por un chizito.
> — Luciana: Te cambio tu Flynn Pass por nada.
> — Martín (a Florencia): ¿Me das un Flynn Pass?

Florencia abre el caramelo y le da un pedazo a Martín. Luego le dice a Yanina: "¿Querés?", la niña asiente y Florencia corta otro pedazo del caramelo. Le pregunta lo mismo a Luciana y le da otro pedacito, comiéndose ella lo restante.

Vemos como los intentos iniciales de Florencia de entregar sus chizitos a cambio de otra golosina (reciprocidad estricta), fracasan y dan lugar a que simplemente regale parte de su caramelo Flyn Pass (reciprocidad asociativa). Quizás *simplemente quería cambiar*. El punto es que, para los niños, el vínculo social creado por el intercambio es un valor en sí mismo. Según Aristóteles, la reciprocidad es lo que mantiene a las sociedades unidas (ver *Ética Nicomaquea*, 1132b – 1133a). Los comentarios de Aristóteles sobre el efecto cohesivo de los intercambios se aplican tanto a la reciprocidad asociativa como a la estricta. Contra las teorías económicas clásicas y marxistas, y más en sintonía con una perspectiva antropológica, creemos que el intercambio humano no está principalmente dirigido a la satisfacción de necesidades materiales. Los objetos utilizados como "monedas primitivas" en sociedades tribales (por ejemplo, objetos preciosos realizados con caparazones) son inútiles, pero hermosos, condensan diversos significados míticos y confieren prestigio a sus poseedores

(Kurnitzky, 1978). Análogamente, los niños de 6 y 7 años dan importancia a las características estéticas de las figuritas y a los personajes representados en las mismas. El lanzamiento de una nueva serie de figuritas destruye el prestigio de la anterior y los objetos más preciosos pueden ser devaluados y rechazados más rápidamente que las subidas y derrumbes de NASDAQ. El valor de uso de los objetos muchas veces no es siquiera considerado.

## 6. Resultados

Existen otras formas de reciprocidad en la interacción humana además de la "asociativa" y "estricta". En nuestro trato con otras personas, respetamos ciertas convenciones (como saludos mutuos, mirar a los ojos), utilizamos lenguaje (lo que implica una coordinación recíproca entre *lo que yo digo* y *lo que tú dices*), intentamos comprender el punto de vista de la otra persona, y en general intentamos ser justos e imparciales en la aplicación de reglas morales y legales. La reciprocidad es un ingrediente central de todos estos comportamientos sociales. Esta reciprocidad simbólica satura nuestra vida diaria a tal punto que difícilmente uno podría aislar *instancias* discretas de la misma. Por el contrario, es más fácil identificar y contar episodios individuales en los que la reciprocidad *asociativa* y la reciprocidad *estricta* se encuentran ejemplificadas, en particular cuando se transfiere la propiedad de un objeto.

Consideramos que un intercambio está basado en la *reciprocidad asociativa* cuando los participantes entregan bienes a sus pares en nombre de los vínculos de amistad. En intercambios asociativos, los niños enfatizan los favores mutuos, sus preferencias en común, su hospitalidad, su reputación o su pertenencia al mismo grupo. Los regalos han sido siempre clasificados como instancias de reciprocidad asociativa. Consideramos que un intercambio está basado en *reciprocidad estricta* cuando los niños manifiestan interés en el goce o el valor material de la cosa intercambiada, cuando se preocupan por optimizar su beneficio individual, y cuando discuten unos con otros sobre la equidad de los términos de la transacción. En otras palabras, en los intercambios estrictos, los niños parecen intentar lograr un *buen negocio*. A pesar de la existencia de matices intermedios, es posible categorizar la mayoría de los episodios de intercambio como *asociativos* o *estrictos*, según el tipo de argumentos utilizados por los actores (apelar a los lazos asociativos versus preocupación por la equidad económica).

La Tabla 1 muestra la distribución de las 173 situaciones de intercambio observadas. Las diferencias en el número de observaciones obtenidas para cada grupo son el resultado de la distinta cantidad de tiempo que los observadores pasaron con cada grupo, entre otros factores. Por lo tanto, no sacamos conclusiones al leer la tabla en el sentido vertical. La comparación importante es, en nuestra opinión, entre la cantidad de intercambios asociativos y la cantidad de intercambios estrictos que fueron observados en cada grupo durante un mismo período de tiempo (el sentido horizontal).

Tabla 1: Formas de reciprocidad

| Grupo | Reciprocidad Asociativa | Reciprocidad Estricta |
|:-----:|:-----------------------:|:---------------------:|
| A | 30 (66.67%) | 12 (26.67%) |
| B | 15 (28.30%) | 38 (71.70%) |
| C | 9 (18.00%) | 41 (82.00%) |
| D | 4 (14.29%) | 24 (85.71%) |

Gráfico 2: Formas de reciprocidad

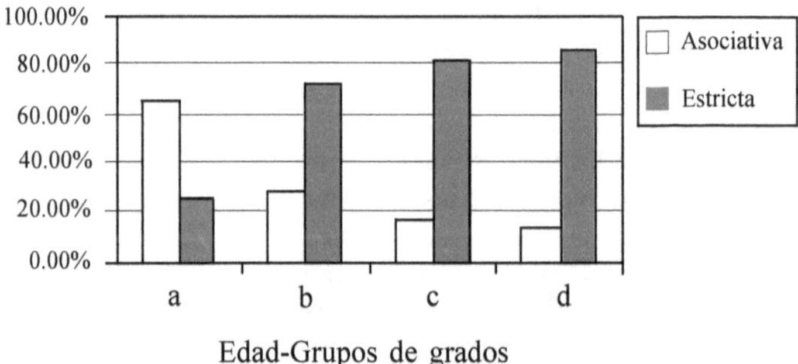


Una rápida mirada a estos porcentajes permite advertir que los intercambios asociativos disminuyen su incidencia con la edad, mientras que los estrictos tienden a aumentar. El contraste más marcado aparece entre el grupo "a" (jardín de infantes) y el grupo "b" (primer y segundo grado). Sin embargo, muchos de los argumentos de los niños del grupo "b" atestiguan la importancia de la reciprocidad asociativa para ellos; mientras que a partir de los 9 años la hegemonía progresiva de la reciprocidad estricta puede ser claramente percibida por el tipo de argumentos utilizados por los niños.

Estos resultados sugieren la hipótesis tentativa de un *cambio progresivo en la cultura de los grupos de pares de niños, de una cultura de intercambio basada en la reciprocidad asociativa, a una cultura de intercambio basada en reciprocidad estricta.* Los siete años de edad (o el comienzo de la escuela primaria) podría ser el punto de inflexión en esta transformación cultural.

## 7.  La argumentación

Nuestro análisis de las situaciones presta atención a los *argumentos* utilizados por los participantes.

- Un argumento es un fragmento del discurso de un sujeto orientado a persuadir al interlocutor a adoptar un curso de acción determinado.
- Este fragmento argumentativo incluye una justificación o fundamentación más o menos explícita del curso de acción sugerido.

El análisis del discurso, utilizando las herramientas conceptuales de la teoría de la argumentación (Perelman, 1994) y de la teoría de los actos de habla (Austin, 1982), permite reconstruir las configuraciones normativas que caracterizan a las culturas del intercambio. Aún cuando muchos teóricos ven la argumentación como el dominio del discurso plausible en general (Aristóteles, 1966) o como una actividad tendiente a incrementar el apoyo de un público a una cierta tesis (Perelman, 1994), nosotros preferimos destacar la asociación entre argumentación y acción. Al enfocarnos en como los niños *persuaden* a sus compañeros a actuar de una cierta manera, más que en la convicción intelectual, evitamos punto de vista puramente teórico. En este sentido, la Teoría de los Actos del Habla (Austin, 1982) nos ayuda a considerar las frases de los niños como acciones de, por ejemplo, "preguntar", "insistir", "prometer", "realizar una transacción", llenas de significado institucional. A pesar del énfasis en la acción, hemos dejado fuera de nuestra definición de argumentos a las amenazas, los insultos y los intentos de seducción, ya que no incluyen razones o justificaciones.

Los tópicos retóricos frecuentes o *topoi* (Aristóteles, 1966; Perelman, 1994; Anscombre y Ducrot, 1994) a los que los niños apelan son diversos. Hemos identificado, entre otros, los siguientes argumentos:

- Reciprocidad asociativa (39 veces). Ejemplo: *"Dejame usar la hamaca... si no me dejás, no soy más tu primo"*. (3 años).
- Cuantificaciones intuitivas de los bienes intercambiados (14 veces) Ejemplo: *"Las figus brillantes valen por dos de las comunes, porque son súper"* (7 años).
- Necesidad o utilidad del objeto (13 veces). Ejemplo: *"Ese es el último chicle, y me lo pienso comer"*. (10 años).
- Características personales (13 veces). Ejemplo: *"Bianca, ella tendría que ser amiga nuestra, porque usa bombacha y todo"* (4 años; parece insinuar que solamente las niñas califican para ser amigas y que la ropa interior es un signo seguro del sexo de su compañera). Otros niños de 4 y 5 años utilizaron argumentos similares: *"no jugás con nosotros porque te meás en los pantalones"*, *"no te dejamos porque usás pañales y perfume de bebé"*.
- Cuantificación exacta del valor de los bienes (7 veces). Ejemplo: *"quedamos las dos iguales porque ella se quedó con 25 centavos y yo con 20 centavos y un chupetín que vale 5 centavos"* (9 años).

Los argumentos relativos a la cantidad aparecen en todas las edades. Aún antes de que los niños lleguen a una comprensión adecuada de las cantidades, se refieren intuitivamente a algunos aspectos cuantificables de los bienes intercambiados. Por ejemplo, pueden conversar sobre la cantidad de tiempo de un servicio ("prestame tu vaso hasta el otro recreo"), a la equivalencia entre las figuritas ("las brillantes valen por dos, o si no por otra brillante"), o a una cantidad de dinero ("mañana traeme el imán; más vale que me lo traigas, si no me debés dos pesos"). A partir de los 8 años, simultáneamente con la predominancia de la reciprocidad estricta, aparecen cuantificaciones aún más precisas. En otro lado (Faigenbaum, 2005) defiendo la hipótesis de que la dinámica misma de las situaciones de intercambio impulsa a los niños a adoptar la retórica de la cantidad, y a construir una medida del valor aplicable a diversos bienes, así como categorías de cuantificación en general. Por lo tanto, una explicación psicológica de la génesis de las categorías de la cantidad no debería referirse solamente a la interacción entre el sujeto y el objeto, a la instrucción, al procesamiento de la información, o a los principios y teorías innatos. Para comprender por qué los sujetos piensan al mundo en términos de cantidades, es necesario advertir la omnipresencia, la validez, y la eficacia, de la retórica de la cantidad, tal como ella aparece en diversos contextos y prácticas sociales. Creemos, en resumen, que las categorías de cantidad están primero encarnadas en la acción del sujeto (en sus prácticas normadas, y en sus argumentaciones contextuadas) y que luego son interiorizadas, hasta convertirse en pensamiento lógico y necesario. La fundamentación teórica de estas afirmaciones excede el presente artículo, pero puede encontrarse en Faigenbaum (2005).

## 8. Situaciones de intercambio artificiales

Como complemento de la discusión anterior, permítasenos narrar brevemente algunas actividades que hemos diseñado con el propósito de inducir el intercambio entre niños. Nuestro objetivo fue determinar si podríamos obtener más fácilmente información para nuestros estudios al provocar situaciones de intercambio relevantes (en vez de registrar situaciones naturales). Trabajamos con grupos de 4 niños (2 niños, 2 niñas, todos de la misma clase).

Diseñamos un procedimiento cuasi-experimental dividido en dos partes. Durante la primera parte, distribuimos figuritas y álbumes a los participantes. Creamos un ambiente competitivo diciendo que solamente los niños que completaran el álbum podrían llevarlo a casa. Explícitamente fomentamos el intercambio de figuritas como medio para completar los álbumes, y les dimos veinte minutos para lograr este objetivo. Durante la segunda parte, cada niño recibió una golosina diferente. Les dijimos que no podrían quedarse con la golosina original que recibieron, pero que si la cambiaban con sus compañeros podrían quedarse con la que obtuvieran. Grabamos en video seis sesiones de estas actividades en una escuela pública de Lugano (Provincia de Buenos Aires). Paula Díaz, maestra en la escuela y, en ese momento, asistente de investigación en nuestro grupo, obtuvo la autorización de la escuela para llevar a cabo este estudio piloto.

Discutamos la sesión del 3 de Julio de 1996. Los niños, Victoria (7;0), Helena (7;7), José (8;0), y Matías (7;6), eran todos alumnos de segundo grado. Durante la primera parte, comenzaron pegando las figuritas en los lugares numerados del álbum. Cuando encontraban una figurita repetida, al no encontrarle ninguna utilidad, comenzaron a juntarlas en una pila común. La pila se encontraba cerca de Helena quien se apoderó de ella diciendo: "denme las repetidas, pónganlas acá". Sin embargo, durante un tiempo no terminaba de quedar en claro si la pila era privada o pública y los niños comenzaron a tomar las figuritas que necesitaban de esta "pila de repetidas". Helena pareció aceptar este procedimiento. Sin embargo, en un momento, Helena detecta que una de las figuritas que necesita para completar su álbum ya está adherida al álbum de Victoria. Victoria la ha tomado de la "pila de repetidas".

> — Helena: ¡Ésta es mía! ¡Ésta es la mía!
> — Victoria: Sí, pero vos me la diste.
> — Helena: ¡No, vos me la quitaste! [Arranca la figurita del álbum de Victoria y la pone en el suyo. Victoria agacha la cabeza y parece a punto de llorar].
> — Helena: Me faltan dos. Ésta necesito (va a tomar otra del álbum de Victoria. Uno de los observadores lo impide).

Luego de esta actividad, discutimos el tema con los cuatro niños. Victoria argumenta:

> — Victoria: Entonces ella también me tiene que dar, porque yo le dí.
> — Helena: No me dio nada, no me dio nada.
> — Victoria: Si, porque le dimos todas las figuritas a ella, que no nos servían.
> — José: Las que teníamos repetidas. Y por eso ya ella casi lo completa todo, y yo no completo nada.

Con la excepción de Helena, estos alumnos de segundo grado parecen centrados en el valor de uso de los objetos más que en el valor de intercambio: cuando no necesitan una figurita, la "donan" a la pila de repetidas. No se comportan como propietarios privados que intentan maximizar sus beneficios, sino como generosos dadores con un derecho a ser tratados en forma recíproca. Victoria conoce esta "economía de don"; sabe que al dar lo que ella no necesita, obtiene el derecho a recibir algo cuando ella lo necesite. En este contexto, los intercambios no son operaciones comerciales sino una manifestación positiva de los vínculos sociales. En cambio, los niños mayores (incluyendo casi todos los de tercer grado) acumulan repetidas para utilizarlas como capital de intercambio en transacciones futuras.

Luego de la actividad con las golosinas (segunda parte de la sesión 3/7/1996) tuvimos otra conversación con los niños. Comenzamos con una pregunta general "¿Cómo les fue?". Interesantemente, Victoria, José y Matías dijeron que les fue bien porque pudieron dar muchas golosinas a sus amigos. Solamente Helena dijo que le fue bien porque consiguió las golosinas que ella quería. Una vez más, Helena parece estar centrada en la reciprocidad estricta, mientras que los otros niños enfatizan la reciprocidad asociativa.

## 9. Conclusiones

Enumeraremos, sin desarrollarlas, algunas reflexiones provisorias, yendo de las más generales a las más específicas.

- Según Webley (1996, p. 149), "los niños construyen su propio mundo económico autónomo, el cual incluye el regateo, los trueques, los intercambios y las apuestas".
- Es legítimo estudiar los intercambios entre niños en términos de las normas, valores e instituciones de la cultura de pares.
- Las diferentes culturas practican diferentes formas de reciprocidad.
- La mayoría de los intercambios de bienes entre pares puede ser clasificada como basada en reciprocidad asociativa o en la reciprocidad estricta.
- Entre los 4 y 12 años la proporción de intercambios estrictos tiende a aumentar en relación con los intercambios asociativos, quizás reflejando un cambio en la cultura infantil subyacente (por lo menos en nuestra muestra).
- Dicha transformación es particularmente abrupta entre los grupos de pares de jardín de infantes y de escuela primaria (por lo menos en nuestra muestra).
- Los niños de jardín de infantes ya comprenden y utilizan ciertas cuantificaciones de modo argumentativo.
- A partir de los 9 años, la retórica de reciprocidad estricta se vuelve claramente dominante en las interacciones entre niños (por lo menos en nuestra muestra).
- Estos resultados coinciden con la descripción de las justificacio-

nes que los niños usan al intercambiar (Webley, 1996). Por un lado, Webley establece que algunos niños producen justificaciones basadas en la idea de amistad ("porque lo haces con un amigo") y el hecho de que el intercambio es una actividad agradable ("es divertido"); estos enunciados entran en lo que nosotros llamamos intercambios asociativos. Por el otro lado, Webley establece que otros niños producen justificaciones propiamente "económicas" (el intercambio es utilizado para obtener bienes deseados a un precio bajo), lo que coincide con lo que nosotros llamamos "reciprocidad estricta". El descubrimiento de Webley, de que el trueque se intensifica (en su muestra) en los niños de 8 años de sexo masculino y en los niños de 10 años de ambos sexos, también coincide con nuestra conclusión de que los niños de esa edad viran hacia una cultura de reciprocidad estricta.

Otra confirmación indirecta de nuestros descubrimientos surge de los estudios del comportamiento de los niños en los juegos de *ultimátum*. En el *ultimátum*, dos niños son puestos en pareja anónimamente y a cada uno se le asigna un rol de proponedor o respondedor. El proponedor sugiere cómo dividir una cierta cantidad de dinero. Si el respondedor acepta, cada uno recibe la cantidad propuesta por el proponedor. Si el respondedor se niega, ninguno recibe monto alguno (Harbaugh, Krause y Liday, 2002). Los niños de 7 años (pero no los más pequeños) ya realizan propuestas estratégicas: ofrecen a su pareja una suma menor a la que desean quedarse ellos mismos, pero no tan pequeña como para ofender a su pareja y perder todo el dinero. Por otra parte, Murnigham y Saxon (1998) describen la capacidad de negociación en los niños desde el jardín de infantes hasta noveno grado, encontrando un comportamiento "estratégico" en los niños de la escuela primaria, y una fuerte incidencia de respuestas "no estratégicas" en los niños de jardín de infantes, quienes muchas veces dijeron al experimentador que entregarían todo su dinero. En nuestra opinión, dicho "altruismo" no debe ser visto como síntoma de una falta de racionalidad, sino como expresión de la reciprocidad asociativa que predomina en los niños preescolares. En otras palabras: no se trata de que los niños pequeños no puedan ser astutos o egoístas, sino de que, en general, ellos no enmarcan sus relaciones con otros niños en términos de contratos de reciprocidad estricta. Visto desde esta perspectiva, por lo tanto, estos resultados proveen una confirmación indirecta de la hipótesis de una transición en las culturas de pares: de una reciprocidad asociativa a una estricta.

# Referencias bibliográficas

AGLIETTA, M. y ORLÉAN, A. (1990) *La violencia de la moneda*. México: Siglo XXI.

ANSCOMBRE, J. C. y DUCROT, O. *La argumentación en la lengua*. Madrid: Editorial Gredos, 1994.

ARISTÓTELES (1962). *Nicomachean Ethics*. New York. Bobbs-Merrill Inc.

—— (1966) *Retórica*, Ed. Eudeba.

AUSTIN, J. (1982) *Cómo hacer cosas con palabras*, Editorial Paidós.

BOURDIEU, P. (1994) *Razones Prácticas*. Buenos Aires: Ed. Anagrama.

FAIGENBAUM, G. (2005) *Children's Economic Experience: Exchange, reciprocity and value*. Buenos Aires: Libros En Red.

GODELIER, M. (1998) *El enigma del don*. Barcelona: Ed. Paidós.

HARBAUGH, W. T., KRAUSE, K., y LIDAY S. G. Jr. (2002) "Bargaining by Children". *University of Oregon Economics Department Working Papers 2002-04*. University of Oregon Economics DeÐpartment.

KURNITZKY, H. (1978) *La estructura libidinal del dinero*. Buenos Aires: Siglo XXI Editores.

MAUSS, M. (1990) *The Gift*. New York: W.W. Norton. [1950].

MOSCOVICI, S. (1984) The phenomenon of social representations. en R. M. FARR y S. MOSCOVICI (Comp.) *Social Representations* (pp. 3-69). Cambridge: Cambridge University Press.

MURNIGHAN, J. K., y SAXON, M. S. (1998) "Ultimatum Bargaining by Children and Adults". *Journal of Economic Psychology*, Vol. 19, no. 4, 415-45.

PERELMAN, C. (1994) *El Imperio de la Retórica*. Ed. Norma.

PIAGET, J. (1932/1971) *El criterio moral en el niño*. Barcelona: Ed. Fontanella.

—— (1965/1995) *Sociological Studies*. Londres: Routledge.

SEARLE, J. (1969) *Speech Acts*. Cambridge: Cambridge University Press.

SONUGA-BARKE, E. J. S., y WEBLEY, P. (1993) *Children's saving: A study in the development of economic behaviour*. Hillsdale, NJ: Lawrence Erlbaum.

ZELIZER, V. (1997) *The Social Meaning of Money*. New Jersey: Princeton University Press.

WEBLEY, P. (1996) Playing the market: the autonomous economic world of children. En LUNT, P. y FURNHAM, A. (Comp.) *Economic Socialization: The Economic Beliefs and Behaviours of Young People* (pp. 149-161). Cheltenham: Edward Elgar.

# Tercera Parte

Capítulo **VI**

# La impronta del pensamiento piagetiano en la teoría de las representaciones sociales*

José Antonio Castorina
Alicia Barreiro
Fernando Clemente

## Introducción

Quien se atuviera a la versión estándar del mundo académico contemporáneo en psicología del conocimiento, encontraría algo extraño vincular la formación de la teoría de las representaciones sociales (RS) con las ideas piagetianas. Básicamente, porque la tesis del carácter individual del proceso de conocimiento y el racionalismo que preside la búsqueda de estructuras lógicas universales, están en las antípodas de la teoría de las RS. Claramente, la reivindicación del sentido común que no sigue las reglas lógicas de inferencia y cuya génesis depende de la comunicación social, se contrapone a la actividad cognoscitiva del sujeto epistémico piagetiano. Incluso, la diversidad de las representaciones en diferentes contextos contrasta con la universalidad de las categorías interpretativas y de las reglas de inferencia. Por otra parte, algunos estudios de psicología social referidos a los conocimientos infantiles sobre la sociedad tienden a consolidar esta fuerte diferencia, que para algunos es una incompatibilidad (Emler y Dickinson, 1993). Además, la teoría psicológica y epistemológica de Piaget fue tenida en cuenta por los discípulos de Moscovici, alternando entre una relativa aprobación o un fuerte

---

* Este artículo fue publicado en la *Revista IRICE*, n°18, pp. 5-30, 2004.

Este trabajo se realizó gracias al subsidio UBACyT P067: "Problemas teóricos a partir de investigaciones empíricas sobre el conocimiento social", Universidad de Buenos Aires, Facultad de Psicología, Programación 2004-2007.

rechazo, por ejemplo, al utilizar el enfoque piagetiano como base para la indagación empírica, o al justificar sus propios resultados por ser contrapuestos con los obtenidos por la psicología genética (Duveen y Lloyd, 2003; Emler y Dickinson, 1993; Duveen y Leman, 1999).

Sin embargo, el análisis de las obras de Moscovici (1961; 1989; 1990; 2003) y sus discípulos pone de relieve una relación mucho más compleja y sugerente entre estas dos teorías. Resulta claro que la psicología social de las representaciones no está contenida en el corpus piagetiano, o sea, sus hipótesis centrales no derivan de las hipótesis psicogenéticas. Tampoco Piaget puede ser considerado un antecesor de la teoría de las RS, en el sentido en que las representaciones colectivas, abandonadas por las ciencias sociales posteriores a Durkheim, fueron recuperadas y modificadas por Moscovici (Farr, 2003). Asimismo, no podría afirmarse que las RS estén esbozadas en las tesis de la psicología genética. Más bien, es necesario situar las ideas de Piaget en el campo de la psicología, la ciencia social y la epistemología europeas, más precisamente continentales, y desde allí evaluar su rol en el surgimiento de la teoría de las RS. Para entender la presencia piagetiana en dicha teoría hay que examinar la trama de problemas y respuestas de la tradición psicológica, sociológica y antropológica de su tiempo.

Nuestro objetivo es identificar los puntos de vista de Piaget asumidos explícitamente o no en la elaboración del concepto de RS. Según creemos, la impronta de sus ideas en la psicología de las RS adopta diversos sentidos. En algunos casos, se trata de la "lectura" de Piaget hecha por los fundadores de la psicología social, en el contexto de las discusiones psicológicas y epistemológicas de la década de los '60. Hasta puede hablarse de un efecto de "totalidad" del entramado de ideas sociológicas, psicológicas o filosóficas sobre la constitución del concepto de RS y del que forma parte el pensamiento de Piaget. Se puede mencionar, entre otras relaciones, las sugestivas semejanzas que Moscovici (1961, 1989) encontró entre las creencias adultas y las creencias infantiles estudiadas en *La Representación del Mundo en el Niño* (Piaget, 1926). El egocentrismo infantil postulado en esta obra fue interpretado por Moscovici como una reelaboración, en términos psicológicos, de las representaciones "primitivas" propuestas por Lévi-Bruhl (Moscovici, 1989; 2003). En este artículo nos ocuparemos, en primer lugar, de la reapropiación por parte de Moscovici de las ideas de Piaget sobre las creencias infantiles. Es decir, la modificación del significado teórico de estas últimas en los términos de las RS.

Otra conexión posible que analizaremos se basa en la posición crítica común adoptada por Piaget y Moscovici ante uno de los fundadores de las ciencias sociales: Emile Durkheim (Moscovici, 1989; Piaget, 1995). Examinaremos comparativamente las posiciones críticas de ambos autores. Al hacerlo, aspiramos a poner en evidencia algunas tesis centrales que figuran en ambos proyectos: el rechazo al dualismo individuo-sociedad y la defensa de una perspectiva genética (Piaget, 1995; Duveen, 2001; Castorina, Clemente, *et. al.*, 2001 Farr, 2003).

En tercer lugar, buscaremos en el constructivismo de Piaget la inspiración para la tesis de una relación constitutiva entre sujeto y objeto sociales en la psicología de las representaciones fundada por Moscovici (Jodelet, 1989; Duveen, 2003). Más aún, nos proponemos establecer un paralelo entre el proceso de constitución de las RS y aspectos del constructivismo piagetiano.

Finalmente, cabe reconsiderar la contraposición mencionada entre la construcción de la racionalidad científica y la reivindicación del sentido común en la psicología social. El enfoque diferente puede permitir ahondar en la especificidad de cada programa de investigación. A este fin contribuye la distinción entre la lógica operatoria de Piaget y la lógica del sentido común de Grize (1990). Hasta puede ser de interés vincular la tesis del "marco epistémico" propuesta al final de la obra piagetiana (Piaget y García, 1981; García, 2001) con las ideas de los psicólogos sociales respecto de la ideología (Moscovici, 2001)

En síntesis, queremos elucidar ciertas notas características de las RS a través del diálogo entre los fundadores de este programa de investigación y el pensamiento piagetiano. De modo recíproco, dicho encuentro puede ayudar a comprender el significado de este último para la psicología contemporánea. Más aún, como ha sido resaltado por Danziger (1993), las categorías y métodos de la psicología son históricos. Incluso, los propios objetos que postulan los psicólogos también lo son. La psicología social o la psicología del conocimiento no tienen objetos "naturales" y universales a los que se corresponden más o menos armónicamente las teorías. Estas cambian radicalmente, por lo que la recuperación de los aspectos de la historia de su formación llega a ser muy importante para comprender la propia disciplina. Al relacionar los conceptos psicológicos con los contextos de su elaboración, intentamos iluminar el significado de los corpus teóricos y metodológicos.

## Las representaciones infantiles del mundo

El concepto de RS tiene un antecedente fundamental en la sociología de Durkheim, pero su teoría comienza a formularse en la psicología social con la obra de Moscovici. Este autor se preocupó en reconstruir su historia teórica a partir del concepto de representación colectiva de Durkheim y de la hipótesis del pensamiento pre-lógico en Lévi-Bruhl (Moscovici, 1989; 2001; 2003). Incluso, según Jodelet (1984) el concepto de representación colectiva llega a la psicología social *"no sin antes haber realizado una desviación por la psicología infantil"* (cita perteneciente a Piaget, 1926:469). Justamente, el interés de esta "desviación" teórica reside en que Piaget influyó sobre la construcción de este concepto, sin haber participado en el origen de la disciplina.

De acuerdo con lo que dijimos antes, la obra piagetiana *La Representación del Mundo en el Niño* es interpretada por Moscovici como una reconsideración muy peculiar de las ideas de Lévi-Bruhl. Básicamente, su tesis afirma que el antropólogo francés habría producido una profunda renovación de los conocimientos al postular la inconmensurabilidad entre el pensamiento "primitivo" y el pensamiento "occidental" (1989). El pensamiento occidental se ha formado durante siglos en la elaboración de informaciones provenientes de los fenómenos naturales y en la búsqueda de sus causas. En cambio, el pensamiento de la sociedad premoderna se vuelca a lo sobrenatural para encontrar relaciones místicas entre los fenómenos. Según Moscovici (2003) hay dos notas, entre otras, que hacen inconmensurable este pensamiento respecto de la concepción científica del mundo, en la perspectiva de Lévi-Bruhl: Primeramente, la experiencia no hace falsas las representaciones colectivas, ya sea porque su credibilidad se basa en la tradición o la autoridad, ya sea porque es interpretada desde un marco compartido. En segundo lugar, el pensamiento "primitivo" no se guía por el principio de contradicción, en el sentido de que *"los objetos, los seres, los fenómenos, pueden ser de una manera incomprensible para nosotros, a la vez ellos mismos y otra cosa que ellos mismos"* (Lévi-Bruhl, 1951:77). En su lugar, las representaciones se rigen por una comunidad mística que se puede caracterizar como una ley de participación.

Ahora bien, bajo el influjo de las ideas de Lévi-Bruhl, Piaget habría buscado en los niños los rasgos de pensamiento irreductibles al pensamiento adulto. Más aún, tanto el niño pequeño como los miembros de las sociedades premodernas manifiestan fusiones de representaciones en forma de artificialismo, animismo o realismo. Así, un clásico ejemplo podría ser la creencia infantil de que al poner el dedo sobre el nombre del sol se está alcanzando al sol. Hay una especie de "participación" entre el nombre del objeto y el objeto real. Para Moscovici, el texto de Piaget evoca claramente las afirmaciones de Lévi-Bruhl. Sin embargo, comparativamente, el psicólogo suizo habría avanzado decisivamente en la explicitación del mecanismo y la dinámica psicológica de las creencias infantiles.

Por otra parte, en *El Criterio Moral en el Niño* (1932 / 1995) Piaget habría mostrado la simultánea intervención de distintas prácticas sociales en la elaboración intelectual de la argumentación moral. La fuerza de la autoridad paterna se corresponde con los juicios heterónomos, y las relaciones cooperativas están a la base de los juicios autónomos. En la versión de Moscovici (1989), Piaget habría transferido al interior de nuestra propia cultura la diferenciación establecida por Lévi-Bruhl entre las sociedades premoderna y moderna. Podemos reconocer, en la investigación de los conocimientos infantiles, una sociedad basada en la autoridad y la restricción y otra basada en la cooperación, con sus propias representaciones sobre la naturaleza o la moralidad. Estas varían, desde la ausencia de contradicción y la impermeabilidad a la experiencia o el sometimiento a la autoridad, hacia el predominio de la no contradicción, la progresiva puesta a prueba de las hipótesis sobre la naturaleza y la reciprocidad moral. Con todo, Piaget incorpora en sus estudios un sesgo de mayor continuidad entre los niveles de desarrollo debido a los mecanismos funcionales del conocimiento.

En síntesis, la tesis de Moscovici es que en Piaget "*los adultos de la cultura premoderna han sido reinventados como niños, como participantes de nuestra cultura preadulta*" (Moscovici, 2003:101). En otras palabras, el niño egocéntrico y animista de Piaget sería una reelaboración a partir de los elementos y los materiales suministrados por los estudios de Lévi-Bruhl. Más aún, Piaget habría atribuido los rasgos del pensamiento primitivo al pensamiento preoperatorio del niño, los que luego son superados por el conocimiento operacional, donde comienza la sensibilidad a la experiencia y el pensamiento propiamente lógico. Desde esta perspectiva, se entiende que Moscovici "leyera" en las creencias infantiles descritas por Piaget las RS o la cultura del sentido común. Esto es, que las representaciones colectivas propuestas por Lévi-Bruhl fueron redescubiertas por Piaget como una construcción individual. De este modo, "daba una explicación de nuestra cultura a través del discurso de los niños y del material que él recopilaba como expresión del folklore y del sentido común a partir del conocimiento de un solo niño" (Moscovici, 2003:92).

Al estudiar las creencias infantiles, Piaget habría dado los primeros pasos en la comprensión del mecanismo psíquico de las RS. Es decir, fue más allá del reconocimiento de la existencia social de representaciones y se adentró en su estructura psicológica. Bajo el supuesto de la inseparabilidad de los aspectos psicológicos y sociales de estas, Piaget indagó centralmente los rasgos psicológicos de las representaciones, identificando las formas del pensamiento infantil "participativo": el animismo, el realismo de los nombres o el artificialismo; incluso, examinó la superación de la "participación" por el pensamiento lógico (Moscovici, 1989). Por ello, Moscovici consideró que estas indagaciones siguen siendo ejemplares para los psicólogos sociales, hasta se podría decir que Piaget habría anticipado la tarea de la psicología social respecto de la sociología. Mientras esta última utiliza el concepto de representación para explicar los comportamientos sociales, la primera busca identificar su constitución, su mecanismo y su dinámica (Moscovici, 1984; 2003). Tal como se enfatizará más adelante, tanto Piaget como Moscovici, afirman una relación constitutiva entre lo social y lo individual, en lugar del dualismo de Durkheim. Justamente, por esta razón teórica, no carece de interés el estudio de la naturaleza psicológica de las representaciones, realizado por Piaget. *"Nosotros le debemos por lo tanto esta separación del modelo social y esta recomposición del fenómeno que nos interesa"* (Moscovici, 1989:74).

Según lo anterior, aparece con claridad un tipo de influencia ejercida por el primer Piaget sobre la teoría de las RS. Mejor dicho, Moscovici halló una fuente de inspiración para su estudio del sentido común en las preocupaciones de aquel por conectar el conocimiento individual con la sociedad, o en su reelaboración de las tesis de Lévi-Bruhl. Básicamente, porque las creencias infantiles hablan, en última instancia, de las creencias sociales, acercándonos a los aspectos psicológicos de las RS. El interés ulterior de Piaget por los aspectos lógicos del pensamiento y su desinterés por vincular las adquisiciones infantiles con las relaciones sociales, lo desconectó del mundo de los psicólogos sociales. Sin embargo, el último tramo de su obra abre otra relación con el mundo de los significados sociales, lo que no ha merecido la atención de las comunidades académicas.

# Piaget y Moscovici, críticos de Durkheim

Se puede considerar a Durkheim el "precursor" del concepto de RS, ya que su concepto de representaciones colectivas fue recuperado por Moscovici luego de un período de oscurecimiento en las ciencias sociales, pero modificándolo profundamente en función del contexto moderno (Moscovici, 2001; Farr, 2003). El análisis de las limitaciones teóricas del enfoque de Durkheim fue crucial para la fundación de la teoría de las RS (Moscovici, 1989; 2001; 2003). A este respecto, cabe señalar una convergencia con las críticas formuladas por Piaget a la teoría sociológica de Durkheim (Moscovici, 1989), aunque estas coincidencias no han sido siempre explicitadas, como veremos a continuación.

Comencemos por las coincidencias que no han sido reconocidas en los textos de Moscovici. Aquí nos permitimos evocar los análisis históricos de Piaget referidos a los aspectos más básicos de la totalidad social. En este sentido, las teorías centradas en los individuos separados de la sociedad, o en la presión social sobre los actos individuales, han sido mayoritarias en una reconstrucción del pensamiento social. Esta disociación ya estaba presente, por ejemplo, en la defensa que hizo Rousseau de una naturaleza humana anterior a las relaciones sociales, y de la que derivan las instituciones.

De un modo pendular, Durkheim disoció nítidamente los hechos sociales de la conciencia individual, a la representación colectiva de la representación individual. Hay que decir que, gracias a este movimiento de escisión de lo social pudo fundar la sociología científica. Para el sociólogo francés las totalidades sociales son concebidas como indivisibles, por presentar rasgos emergentes irreductibles a sus elementos individuales. Al basar únicamente la explicación social en la sociedad como un todo, se impone a los individuos una serie de propiedades que les son exteriores. De este modo, limitó seriamente la posibilidad de pensar el proceso de formación de las representaciones. Más aún, según Piaget, Durkheim atribuye a la conciencia colectiva rasgos de la conciencia individual, para luego proyectar lo exterior escindido hacia lo interior, imponiéndolo a los individuos.

> "La conciencia colectiva, heredera de los poderes hasta entonces innatos o a priori del espíritu, presenta en efecto el inconveniente de seguir siendo una conciencia, es decir, (....) heredar aquel substancialismo y aquella causalidad

espirituales que la sociología descarga a la psicología solamente para cargar a su vez ella con todo el peso..." (Piaget, 1951/1975:33).

Por el contrario, en la perspectiva sociológica de Piaget las interacciones sociales no son separables tajantemente de las acciones individuales. "*La relación social constituye una totalidad en sí misma que produce nuevos caracteres que transforman al individuo en su estructura mental*" (Piaget, 1951/1975:173).

En otras palabras, dicha totalidad no consiste en una sumatoria de individuos ni en una realidad que se les impone, "*sino en un sistema de interacciones que modifican a estos últimos en su misma estructura*" (Piaget, 1951/1975:174).

Moscovici (2001) intentó vincular las creencias sociales y la experiencia individual, sosteniendo con fuerza la preeminencia de las primeras, pero rechazando el enfoque escisionista y, en primer lugar, el reduccionismo cognitivo que es una de sus formas,

> "...el intento de comprender el complejo de conocimientos y de creencias de una sociedad sobre la base de las leyes elementales del conocimiento individual que están en última instancia basadas en facultades o experiencias sensoriales es desafortunado (...) porque las premisas de las que parte son artificiales y superficiales" (p. 126).

En segundo lugar, se opuso a cualquier dualismo entre individuo y sociedad, incluido el sostenido por Durkheim:

> "Resulta absurdo decir, que mientras estamos solo obedecemos a las leyes de la psicología, que nos conducimos movidos por emociones, valores o representaciones y que, una vez en grupo, cambiamos bruscamente para comportarnos siguiendo las leyes de la economía y de la sociología, movidos por intereses y condicionados por el poder" (Moscovici, 1984:26).

Como se verá más adelante, a propósito de la relación entre sujeto y objeto en la teoría de las representaciones, éstas se asumen activamente por los grupos y los individuos. Sin embargo, dicha integración dinámica presenta un lado dominante: la comunicación y la interacción social respecto del individuo. Aunque ambos términos son inseparables. De hecho, buena parte de la obra del fundador de la teoría está centrada en la constitución social de la identidad individual.

Más aún, la discusión sobre los aspectos de construcción individual en las representaciones forma parte de una discusión reciente en la psicología social de los conocimientos infantiles de la sociedad. (Duveen, 1997; Castorina, 1999; Castorina, Clemente y Barreiro, 2003). Este espíritu, sea o no mencionado expresamente distingue, por un lado, el Piaget sociólogo (mucho más que al autor de la psicología del desarrollo) junto con la psicología de las RS, del individualismo de la psicología social de raigambre cognitivista o la escisión objetivista de Durkheim, por el otro.

Por otra parte, para el sociólogo francés las representaciones son homogéneas en su transmisión durante la vida de una colectividad y constrictivas para los individuos. Respecto de esta última propiedad de las representaciones colectivas, Piaget rechaza que todas las relaciones entre los sujetos sean heterónomas. Es decir, que además de este tipo de relaciones, existen actividades cooperativas que se basan en el respeto mutuo entre pares. Al participar de estas últimas, los adolescentes abandonan la creencia en el carácter sagrado de las normas y sostienen su validación por el consenso. En *El Criterio Moral en el Niño* (1932) se sostiene la idea de que Durkheim se representaría los niños como no conociendo otra sociedad que la sociedad adulta o las sociedades creadas por los adultos (la escuela), desdeñando enteramente la existencia de las sociedades espontáneas de los niños y de los hechos relativos al respeto mutuo.

Según la síntesis de Moscovici,

> "...la constricción no tiene el privilegio que le otorgaba el sociólogo francés. Al lado de ella y en contraste, la cooperación produce sus efectos y una representación que le corresponde. Por esta conjetura, la naturaleza de las interacciones aparece como un factor determinante de los modelos de pensamiento y de percepción, de las discusiones y de las justificaciones" (1989:73).

Como fue dicho anteriormente, al colocar las dos sociedades en el interior de nuestra propia cultura, Piaget cuestionaba el presupuesto común a Lévi-Bruhl y a Durkheim según el cual cada sociedad es homogénea desde el punto de vista representacional. Sin embargo, ambas sociedades aparecen asociadas en el pensamiento de Piaget con el desarrollo de una razón inmanente, en el sentido de que las prácticas basadas en las relaciones de reciprocidad entre los individuos involucran una racionalidad que "tiende al mayor equilibrio".

Es decir, si se comparan con las interacciones sociales de tipo heterónomo.

Además, las ideas de Piaget parecen sugerir que las RS son dinámicas, ya que niega homogeneidad e invariancia a las interacciones sociales que están en su base. Más aún, los psicólogos sociales, al postular que las RS derivan de procesos de construcción, están obligados a considerarlas en su proceso de desarrollo (Duveen, 2003; Duveen y Lloyd, 2003). Esto es, el estudio de su génesis parece esencial para los investigadores que siguen a Moscovici. Ahora bien, justamente al hacer este comentario, los autores utilizan –una vez más– la semejanza con el enfoque piagetiano, en su perspectiva metodológica del estructuralismo genético. Incluso, se apoyan en los estudios de formación de las estructuras culturales realizados por Goldmann y referidos al Jansenismo en Francia (Goldmann, 1970). Como afirma Duveen:

> "El uso del término 'genética' [utilizado por Moscovici para describir las relaciones de influencia estudiadas por la 'psicología social genética'] remite al sentido dado tanto por Jean Piaget como por Lucien Goldmann. En todos estos casos, las estructuras particulares sólo pueden entenderse como derivadas de estructuras anteriores" (Duveen, 2001:17).

Esta presencia del enfoque piagetiano no corresponde a una influencia conceptual en el origen de la teoría de las RS (como sería el caso de los estudios psicológicos del pensamiento "participativo" o egocéntrico) sino que adopta la forma de la autoridad intelectual de un método que es pertinente para la psicología social.

A pesar de las críticas de Piaget a Durkheim, hay una proximidad intelectual entre ambos autores, que los distancia de Moscovici. Nos referimos particularmente a su versión racionalista (por lo tanto continuista) del conocimiento. En el caso de la psicología genética, hay una continuidad entre los niños y los adolescentes, incluso entre el conocimiento natural y el pensamiento científico. Esto se trasluce principalmente por la presencia de mecanismos comunes de elaboración del conocimiento, basados en las interacciones entre la asimilación y la acomodación. En tal sentido, las ideas más avanzadas de los sujetos son, en aspectos relevantes, una reelaboración de elementos anteriores (Moscovici, 2003). En nuestra opinión, en los textos sociológicos de Piaget hay espacio para pensar en una discontinuidad, en los términos de la ruptura de la ciencia con el "sociocentrismo" o la ideología, como veremos más adelante (Castorina, Faigenbaum y Clemente, 2002). Como ya se dijo, aquella continuidad profunda pero discutible, se puede vincular con el "inmanentismo" racionalista predominante en la mayor parte de su obra[1].

## Constructivismo y representaciones sociales

Desde el punto de vista epistemológico, la teoría de las RS se basa en el rechazo a la escisión clásica entre sujeto y objeto de conocimiento, originada en el pensamiento moderno y desarrollada por las teorías del conocimiento racionalista y empirista (Castorina, 2002). Dicha disociación orientó la formación de la psicología del siglo pasado, especialmente las concepciones conductistas y neoconductistas, incluso la psicología cognitiva. Esta última avanzó respecto del conductismo ubicando los esquemas como mediadores entre estímulo y respuesta, pero su tesis de un aparato cognitivo natural que procesa representaciones internamente, separa también la actividad intelectual respecto de la sociedad. Por otra parte, como vimos, el marco epistémico de la escisión posibilitó que Durkheim conformara su teoría de las representaciones colectivas, pero le impidió pensar las RS.

Por el contrario, para Moscovici *"no hay separación entre el universo exterior y el universo interior del individuo [o del grupo]. El sujeto y el objeto no son oscuramente distintos"* (1969: 9). Según esta perspectiva, el objeto se inscribe en el contexto de una actividad, sea del individuo o del grupo, se trate de su comportamiento, sus actitudes o las normas a las que se refiere. En los términos de Moscovici, el estímulo y la respuesta son indisociables, hasta el punto

---

1. Markova va más lejos, considerando que Piaget quedó prisionero del kantismo de Durkheim, lo que constituyó uno de los obstáculos con los que debió romper la psicología social para elaborar el concepto de representación social (Markova, 2003) Cabe recordar que para Moscovici, Durkheim prolongó el espíritu kantiano con su versión de las representaciones colectivas homogéneas y estáticas. Según Markova, el "estructuralismo", tanto como Durkheim, es heredero de Kant. Por lo tanto, Piaget sería kantiano por ser estructuralista. Para nosotros, se podría mostrar que al poner a la génesis en el centro del estudio de las estructuras, Piaget no es obviamente estructuralista, en el sentido de sostener el carácter estático y a priori de las estructuras de conocimiento. Sin embargo, en la medida en que la génesis de las estructuras no incluyó de modo relevante a los contextos o las situaciones sociales y culturales, se debilitó la dialéctica piagetiana entre génesis y estructura.

en que la respuesta está en el origen de los estímulos. Dicho de otro modo, el representarse algo es darse al mismo tiempo el estímulo y la respuesta. Según Jodelet (1989), se ha logrado finalmente postular en la psicología del conocimiento que las estructuras mentales son mediadoras entre estímulos y respuestas, pero claramente corresponden a una construcción activa sobre el medio. Es decir, la mediación no es interna a un aparato del sujeto sino que es inseparable de la estructuración del mundo. Este enfoque preside la teoría de las RS de Moscovici, según la cual estas últimas determinan tanto al estímulo como a las respuestas.

Abric (1994) nos recuerda que cuando un grupo o un individuo formulan una creencia, se trata de una respuesta a una situación que constituye en cierto sentido al objeto. De este modo, el objeto es reconstruido para ser consistente con el sistema social de creencias. A este respecto, puede decirse que el objeto no existe sino para un grupo y depende entonces de la relación entre sujeto y objeto. Por su parte, Jodelet nos dice que "*la representación (es) como una forma de saber práctico que vincula el sujeto con el objeto*" (1989: 43). A lo que añade: "*Una representación social es siempre una representación de alguna cosa (el objeto) por alguien (el sujeto). Las características del objeto y del sujeto tendrán una incidencia sobre lo que ella es*" (Jodelet, 1989:43). De este modo, las RS están en el lugar del objeto, al que restituyen simbólicamente y, por la otra, portan la marca de la actividad del sujeto social. En tal sentido, hay que subrayar que las representaciones son reconstructivas de su objeto social, ya que presentan rasgos de creatividad al involucrar tanto una interpretación de las situaciones como una expresión del sujeto (Jodelet, 1989). Los aspectos cognitivos de las RS adquieren para los psicólogos un rasgo peculiar: se integra a ellos la pertenencia del sujeto a un grupo social y su participación en la cultura. Según el punto de vista de Moscovici, este lazo con el objeto es parte intrínseca de un lazo social y debe ser interpretado en este marco.

Finalmente, esta posición ante la relación sujeto-objeto se vincula con la cuestión de la realidad "objetiva". Toda realidad aparece representada o reconstruida desde el sistema de valores subjetivos o grupales, de modo tal que los individuos consideran como la realidad misma aquello que depende de tal reconstrucción. Por lo tanto, desde el punto de vista epistemológico, las RS no son un reflejo de la realidad, son su estructuración significante. Una estructuración que depende de factores contingentes, vinculados a la situación o contexto social y de factores más generales, como la ubicación del individuo en la organización social o la historia del grupo.

Ahora bien, este constructivismo de las RS tiene algunas coincidencias llamativas con las tesis de Piaget, algunas de las cuales han sido explícitamente admitidas. En primer lugar, sus escritos epistemológicos de la década del '60, como *El Estructuralismo* (Piaget, 1968), ponen de relieve la construcción mutua del sujeto y el objeto de conocimiento en su interacción. Se puede afirmar que una de las contribuciones piagetianas a la epistemología ha sido romper con la escisión entre representación y mundo, entre conocimiento a priori y a posteriori. Su tesis principal es que el conocimiento se define por la actividad significativa sobre el mundo, que da lugar a la diferenciación de los polos del sujeto y del objeto. Estos son considerados términos relativos de un proceso de construcción mutua. Estas ideas han sido asumidas por los psicólogos sociales de la escuela de Moscovici. Así, Jodelet cita un párrafo de aquel texto piagetiano para sustentar la inseparabilidad de los estímulos y las respuestas, del sujeto y el objeto, en la formación de las RS:

> "Una vez en el terreno de la percepción, el sujeto no es el simple teatro en cuyo escenario se interpretan piezas independientes de él y reguladas de antemano por las leyes de un equilibramiento físico automático, sino el actor, y a menudo, incluso el autor de las estructuraciones que él mismo ajusta en la medida en que se desarrollan" (Jodelet, 1984:477)

Por su parte, Duveen (2001; Duveen y Lloyd, 2003) ha insistido en que la posición constructivista es común a la psicología social y al pensamiento piagetiano, evocando los procesos formadores de las RS. En términos generales, la familiarización con lo nuevo se lleva a cabo por un proceso constructivo de anclaje y objetivación que garantiza la integración de lo desconocido, en la medida en que es interpretado desde los marcos disponibles. La objetivación es un mecanismo de construcción de los significados sociales ya que transforma los conceptos científicos (y otros con los que el sujeto tiene una experiencia más próxima), siguiendo una serie de fases. Entre otras, haciendo una selección y descontextualización de elementos de la teoría, seguida por su reconfiguración en forma de imágenes que los concretiza, y ulteriormente procediendo a su naturalización o transformación en entidades a las que se les atribuye realidad. A su vez, el anclaje enraíza las representaciones y su objeto en una red de significaciones. En términos de Jodelet (1984): "*La representación no se inscribe en una tabla rasa, sino que siempre encuentra 'algo que ya había sido pensado', latente o manifiesto*" (Pág. 490). Gracias a este mecanismo, los individuos y los grupos pueden otorgar significación a un objeto social, ya que lo integran cognitivamente o lo "asimilan" al sistema de creencias preexistentes. Cabe destacar que, en ocasiones, los psicólogos sociales utilizan explícitamente el término piagetiano "asimilación" para marcar la semejanza conceptual entre las teorías. Sin duda, la objetivación y el anclaje son procesos inseparables, la primera plasma los significados sociales, mientras que el segundo otorga significados a un objeto específico incluyéndolo en la red de significaciones propia de un grupo, permitiendo así su interpretación. De esta manera se lleva a cabo una doble transformación del objeto de conocimiento.

En síntesis, lo que el mundo es "para nosotros", o el objeto, no es un reflejo del mundo exterior, sino que resulta de una construcción realizada por el grupo social gracias a la objetivación y el anclaje. Pero no sólo se construye el objeto; las mismas operaciones también construyen al sujeto, ya que conforman la identidad social grupal e individual. Es precisamente aquí donde Duveen nos recuerda que

> "...la correlativa construcción del objeto y del sujeto en la dialéctica del conocimiento era también un rasgo característico de la psicología genética de Jean Piaget y del estructuralismo genético de Lucien Goldmann" (2001:11).

Ahora bien, esta analogía no debe ocultar la especificidad del proceso constructivo de las RS con respecto a la génesis de las categorías del conocimiento en la epistemología piagetiana. En un caso, la construcción se cumple por entero en la comunicación social de los conceptos o en la interacción entre los integrantes de un grupo social; en el otro, la construcción en la ontogénesis es principalmente individual, aunque en condiciones sociales, y mediante procesos tales como los conflictos cognoscitivos, su toma de conciencia, las abstracciones empíricas y reflexionantes o la generalización. En el primer caso, la construcción sigue un proceso de modificación que depende en muy buena medida del punto de vista que Piaget llamaba "sociocéntrico", dirigido a elaborar puntos de vista que expresan las necesidades e intereses de los grupos o las instituciones. Es decir, las RS se producen para gestionar la relación práctica con el mundo (Jodelet, 1989:53) y para garantizar un cierto orden al interior del grupo social. En el segundo, y habida cuenta de su intento de buscar los mecanismos comunes al conocimiento común y el científico, en cambio, las categorías elaboradas por los sujetos van de estados de menor a mayor grado de conocimiento. Se puede hablar de una aproximación inacabada e inacabable a lo real, como en la ciencia, durante su interacción con el objeto. Esto es, se afirma una cierta progresión del conocimiento, lo que no tiene sentido para el estudio de las RS. Finalmente, el mundo físico o el mundo de los objetos a conocer parece intervenir, por la vía de la acomodación de los esquemas construidos por el sujeto epistémico. En cambio, no es el contraste con el objeto lo que restringe las RS, sino la comunicación social o los intereses de los grupos que las elaboran. Volveremos sobre este punto al considerar el sentido común y la ciencia.

## El sentido común y la ciencia

Moscovici diferencia claramente al conocimiento científico del saber de nuestra vida cotidiana. (Moscovici y Hewstone, 1984, Moscovici, 2001). El último es un conjunto de conocimientos

> "...enriquecido por miles de 'observaciones', de 'experiencias', sancionadas por la práctica. En dicho cuerpo, las cosas reciben nombres, los individuos son clasificados en categorías, se hacen conjeturas de forma espontánea durante la acción o la comunicación cotidianas. Todo esto es almacenado en el lenguaje, el espíritu y el cuerpo de los miembros de la sociedad. Lo dicho otorga a dichas imágenes, a estos lazos mentales, un carácter de evidencia irrefutable, de consenso en relación con lo que todo el mundo conoce." (1984:683).

El mundo científico (normalizado) ofrece la seguridad del pensamiento racional que otorga rigor y verificación a los conceptos. Es decir, establece criterios para invalidar o confirmar sus hipótesis y cuenta con reglas lógicas que permiten encontrar la única respuesta correcta a un problema. En cambio, el pensamiento del sentido común (no normalizado) carece de estos atributos, ofrece mayor libertad y creatividad; no requiere verificación ni sigue reglas lógicas de inferencia, modificando sus conceptos según su utilidad en la vida cotidiana. Las creencias anteriores y la comunicación son la base de su credibilidad. Por ello, no produce conceptos válidos universalmente, sino representaciones válidas para cada caso particular (Moscovici, 2001).

Sin embargo, estos dos tipos de pensamiento se encuentran íntimamente relacionados. A diferencia de lo ocurrido en las sociedades clásicas, el pensamiento científico de la sociedad moderna se distancia del sentido común y lo transforma completamente, dado que la comunicación social ha roto las barreras que los separaban. Y como todos tenemos un conocimiento más o menos vago de las teorías científicas más influyentes, ya no es posible hablar de un hombre ingenuo por oposición al científico:

> "...el nuevo sentido común, derivado de la ciencia y caracterizado por la razón, es un conocimiento de 'segunda mano' que crece asimilando esos elementos de distinta procedencia y fundándose en ellos" (1984:685).

En la misma dirección, Moscovici nos dice que la interpretación clásica *"asimilaba al hombre de la calle, al niño y al primitivo, todos ellos igualmente privados de las luces de la ciencia y del empleo del pensamiento adulto y civilizado"* (Pág. 688). Por el contrario, hoy no se puede sostener que la ciencia permita iluminar la realidad tal como es, produciendo un conocimiento verdadero, mientras el sentido común la deforma, produciendo ilusiones. Ambas modalidades del conocimiento son interpretaciones de lo real que dependen de algún sistema conceptual. En su vida cotidiana, los individuos se comunican sin utilizar un método lógico y racional, más aún, no pueden jugar el juego de la ciencia: "Retienen su contenido, pero modifican su forma y sus reglas" (1984:680). El concepto representación social surgió, precisamente, con la finalidad de indagar cómo se conforman estos sistemas conceptuales propios del sentido común, a partir de la ciencia.

Ahora veamos algunas convergencias en el modo en que Piaget y los psicólogos sociales relacionan el sentido común y la ciencia. Como ya dijimos, Moscovici (1989:81) ha valorado las ideas de la psicología de Piaget en la constitución de la teoría de las RS, principalmente, las referidas a la exploración en nuestra sociedad de mentalidades atribuidas por Lévi-Bruhl a tipos sociales diferentes, o su interpretación del conocimiento adulto a partir de las indagaciones efectuadas sobre los niños. En este último sentido, la antropología y la psicología del desarrollo han indagado las transformaciones del pensamiento infantil en pensamiento adulto, o del pensamiento primitivo en pensamiento racional y científico. Así, Piaget se ocupó del pasaje del pensamiento preoperatorio al operatorio concreto y de éste al pensamiento formal. Por un giro inverso, la psicología social se ocupa de estudiar el proceso de comunicación que modifica al pensamiento científico en estructura y contenido.

En términos de Moscovici:

> "La nueva estructura es la de una representación en el sentido estricto del término, a la vez abstracta e imaginada, reflexiva y concreta. Hay una especie de isomorfismo entre esta estructura cognitiva, esbozada en los trabajos de Piaget y la comunicación más amplia y más cotidiana. Va de suyo que se la debe reencontrar cualquiera sean los orígenes y la materia. Es necesario ir hasta allí para encontrar la continuidad, que va desde el estudio antropológico al estudio psicosocial, pasando por la psicología del niño" (1989:82).

Este texto renueva la conexión del pensamiento de Piaget con la teoría de las RS, al postular ciertas estructuras o sistemas cognoscitivos que están en la encrucijada de los dos movimientos mencionados. Es decir, algunos componentes conceptuales de la ciencia transformados en la comunicación social se aproximan a los rasgos de las representaciones intelectuales identificados por Piaget, en el ascenso hacia el conocimiento científico. Nos encontramos con un pensamiento a la vez abstracto e imaginario, reflexivo y concreto, tanto en el pasaje del pensamiento natural al científico como en la formación del sentido común a partir de la ciencia.

## Dos perspectivas del hombre común

Las relaciones entre el sentido común y la ciencia han sido enfocadas desde diferentes problemáticas por nuestros autores. En Piaget, su preocupación epistemológica lo condujo a la búsqueda de mecanismos comunes a la transformación de los conocimientos en el "hombre natural o común" y en la ciencia. Una tesis central del constructivismo es la continuidad del mecanismo de equilibración, entre la génesis del conocimiento de los niños, adolescentes y adultos, con los conocimientos de la comunidad científica. Esto es, la reorganización de los sistemas de conocimiento en base a sus desequilibrios con las situaciones empíricas u otros sistemas, los conflictos y la ulterior toma de conciencia, y por la activación de procesos de abstracción reflexionante o generalización constructiva. El proceso de equilibración en el conocimiento cotidiano y el científico procede según los niveles funcionales de análisis de los objetos (intra, inter y trans). El proyecto epistemológico intentaba mostrar

> "...que los únicos factores omnipresentes en los desarrollos cognoscitivos –tanto en la historia de las ciencias como en la psicogénesis– son de naturaleza funcional y no estructural" (Piaget y García, 1981:31).

Ahora bien, Piaget nunca se interesó en el sentido común estudiado en la psicología social, ni tampoco por las nociones "de dominio" biológico o mentalista que pueblan el sentido común, según la psicología cognitiva. Antes bien, se preocupó por las categorías del conocimiento del hombre natural (fuera de la ciencia) que son condiciones de posibilidad para la propia ciencia; entre otras, la constitución de las invariantes físicas de sustancia o peso, las del espacio representativo, así como los sistemas de clasificación o seriación. Aún con sus eventuales variaciones contextuales, se forman sistemas de conocimiento no tematizables por los individuos en su vida cotidiana, pero que al ser reorganizados de modo más o menos reflexivo, forman parte del conocimiento científico.

Hemos evocado la deuda de Moscovici con las ideas de Piaget a propósito del sentido común como objeto de estudio psicosocial. Pero ello no involucra una concepción semejante del conocimiento del hombre común. Claramente, la psicología social trató de reivindicar las imágenes del mundo social, en su diversidad y en su especificidad, respecto del conocimiento científico. Aquí no se buscan mecanismos comunes ni se consideran formas de pensamiento compartidos por los hombres y niños de nuestra sociedad. Incluso, algún texto de Moscovici (2001) sugiere que las creencias de la física o la biología folk,–entre las que figuran el atomismo de la disolución del azúcar o la conservación de líquidos– tienen un origen social que las hace generalizables y resistentes a las modificaciones. Por otro lado, y recordando lo ya dicho, las categorías piagetianas se han constituido en la interacción con los objetos del mundo, son momentos de una aproximación inacabada a lo real. Es decir, no son sólo resultado de una práctica social. Insistimos, la interacción del sujeto y el objeto en la teoría de las RS no involucra una aproximación semejante, más bien pone en juego la comunicación social y los intereses de grupo, ampliamente variables.

Este contraste se hace evidente si evocamos la distinción entre la lógica operatoria de Piaget y la lógica del sentido común o "lógica natural", propuesta a comienzos de la década de los '90 por Grize (1989; 1990). La lógica operatoria fue diseñada por Piaget para describir las acciones interiorizadas y reversibles que subyacen a los argumentos de conservación y las inferencias proposicionales. En cambio, el pensamiento representativo preoperatorio se ocupa de situaciones estáticas y está centrado en las configuraciones, preferentemente en sus transformaciones. En cierto sentido, este carácter centrado puede ser considerado cercano a algunos rasgos del sentido común de la psicología social, aunque para Piaget era un impedimento a vencer por el pensamiento propiamente lógico. En todo caso, su interés por este tipo de pensamiento residía en sus formas prelógicas (correspondencias, categorías y funciones) en tanto son condiciones para acceder a la reversibilidad de las operaciones intelectuales.

Por otra parte, cuando Piaget se compromete con el análisis de las inferencias deductivas que son propias de los sistemas de clases y de relaciones o de las operaciones proposicionales, deja de lado los datos de la situación cognitiva, así como la causalidad o los aspectos temporales del conocimiento. Para este fin, utiliza una lógica basada por completo en el álgebra de Boole, aunque hacia el final de su obra denunciara sus limitaciones (Piaget y García, 1987).

El lógico J. B. Grize (1989; 1990), quien había formalizado exitosamente la lógica operatoria elaborada por Piaget (Castorina y Palau, 1982) ha propuesto una lógica alternativa para el conocimiento cotidiano en lo que tiene de irreductible a la ciencia. Mientras la primera tiene que ver con las acciones sobre los objetos, la segunda tiene que ver con los inferencias que ocurren durante los discursos que sostienen los interlocutores. Estas últimas se expresan en los lenguajes naturales y tiene en cuenta los contenidos significativos y no sólo las formas del pensamiento. Así, por ejemplo, *"Si los elefantes son rosas, entonces si 3 x 4= 12, los elefantes son rosas"*, se puede enunciar en la lógica proposicional: p $\supset$ (q $\supset$ p)5 y es un razonamiento válido (transformado en una tautología). Sin embargo, el texto siguiente: *"Si él la ama, entonces, si es honesto, la esposará"* expresa un razonamiento convincente siempre que se supongan ciertas ideas sobre el amor, la honestidad y el casamiento.

La lógica natural se constituye a partir de una esquematización (Grize,1989): la formulación en un discurso del punto de vista de un sujeto sobre de una cierta realidad, que está dirigido a producir un efecto en otro interlocutor, y en una situación de interlocución dada. Hablamos de una lógica de tal discurso ya que incluye algún tipo de razonamiento. Cabe mencionar que las argumentaciones de los sujetos que discuten con otros se basan en la autoridad de los hechos. Es decir, aquellos son aceptados por los interlocutores, al ser lugares comunes o corresponder a "evidencias" que no se discuten. En estas condiciones, es factible que una aserción incluya conectivos que en gran parte no pertenecen al álgebra de Boole ("ella no salió del escritorio, ya que la puerta estaba abierta"). En las esquematizaciones intervienen muy poco los silogismos hipotético-deductivos, y con mucha frecuencia se apela a relaciones cualificadas, tales como la causalidad, la finalidad, o la autoridad de los hechos aceptados, etc.

Sin duda, estamos ante dos miradas sobre el conocimiento del hombre común, aunque no resulta obvio que haya que elegir entre una u otra lógica. Es probable que el hombre común piense ciertos problemas de su relación activa con el mundo de los objetos, utilizando un sistema de inferencias operacionales; un sistema de reglas comunes que le permiten ordenar, clasificar y justificar conservaciones físicas o geométricas. Aunque su elaboración dependa de ciertas condiciones sociales restrictivas, como las significaciones sociales de los objetos que preexisten a su conocimiento por los individuos. En otras palabras, hay procedimientos de inferencia deductivos, construidos por una abstracción reflexionante a partir de las acciones con los objetos, y que serían "precursores" de la matemática y la lógica como ciencias.

También es probable que la lógica natural se construya por medio de una abstracción esquematizante durante los intercambios discursivos. Aquí, los objetos son construidos ad hoc en la actividad discursiva de los interlocutores, en relación a la naturaleza práctica de esos discursos y para apoyar los intentos de arribar a un consenso (Grize, 1990). El tipo de conectivos e inferencias que priman en esta lógica son específicas al modo de buscar consenso respecto del saber práctico cotidiano.


## El significado del sociocentrismo

Antes hemos discutido la relación entre el sentido común y la ciencia en Piaget y en la teoría de las RS. Ahora vamos a examinar el lugar del sociocentrismo respecto de ambos tipos de conocimiento.

El "sociocentrismo" es una categoría original del pensamiento socio-lógico piagetiano que ha sido utilizada por los psicólogos sociales en su caracterización de las RS del hombre común, pero adoptando un matiz bien diferente respecto de su campo de aplicación y su relación con la ciencia.

Según la perspectiva piagetiana de la década de los '50, el sociocentrismo se refiere a una concepción del mundo elaborada desde un cierto punto de vista social, en oposición a las descentraciones propias del conocimiento científico.

> "Todas las sociedades humanas que conocemos elaboraron múltiples formas de ideología: religiosa, mitológica, política, etc. Ahora bien, todas las ideologías son distintos grados de sociocentrismo. En contraste, la característica del pensamiento científico es lograr una liberación de este sociocentrismo por medio de una coordinación operacional como garantía de objetividad" (Piaget, 1995:313).

En otras palabras, la función de la ciencia es "descubrir las relaciones entre la naturaleza y el hombre" en oposición a un pensamiento "cuya función es justificar valores" (Piaget, 1951/1975:216).

Por su parte, los psicólogos sociales consideran que las RS son sociocéntricas en el sentido de ser conocimientos que expresan las necesidades, valores e intereses de un grupo social. Más aún, Jodelet (1984) afirma que esta pertenencia social produce una visión de los objetos marcada por una "distorsión significante", un juego de enmascaramiento de los elementos que son el objeto de la representación. El sociocentrismo no se predica de las concepciones del mundo sino de las representaciones locales que están referidas a objetos diferenciados, como el género, la locura o la inteligencia, considerados desde el punto de vista de algún colectivo. Al destacar este carácter, los psicólogos sociales no pretendieron mostrar lo que hacía obstáculo para la ciencia. Más bien, su propósito era recuperar la especificidad de las representaciones, independientemente de su diferencia con la "objetividad" científica.

Ahora bien, el sociocentrismo cambia de significado respecto del conocimiento científico en Psicogénesis e Historia de la Ciencia (Piaget y García, 1981): toda ruptura o reorganización de la ciencia involucra la modificación de una cosmovisión de naturaleza filosó-fico-política, que expresa relaciones de poder. Esta concepción del mundo (una modificación del "sociocentrismo" de los años 50) no es lo "otro" de la ciencia, una especie de obstáculo exterior al conocimiento que tiende a la objetivación. Por el contrario, constituye un marco epistémico que hace posible el planteo de ciertos problemas y a la vez limita las zonas de visibilidad del mundo para los científicos. En otras palabras, la ideología condiciona la formación de la ciencia, aunque no determina unívocamente el proceso de conocimiento. Este presenta por su parte una elaboración teórica de hipótesis y su puesta a prueba experimental, con sus propios criterios históricos de legitimación.

El marco epistémico sitúa la ciencia en un horizonte ideológico "siempre presente" que orienta de un modo u otro la marcha de las ciencias. Así, el surgimiento del universo infinito de Giordano Bruno establece una "ruptura" con el viejo mundo finito de origen griego, abriendo las puestas para la física moderna (García, 1998). Respecto de la formación del pensamiento infantil, se propone un entramado de significados sociales, es decir un conjunto de valores y representaciones donde se insertan los objetos a ser conocidos. Estos constituyen las condiciones de contorno que establecen lo que puede o no ser conocido, sin determinar el proceso propiamente constructivo (Piaget y García, 1981).

Por su parte, un texto inicial de Moscovici (1961) situaba las representaciones en el mismo género que la ideología, pero les atribuía propiedades funcionales específicas respecto de la organización de lo real, la orientación de las conductas y las comunicaciones. Según Jodelet (1989) las representaciones implican un recorte de objetos o de temas de preocupación en la vida cotidiana, y no se pueden identificar con la ideología (Jodelet, 1989). Esta última tiene que ver con un discurso más amplio, referido a valores y concepciones del mundo que intervienen en la propia estructuración de las representaciones. Según la autora: "la ideología como horizonte, es un elemento o modo de funcionamiento respecto de las representaciones" (1989:30). En una obra reciente, Moscovici (2001) distingue nítidamente el sentido común, por un lado, de la ideología y la ciencia, por el otro. Estos últimos van juntos porque tienen en común el simplificar o esquematizar el mundo, tomando una distancia epistémica a su respecto. A la vez, ambas son formas de conocimiento social altamente institucionalizado, a diferencia del sentido común.

El sentido del término ideología en la psicología social, por lo tanto, no difiere fundamentalmente del que Piaget atribuye al marco epistémico. Más aún, en ambos enfoques la ideología funciona como un "horizonte", en un caso de la producción del conocimiento científico y en el otro para la estructuración de las RS. Es decir, se trata de una concepción del mundo que presenta cierta organización esquemática de las ideas –un marco de significación constitutivo– que posibilita y limita la formación de ambos tipos de conocimiento. Pero tanto el sentido común como la práctica de las ciencias mantienen su propio modo de elaboración respecto de la ideología.

## Una síntesis

Este artículo ha mostrado las profundas diferencias existentes entre el enfoque de Piaget y la teoría de las RS, según las problemáticas que las inspiran y por el modo de conceptualizar las relaciones entre el sentido común y la ciencia. Sin embargo, los análisis anteriores ponen de manifiesto que algunas tesis centrales del pensamiento piagetiano han dejado marcas en la teoría de las RS. Tales ideas no han sido asumidas en su integridad ni son el punto de partida de la teoría de las representaciones; fueron la inspiración para su elaboración. En primer lugar, las creencias infantiles identificadas por Piaget fueron objeto de reconstrucción teórica por parte de Moscovici: una instancia de un proceso de desarrollo intelectual inmanente se transformó en un componente del sentido común de nuestra sociedad. En este sentido, las creencias infantiles fueron claves para formular los inicios de la teoría de las RS.

Por otra parte, hemos constatado la impronta de la posición relacional formulada por Piaget en contra de la filosofía de la escisión, al examinar los vínculos entre individuo y sociedad o entre sujeto y objeto de conocimiento, en los psicólogos sociales. Las tesis constructivistas fueron asumidas y reconstruidas en función de la especificidad de la formación de las RS, en comparación con los sistemas lógico-matemáticos.

También cabe recordar que la relación de las ideas de Piaget con la teoría de las RS estuvo mediada por la situación histórica del pensamiento sociológico. Esto se hace evidente al cotejar la posición adoptada ante el pensamiento de Durkheim: Por una parte, una convergencia en las críticas al dualismo o a la versión uniforme de la sociedad. Incluso, la exigencia de estudiar la génesis de las RS fue sugerida por la crítica a la invariabilidad de las representaciones colectivas y por la metodología genética de Piaget. Por otra parte, la continuidad entre el pensamiento racionalista del sociólogo francés y el de Piaget instaura una diferencia relevante con las posiciones de la psicología social.

La manera en que ambas teorías conciben la relación entre sentido común y ciencia permite iluminar la peculiaridad de las problemáticas que las han conformado. La perspectiva epistemológica, en un caso, subraya los sistemas de pensamiento en su integración al conocimiento científico, en el otro caso se busca la irreductibilidad de las RS respecto de la ciencia. Por ello, se han propuesto lógicas nítidamente funcionales a esos propósitos divergentes.

Finalmente, la influencia de la teoría piagetiana puede encontrarse en el uso de una terminología común, pero a la que se le otorgan justamente los significados y aplicaciones propios a cada programa de investigación. Esto es lo que intentamos señalar a propósito del análisis del concepto "sociocentrismo".

En otros trabajos hemos abierto una discusión sobre la compatibilidad o incompatibilidad de los programas de investigación constructivista y de la psicología social en relación a la formación de las ideas infantiles sobre la sociedad (Castorina, Clemente y Barreiro, 2003). Los resultados del presente análisis pueden suministrar elementos de juicio para esa discusión en la medida en que han explicitado influencias y convergencias del pensamiento piagetiano en la constitución de la teoría de las RS. También las discrepancias son significativas a este respecto. El objeto teórico y la metodología de una disciplina como la psicología social son una construcción histórica, de la cual han participado la antropología, la sociología y la psicología del desarrollo. La elucidación de la impronta piagetiana en la psicología social puede contribuir a la factibilidad de cualquier ensayo futuro de colaboración de los programas en la investigación empírica (Leman, 1999). Y, sobre todo, para establecer su alcance y sus limitaciones.

## Referencias bibliográficas

ABRIC, J. C. (1994) *Pratiques sociales et représentations*. París: Presses universitaires de France.

CASTORINA, J. A. (1999) The social knowledge of children: psychogenesis and social representations, *Prospects*, Vol. XXIX, no. 1.

CASTORINA, J. A. (2002) "El impacto de la Filosofía de la Escisión en la Psicología del Desarrollo". *Psykhe*, Vol. 11 (1).

——— y PALAU, G. (1982) *Introducción a la lógica operatoria de Jean Piaget*. Buenos Aires: Paidós.

———; CLEMENTE, F.; TOSCANO, A. y LOMBARDO, E. (2001) "El programa constructivista ante las representaciones colectivas y sociales". *X Anuario de Investigaciones*. Secretaría de Investigaciones de la Facultad de Psicología, UBA.

———; FAIGENBAUM, G. y CLEMENTE, F. (2001) "Conhecimento indie vidual e sociedade em Piaget: implicações para a investigação psicológica". *Educação y Realidade*. Vol. 27 N°. Universidad do Río Grande do Sul. Porto Allegre.

———; CLEMENTE, F. y BARREIRO, A. (2003) "El conocimiento de los niños sobre la sociedad según el constructivismo y la teoría de las representaciones sociales". *Investigaciones en Psicología*, revista del Instituto de Investigaciones de la Facultad de Psicología, UBA. Año 8 n° 3.

DANZIGER, K. (1993) "Psychological objects, practice and history". En: VAN STRIEN, P. J. y VAN RAPPARD, H. (Eds.) *Annals of theoretical psychology*, 8. Nueva York: Plenum.

DUVEEN, G. (1997) "Psychological development as a social process". En: SMITH, L.; DOCKRELL, J. y TOMLINSON, P. (Eds.) *Piaget, Vygotsky and beyond*. Londres: Routledge.

——— (2001) "Introduction: The Power of Ideas". En: MOSCOVICI, S. *Social Representations. Explorations in Social Psychology*. New York: New York University Press.

——— y LLOYD, B. (2003) "Las representaciones sociales como una perspectiva de la psicología social". En: CASTORINA, J. A. (Comp.) *Representaciones sociales. Problemas teóricos y conocimientos infantiles*. Barcelona: Gedisa.

EMLER, N. y DICKINSON, E. (1993) "Studying social representations in children: just old wine in new bottles?" En: BREMAWEIL, G. y CUNTER, D. (Eds.) *Empirical approaches to social representations*. Oxford: Clander Press.

FARR, R. (2003) "De las representaciones colectivas a las representaciones sociales: ida y vuelta". En: CASTORINA, J. A. (Comp.) *Representaciones sociales. Problemas teóricos y conocimientos infantiles*. Barcelona: Gedisa.

GARCÍA, R. (1998) *Conocimiento del mundo físico: las teorías como guía de la observación*. México: Universidad Nacional Autónoma de México.

—— (2001) *El conocimiento en construcción*. Barcelona: Gedisa.

GOLDMANN, L. (1970) *Marxisme et Sciences Humaines*. París: Gallimard.

GRIZE, J. B. (1989) "Logique naturelle et représentations sociales". En: JODELET, D. *Les représentations sociales*. París: PUF.

—— (1990) "Psychologie Génétique et Logique". *Archives de Psychologie*, 58.

JODELET, D. (1984) "La representación social: fenómenos, concepto y teoría". En: MOSCOVICI, S. *Psicología Social, II*. Barcelona: Paidós.

—— (1989) "Représentations sociales: un domaine en expansion". En *Les représentations sociales*. París: PUF.

LEMAN, P. (1999) "Social relations, social influence and the development of knowledge". *Papers on social representations*, 7 (1-2).

—— y DUVEEN, G. (1999) "Representations of authority and children's moral reasoning". *European Journal of Social Psychology* 29.

LÉVI-BRUHL, L. (1951) *El alma primitiva*. Barcelona: Península.

MARKOVA, I. (2003) "La presentación de las representaciones sociales". En: CASTORINA, J. A. (Comp.) *Representaciones sociales. Problemas teóricos y conocimientos infantiles*. Barcelona: Gedisa.

MOSCOVICI, S. (1961) *La psychanalyse, son image et son public*. París: PUF.

—— (1984) "Introducción". En: *Psicología Social*. Barcelona: Paidós.

—— (1989) "Des représentations collectives aux représentations sociales: éléments pour une histoire". En: JODELET, D. *Les représentations sociales* París: PUF.

—— (1990) "Social psychology and developmental psychology: extending the conversation". En: DUVEEN, G. y LLOYD, B. (Eds) *Social representations and the development of knowledge.* Cambridge: Cambridge University Press.

—— (2001) *Social Representations: Explorations in Social Psychology*. New York: New York University Press.

—— (2003) "La conciencia social y su historia". En: CASTORINA, J. A. (Comp.) *Representaciones sociales. Problemas teóricos y conocimientos infantiles*. Barcelona: Gedisa.

——; LAGE, E. y NAFFRECHOUX, M. (1969) "Influence of a consistent minority on the responses of a majority in a colour perception task". En: *Sociometry*, 1969, 32.

—— y HEWSTONE, M. (1984) "De la ciencia al sentido común". En: MOSCOVICI, S. *Psicología Social, II*. Barcelona: Paidós.

PIAGET, J. (1926) *La representación del mundo en el niño*. Madrid: Morata.

—— (1932) *El criterio moral en el niño*. Barcelona: Fontanella.

—— (1951/1975) *Introducción a la epistemología genética, III: El pensamiento biológico, psicológico y sociológico*. Buenos Aires: Paidós.

—— (1968) *L´ Structuralisme*. París: PUF.

—— (1995) *Sociological Studies*. Nueva York: Routledge.

—— y GARCÍA (1981) *Psicogénesis e Historia de la Ciencia*. México: Siglo XXI.

—— y —— (1987) *Hacia una lógica de significaciones*. Barcelona: Gedisa.

Capítulo **VII**

# El conocimiento de los niños sobre la sociedad según el constructivismo y la teoría de las representaciones sociales*

José Antonio Castorina
Fernando Clemente
Alicia Barreiro

## Introducción

Hay una larga historia en los estudios psicológicos dirigidos a caracterizar la formación de nociones infantiles sobre el juicio moral (Piaget, 1932, Kohlberg, 1971; Turiel, 1983) la ganancia y el valor económicos (Jahoda, 1979; Furth, 1980; Berti y Bombi, 1988, Faigenbaum, 2000) la autoridad política y escolar (Delval, 1989; Castorina y Aisemberg, 1989; Lenzi y Castorina, 2000), las leyes o el trabajo (Adelson, 1971; Navarro y Enesco, 1998). Una buena parte de éstos se puede considerar una extensión del programa de estudios psicogenéticos formulado originalmente por Piaget y cuyas implementaciones más influyentes tuvieron que ver con los construcción de las operaciones intelectuales en el conocimiento físico, espacial y lógico-matemático. Una reflexión a partir del análisis de tales estudios pone de relieve por lo menos dos orientaciones principales: En primer lugar, una extensión del programa que podemos calificar como "literal", en el sentido de que se ha pretendido describir principalmente la formación de las ideas infantiles en los términos de acceso a los sistemas de operaciones intelectuales que le subyacen.

---

* Este artículo fue publicado en *Investigaciones en Psicología*. Revista del Instituto de Investigaciones N° 8, Facultad de Psicología, UBA. pp. 25-78. ISSN 0329-5893.

Este trabajo fue realizado gracias al subsidio UBACyT, Programación 2001-2003, P017, Facultad de Psicología, Universidad de Buenos Aires.

Estos trabajos han considerado la adquisición del conocimiento social bajo los mismos criterios de "dominio general" que serían válidos para otros campos (Kohlberg, 1971; Jahoda,1979; Berti y Bombi, 1988). Al mismo tiempo, los autores no han mostrado intenciones de tratar las interacciones sociales entre el sujeto infantil y el objeto de conocimiento. En segundo lugar, una incipiente extensión "crítica", según la cual el estudio de los conocimientos sociales supone una reconsideración del programa piagetiano, asumiendo un análisis de sus condiciones de posibilidad, particularmente en lo referido a la naturaleza del objeto del conocimiento moral e institucional y a las interacciones sociales involucradas. De este modo, se presta atención preferente a la organización conceptual de las ideas infantiles y su vinculación constitutiva con la experiencia social, retomando la perspectiva original de Piaget en *El Criterio Moral en el Niño* (Turiel, 1983; Helwig, 1995; Lenzi y Castorina, 2000) (Ver Capítulo I de este libro).

Por otra parte, la psicología social de las representaciones fue iniciada por Moscovici (1976; 1990; 1998) en su estudio de la imagen del psicoanálisis en Francia y luego consolidada en un amplio espectro de investigaciones empíricas sobre la salud mental (Jodelet, 1986), género (Duveen y Lloyd, 1990), la esfera pública (Jovcheletovitch, 1994) o el dinero (Guareschi, 1994). Por supuesto que la historia de la psicología social es también la de una compleja e inacabada discusión sobre el estatus teórico del concepto de representación social (Jodelet, 1989; Jahoda 1988; Moscovici, 1988, 1998). Además, los psicólogos sociales han ampliado el estudio de las representaciones sociales en tanto conocimiento social de los niños, constituyéndose en una perspectiva sobre la propia psicología del desarrollo (Moscovici, 1990; Duveen y Lloyd, 1990; Emler, Ohana y Dickinson, 2003). Entre otros estudios empíricos que van en esta dirección, mencionaremos los referidos a las representaciones de género y tareas perceptivas (Leman y Duveen, 1996), las representaciones de la autoridad y el razonamiento moral (Leman y Duveen, 1999), así como los roles institucionales de los maestros (Emler, Ohana y Moscovici, 1987).

Ahora bien, algunas de las temáticas examinadas por los psicólogos constructivistas y por los psicólogos sociales se superponen o tienen puntos de intersección, como sería el caso de las ideas sobre la institución escolar o los juicios morales. Más aún, la perspectiva adoptada por algunos de los investigadores que se incluyen en el programa de las representaciones sociales pretende ser una alternativa a los estudios psicogenéticos (Emler *et. al..*, 1993a y 1993b), cuestionados duramente por su individualismo y por su generalismo. Por el contrario, autores como Duveen (1994 y 1997) y Leman (1998) se sitúan en un enfoque más proclive a reconocer y aún utilizar algunas de las categorías del estudio piagetiano de la moral infantil. Ciertas preguntas surgen de inmediato: ¿cómo se puede caracterizar la especificidad de las preguntas y del modo de investigar propios de cada programa? El estudio de la elaboración individual de los conocimientos sociales ¿es incompatible con la producción social de representaciones? O, en otras palabras ¿la preexistencia social de representaciones impide que los niños lleven a cabo una construcción conceptual individual? Y desde un punto de vista epistemológico, ¿cuáles son los presupuestos epistémicos que organizan las indagaciones en ambas tradiciones y cuáles son sus relaciones? Creemos, por tanto, que hay múltiples razones que justifican una comparación crítica de las indagaciones que se reconocen pertenecientes a las tradiciones psicogenética y de las representaciones sociales.

Este artículo se propone, en primer lugar, plantear los aspectos más generales de la metodología utilizada en los programas de investigación; en segundo lugar, se examinan los métodos y los resultados de investigaciones en psicología genética y psicología social acerca de conocimientos sociales de los niños. El objetivo es aquí establecer las analogías y diferencias del estudio de Emler *et. al..* (1987) con otro de la psicología genética, ambos referidos a la autoridad escolar (Castorina, Fernández y Lenzi, 1991; Lenzi y Castorina, 2000) Luego, se trata de relacionar el estudio de Leman y Duveen (1999) con algunos rasgos del estudio clásico de Piaget *El Criterio Moral en el Niño.* Finalmente, nos proponemos establecer la compatibilidad o incompatibilidad de estos estudios con base en las comparaciones anteriores y en la discusión de las tesis sostenidas por las distintas interpretaciones del programa piagetiano así como de la tradición de las representaciones sociales. Sobre todo, quisiéramos ahondar en los marcos epistémicos que han orientado las investigaciones. Es decir, si los investigadores han asumido alguna articulación o, por el contrario, si han alentado una disociación entre el conocimiento individual y las prácticas sociales; si han dicotomizado o si han relacionado la construcción individual y la construcción social de los conocimientos. Una ampliación de estos análisis podría contribuir a elucidar las condiciones posibilitadoras de eventuales estudios interdisciplinarios sobre estos conocimientos.

# Una comparación entre los dos programas de investigación

### *a)  Las preguntas que orientaron las investigaciones*

Lejos de perseverar en el postulado positivista de que las disciplinas se definen por su método, coincidimos con Emler (1993) en que la elección metodológica es consecuencia de modos de plantear los problemas y de su marco teórico. Por lo tanto, antes de intentar un análisis que ponga en perspectiva algunas características metodológicas particulares de la psicología genética y de la psicología social, creemos pertinente recordar que las investigaciones surgen de problemáticas específicas que determinan los aspectos a indagar. En realidad, lo que estamos confrontando son programas de investigación –según su sentido en la filosofía de la ciencia– pertenecientes a dos disciplinas (psicología del desarrollo y psicología social). El núcleo duro de esos programas incluye afirmaciones teóricas sobre el campo de estudio e incluso presuposiciones ontológicas y epistemológicas. Veremos que en este punto hay acuerdos y desacuerdos según las versiones de los programas. Es decir, según sea la extensión "literal" o "critica" del programa piagetiano, por un lado; una versión más próxima o lejana a una perspectiva constructivista, dentro del programa de las representaciones sociales, por el otro.

Nos atenemos por ahora a las preguntas que han permitido recortar el campo de indagación. El interrogante central que orientó el programa constructivista, en cualquiera de sus extensiones al conocimiento social ha sido: ¿cómo se pasa de un estado de menor validez del conocimiento a uno de mayor validez? En cambio, una pregunta central para la psicología social ha sido ¿cómo son incorporados por los nuevos actores sociales las justificaciones y clasificaciones propias de las prácticas sociales e institucionales? (Castorina, 1999). Claramente, las cuestiones que guiaron las investigaciones que tomaremos en este artículo como ejemplificadoras de ambos programas tienen características distintivas.

Los estudios psicogenéticos sobre autoridad escolar se centran en la elaboración, por parte de los niños, de sistemas de ideas que intentan dar cuenta de prácticas institucionales específicas de las que, a su vez, los mismos niños participan (Lenzi y Castorina, 2000). Se trata de reconstruir en este estudio el esfuerzo realizado por parte de los niños para dar sentido a un universo de signos y prácticas propio de la institución escolar. En líneas generales, para este subprograma constructivista, el objeto de conocimiento social de los niños es una "trama de relaciones significativas" en el seno de las cuales es posible situar a los individuos, su lugar institucional, su actitud frente a las normas y valores (Castorina, Lenzi y Fernández 1991) Si bien el estudio de Emler, Ohana y Moscovici (1987), desde la psicología social, sobre creencias infantiles acerca de roles institucionales se ocuparía del mismo tema que el estudio precitado, su foco no está puesto en los sistemas de ideas que los sujetos construyen, sino en las diferencias sociales específicas (propias de distintas nacionalidades y clases sociales) que subyacen a los juicios infantiles acerca de, por ejemplo, los límites de acción legítima de los docentes. Esta búsqueda es la consecuencia de concebir el conocimiento social de los niños en términos de representaciones sociales. Estas son entendidas como una modalidad del conocimiento común, con aspectos cognitivos y valorativos, que orienta la conducta y permite la comunicación entre los individuos en el mundo social. Las representaciones se forman durante la comunicación entre los miembros de un grupo o institución (Jodelet, 1989).

Es preciso subrayar los sesgos propios de ambas aproximaciones al conocimiento social en los niños. Mientras que el subprograma psicogenético "crítico" pone énfasis en el conocimiento de los *individuos* insertos en un contexto (lo que no supone una relación de exterioridad con las prácticas sociales), la psicología social destaca las creencias compartidas que son función de la pertenencia de los individuos a un *grupo* o *institución*. Para aclarar mejor la diferencia que estamos sugiriendo, podemos mencionar un estudio de inspiración psicogenética del punto de vista infantil sobre el sistema de sanciones y autoridad escolar en el preescolar (Kohen, 2000). La autora encuentra que niños de cuatro o cinco años reconocen límites a la autoridad escolar para imponer sanciones. Así, sostienen que los maestros no pueden aplicar castigos físicos, como primer límite a la autoridad docente, si bien consideran que pueden aplicar arbitrariamente otros castigos aunque el niño no estuviese obrando "mal" (lo que ha sido observado en todos los estudios psicogenéticos). El punto de vista de la psicología social sobre este mismo dominio no se interesará estrictamente en las "ideas" infantiles sobre la legitimidad de los actos de autoridad docente, ni tampoco en cuál es el desarrollo de las ideas referidas a los límites de la autoridad escolar, sino en las diferencias específicas entre las respuestas de los niños de distintas extracciones sociales de clase y nacionalidad, para así extraer conclusiones acerca de influencia social en los juicios infantiles.

Más particularmente, los psicólogos genéticos buscan algún razonamiento organizador de las respuestas infantiles a preguntas sobre, en este caso, el sistema de autoridad institucional. Su procedimiento para alcanzar las argumentaciones infantiles comienza con la obtención de datos, continúa con la categorización de las respuestas infantiles y luego con las conjeturas acerca de las ideas y sus articulaciones. Posteriormente, se establecen comparaciones entre las hipótesis de los niños –desde una perspectiva genética o reconstructiva– para formular una secuencia de "teorías" o sistemas conceptuales.

Por su parte, los psicólogos sociales examinan la incidencia de atributos, expectativas y anticipaciones, preexistentes en el mundo social, sobre las argumentaciones infantiles. Más aún, las argumentaciones y creencias infantiles se consideran cristalizaciones de aquellas representaciones, por lo que van a depender, entre otros factores, de la nacionalidad, el género y el grupo social de pertenencia. Las representaciones sociales funcionan en un estado práctico, y son asequibles a la investigación con los métodos propios de la psicología social. Como se ve, estas indagaciones no tratan las argumentaciones infantiles, identificadas en las investigaciones constructivistas, en su estructuración lógica y en su poder explicativo.

## b)  *Algunas características metodológicas*

Según lo anterior, las preguntas y objetivos de las investigaciones determinan los aspectos a tener en cuenta en la selección de los sujetos que conformarán las muestras de investigación para ambos enfoques.

Es necesario aclarar que para la psicología genética, a diferencia de las investigaciones centradas sobre variables dependientes e independientes, el sentido mismo de las variables independientes constituye un problema. En una concepción interaccionista y constructivista del conocimiento, no hay situaciones exteriores que puedan ser manipulables con independencia del significado que les otorga el sujeto de conocimiento (Castorina, Lenzi y Fernández, 1991). Sin embargo, se pone énfasis en la edad de los sujetos a fin de situar los hallazgos en el interior de una psicogénesis, Además, son consideradas ciertas características contextuales, por ejemplo, al diferenciar a los niños según provengan de escuelas privadas o públicas, se está pensando que diferentes tipos de instituciones influyen en la producción de los juicios infantiles. Lo que no significa que la edad y el contexto sean considerados variables independientes, en el sentido de determinar la variación de los argumentos infantiles. Sin duda los investigadores realizan variaciones experimentales en las situaciones de indagación, con el propósito de especificar las condiciones en que se producen las ideas, sin por ello manipularlas en el sentido estricto de la psicología más experimentalista.

Los investigadores de las representaciones sociales las tratan como variables independientes respecto de los comportamientos o, con mucho menor frecuencia, como variable dependiente respecto de las condiciones sociales (Wagner, 1994). En el caso del artículo de Emler *et. al..* (1987) se busca establecer la influencia de la pertenencia social de los sujetos sobre sus creencias, asumiéndola como variable independiente (Mugny y Pérez 1988).

En el trabajo mencionado se utilizan entrevistas previamente estructuradas para la recolección de datos, que restringen el universo de respuestas posibles, a fin de permitir la comparación estadística de las respuestas dadas por los diferentes grupos de niños (niños franceses y escoceses que provienen de clases trabajadora y media) para poner en evidencia las condiciones sociales que subyacen a los juicios infantiles. Así, las situaciones problemáticas son presentadas en base a imágenes que representan situaciones institucionales, a partir de las cuales los niños anticiparán los actos docentes y las atribuciones de legitimidad o ilegitimidad de los mismos, pero los investigadores no se detendrán en las justificaciones infantiles. Por ejemplo, ante una lámina que muestra a cuatro alumnos de una misma clase, con características diferentes (uno no conocía el idioma, otro era muy aplicado, otro tenía muy buen comportamiento y el último era muy inteligente), los niños debían decidir, entre otras preguntas, a cuál alumno el docente dispensará mayor atención, si es correcto que ayude a un alumno más que a otro, etc.

En la psicología genética el instrumento para la recolección de datos es el método clínico-crítico. El mismo se basa, en un primer momento, en una entrevista abierta en la cual el diálogo no se restringe a preguntas establecidas de antemano. Es decir, la originalidad de las respuestas permite la reformulación del interrogatorio posterior dando lugar a un proceso de ida y vuelta entre entrevistado y entrevistador, "dirigido" por este último. En este método resulta doblemente importante la delimitación previa de la temática a indagar y las hipótesis previas del investigador, ya que serán estos referentes los que guiarán la indagación. La forma más abierta del método tiene lugar en la fase exploratoria de la indagación, donde el investigador busca las preguntas más interesantes que promuevan las respuestas "inesperadas" de los sujetos, examinando una muestra inicial. El diseño experimental propiamente dicho ofrece tres características metodológicas que lo diferencian de la fase exploratoria descrita. En primer lugar, por haber delimitado el problema que se va a formular a los niños, el investigador renuncia a ciertas ideas infantiles interesantes, surgidas de la indagación anterior; en segundo lugar, adquiere rasgos más pautados, en el sentido de que todos los sujetos de la muestra definitiva son interrogados con las mismas preguntas, aunque con cierto grado de flexibilidad. Por último, se eligen las situaciones problemáticas privilegiadas que conformarán el diseño experimental definitivo para indagar las hipótesis infantiles (Castorina *et. al.*, 1989).

Ahora bien, dicho método tiene la ventaja de su dialéctica intrínseca y su adecuación para el relevamiento de los conceptos y "teorías" infantiles. Pero según algunos psicólogos sociales (Mugny y Pérez, 1988) tiene como contrapeso la dificultad para controlar las variables que intervienen en la entrevista. Quizá esta dificultad sea menos relevante para los psicólogos genéticos, ya que en función de sus objetivos es preferible no sesgar las respuestas infantiles por medio de instrumentos más cerrados. Estos, si bien aumentan el control sobre factores aleatorios, corren el riesgo de cercenar la originalidad de las respuestas infantiles. Lo dicho no implica que la investigación se adentre en las respuestas individuales o idiosincrásicas, sino que privilegia lo que tienen en común los distintos argumentos infantiles, las recurrencias entre los sujetos que forman un grupo determinado y la formación individual de nociones y su posible generalización a una población lo más amplia posible. Por otra parte, una de las instancias del método clínico-crítico consiste en poner al sujeto ante evidencia contradictoria, a fin de evaluar el grado de estabilidad de sus creencias y si está dispuesto a revisarlas o reorganizarlas.

Por el contrario, en la mayoría de los trabajos sobre representaciones sociales y desarrollo se deja de lado la dinámica cognoscitiva, no habiendo interés en el grado de firmeza con que el sujeto cree en lo que dice y de qué modo enfrenta los conflictos entre sus creencias. Los psicólogos sociales simplemente se detienen en los tipos de enunciación y su relación con las creencias sociales sostenidas en los grupos de pertenencia. Así, los psicólogos sociales centran el análisis de los datos en las diferencias que se encuentren entre los grupos, ya que la unidad de análisis son siempre poblaciones o grupos poblacionales (Emler, 1993).

Siguiendo con el análisis de los datos, en ambos programas se recurre a tratamientos cualitativos y cuantitativos de los datos empíricos. Si bien los psicólogos de las representaciones sociales parecen tener preferencia por el enfoque cuantitativo no podría afirmarse hoy que el tratamiento estadístico sea el rasgo más característico de sus indagaciones (Farr, 1994). Tampoco, como podría creerse a primera vista, hay ausencia de una metodología estadística en los trabajos de psicogénesis. Si bien de modo subsidiario a los análisis cualitativos, hay ciertos análisis cuantitativos de los datos, que no alcanzan la sofisticación de los utilizados en la psicología social. Tal énfasis diferente da testimonio de la índole de las preguntas y objetivos que se formulan los investigadores.

Respecto de las fases de una investigación, en las indagaciones psicogenéticas de las nociones sociales, particularmente en su línea "crítica", se destacan tres momentos (Castorina *et. al.*, 1991): Los estudios transversales indagan sujetos de grupos de edades y pertenencias sociales diferentes. En este nivel se busca establecer las hipótesis compartidas por aquellos niños que interpretan del mismo modo los problemas, y se trata luego de reconstruir su secuencia. En la consolidación de un estudio psicogenético se hace un seguimiento individual en una muestra pequeña de niños para verificar si se confirma la secuencia hipotetizada en los estudios transversales. El momento de la reflexión epistemológica es muy importante en la investigación y se dirige a especificar la naturaleza de las "teorías" que producen los niños, los procesos de "tematización" conceptual que son posibles, así como la especificación de las interacciones entre los sujetos infantiles y los objetos sociales.

En el caso de la psicología social, las indagaciones se centran en un aquí y ahora específicos, en el sentido que se trata de identificar las representaciones compartidas por una población acerca de un fenómeno u objeto social. Sin embargo, esto no excluye el estudio de la "génesis" social de las representaciones o la verificación de modificaciones en las creencias infantiles, provocadas por variaciones en los intercambios y la comunicación grupal o institucional (Duveen y Lloyd, 1990). En el caso de las investigaciones que hemos tomado como ejemplos ilustrativos a los fines de este artículo, no se encuentra algo parecido a este interés en la génesis social. Antes bien, Emler *et. al.* relevan las anticipaciones infantiles sobre las acciones de la autoridad escolar, y Duveen y Leman se ocupan de la representación de género pero sin centrarse en el análisis de la génesis social de esta representación.

Finalmente, cabe reiterar que una caracterización puramente metodológica entre los programas de investigación no es suficiente, ya que lo que decide respecto de la elección de las estrategias de indagación es claramente dependiente de los recortes problemáticos y de las bases teóricas que lo permiten. Como señala Emler, no es la metodología específica utilizada para estudiar las "representaciones sociales" lo que distingue el punto de vista propio de la psicología social, sino el hecho de estar "guiada por una teoría" (*theory driven*) (Emler y Ohana, 1993b). En este sentido, lo dicho vale también para las indagaciones psicogenéticas, ya que al hipotetizar las creencias infantiles el psicólogo realiza un complejo interjuego entre sus presuposiciones de base y los resultados obtenidos, asume un modo de significar los datos que deriva solo en parte de estos últimos. El análisis de los supuestos básicos nos ocupará al final.

## c)  *Indagaciones sobre autoridad escolar en psicología genética y en psicología social*

Vamos a comparar dos investigaciones realizadas por psicólogos sociales y por psicólogos genéticos, antes mencionadas, y referidas a una temática común: la interpretación infantil de las relaciones de autoridad escolar.

En primer lugar, la investigación de Emler *et. al.* (1987) tenía como objetivo central identificar las expectativas infantiles acerca de lo que los maestros harían ante determinadas situaciones y sus evaluaciones de justicia o injusticia; por otro lado, quisieron vincular tales creencias con los grupos de pertenencia definidos por nacionalidad y extracción de clase (niños franceses y escoceses, y de extracción de clase media y obrera) . Específicamente, se presentaron diferentes situaciones a niños de 7 a 11 años por medio de láminas, una de las cuales describía la historia de dos niños, uno que era muy aplicado, aunque poco brillante, y otro que era lo contrario. Los niños debían anticipar a cuál de los dos alumnos los maestros tenderían a premiar, o sea, si premiarían el éxito o el esfuerzo. Los niños mostraban respuestas divergentes tanto en función de su nacionalidad como su origen de clase.

Un resultado destacable de esta investigación muestra que los niños escoceses provenientes de clase trabajadora tendían a considerar, con mayor frecuencia en comparación con los franceses de clase media, que los docentes recompensarían el éxito por sobre el esfuerzo en las actividades escolares, y además que esto sería justo. Otro ejemplo en el mismo sentido indica que los niños de clase media, de ambas nacionalidades, son más refractarios a considerar que el maestro puede actuar de manera arbitraria (por ejemplo, castigando el uso de un lápiz de un color determinado por medio de malas notas). En ambos ejemplos, las discrepancias no resultarían explicables por diferencias de edades ni por nivel de desarrollo intelectual, sino que serían el reflejo de las valoraciones derivadas del grupo social de pertenencia.

Otra de las situaciones presentaba el caso de un niño pequeño que le pide un libro al bibliotecario. Este responde, ante la presión del niño, aduciendo la existencia de una regla que determina que sólo se puede prestar libros a los niños mayores. Seguidamente se indagó a los niños sobre lo justo o no del rechazo del bibliotecario, la posibilidad de que este cambie de idea o cambie la regla, si es apropiado o no citar la existencia de una regla para fundamentar el rechazo, si la regla es justa o no y cuestiones referidas a quién puede fijar las reglas. Los resultados obtenidos mostraron que una mayor proporción de los niños de clase media francesa respondía que el bibliotecario no podía prestar un libro, porque existía una regla que lo prohibía y una proporción aún mayor de niños de clase media francesa creyó que el bibliotecario sí podía prestar el libro, dado que tenía la posibilidad de modificar las normas. Por otro lado, los niños escoceses, en mayor grado que los franceses, se inclinaban a aceptar que una decisión conforme a una regla es una decisión justa, aunque la regla no lo fuese. Además, los niños escoceses de clase trabajadora eran los que en mayor proporción reconocían una jerarquía en la escuela, y que esta jerarquía fijaba la sujeción, tanto de los niños como de los maestros, a los dictados institucionales. Cabe destacar que en este estudio no se indagan los razonamientos infantiles, ni la articulación propiamente cognoscitiva de las ideas infantiles referidas a las reglas. Antes bien, su interés se centró en caracterizar cómo influye en las creencias de los niños su pertenencia a una clase social y/o nacionalidad determinada. O sea que, según los objetivos de los autores, los argumentos que sostienen los niños tienen una génesis social.

En un comentario escrito unos años después de realizado el estudio que estamos comentando, Moscovici (1990) sugirió que diferentes experiencias institucionales intervendrían en la formación de dos tipos de representación social, que darían cuenta de algunos de los resultados encontrados: las "participativas" y las "integrativas". Las primeras privilegiarían la posibilidad de que todos los miembros de la institución interviniesen en la toma de decisiones, las segundas privilegiarían un entramado jerárquico sobre el que se basan las decisiones de la autoridad.

La indagación psicogenética sobre nociones infantiles referidas a la autoridad escolar se realizó sobre una muestra de niños de sectores medios y populares, entre 6 y 13 años (Castorina *et. al.*, 1991; Lenzi y Castorina, 2000). Los mismos fueron indagados sobre dimensiones de la autoridad escolar, tales como las funciones del director o el maestro, la jerarquía del mando, la legitimación de las decisiones y sus límites. El instrumento de recolección de datos fue el método clínico-crítico, luego se procedió a categorizar las respuestas y a identificar "hipótesis" infantiles (creencias recurrentes que se pueden inferir de las respuestas), para plantear finalmente su secuencia. El análisis de dichas respuestas infantiles permitió establecer que los niños sostienen un enfoque globalizador de la autoridad, en el sentido de que existe una relación entre las nociones referidas a las diferentes dimensiones. Por ejemplo, hay una vinculación entre el carácter inarticulado y difuso que atribuyen a la función del director y su débil relación jerárquica con respecto a los maestros. Principalmente, estos sujetos dan cuenta de la legitimación mediante la hipótesis del dueño: la autoridad del director se instituye por un dueño que le vende la escuela y transmite "lo que puede hacer", mediante carteles (una "protonormativa"). Esta hipótesis da coherencia a las ideas infantiles sobre las diversas dimensiones de la autoridad escolar, particularmente hace depender al director del dueño, disponiendo algunos limites a la acción jerárquica, además de legitimarla.

En cuánto a los niños más "avanzados", (en el sentido de que sus hipótesis se aproximan a los conocimientos disponibles sobre la estructura normativa de la escuela) (Lenzi y Castorina, 2000), se encuentra también una hipótesis totalizadora: la autoridad se define por un sistema de cargos. Es decir, el director es tal porque es parte de un sistema, del que depende la jerarquía de la autoridad, sus límites, y la posibilidad de pensar (aún precariamente) la escuela como una institución. Sin embargo las relaciones entre autoridad escolar y autoridad municipal o ministerial no logran el mismo grado de sistematización, ya que los niños las interpretan en términos de relaciones personales (en lugar de institucionales).

El análisis posterior de la sistematicidad de las respuestas permitió describir los niveles de conceptualización en términos de "teorías", en un sentido debilitado respecto de su sentido en la filosofía de la ciencia (Carey, 1985). Estas constan de un dominio o conjunto de entidades y relaciones, las explicaciones por "razones" que interpretan al dominio, y ciertas hipótesis centrales incluidas en estas explicaciones. Así, en la teoría "minimalista" el dominio está constituido por personas, actividades fragmentarias y observables (algunos inventados, como el "dueño"). Las explicaciones que justifican o invalidan las prescripciones se basan en razones patrimonialistas y morales; la hipótesis central de los niños es la del dueño, que forma parte de las explicaciones sobre los limites, jerarquía y legitimidad de la autoridad. Por su parte, en la teoría "maximalista", los sujetos consideran un dominio de entidades inobservables (los cargos y normas institucionales) y de relaciones objetivadas, para las cuales dan explicaciones basadas en los cargos jerarquizados del sistema escolar. La hipótesis del "cargo" tiene un rol articulador en las explicaciones, pero sólo respecto de las relaciones internas a la escuela.

Entre ambas teorías se pudo establecer un período de transición, que presenta en los niños de clase media una sistematización progresiva de las actividades de la autoridad, pero sin un avance en lo referido a la legitimación y los límites. Los niños de sectores populares asistían a una escuela que prestaba servicios asistenciales (por ejemplo, el funcionamiento de un comedor) que eran altamente valorados. Este compromiso afectivo del sujeto con aquellas prácticas podrían dificultar la toma de distancia necesaria para hipotetizar los cargos. Por ello, otorgaban una función particularmente asistencialista al director.

Al comparar brevemente las dos investigaciones surgen sus diferencias: El objetivo de la indagación de los psicólogos sociales era identificar las representaciones sociales que sostienen las expectativas infantiles acerca del rol docente (Emler *et. al.*, 1987). De acuerdo al diseño experimental propuesto, las diferencias en las respuestas de los sujetos sólo podían ser explicadas por la pertenencia social de los mismos. Esto indicaría que las creencias de los niños son, en sentido estricto, representaciones sociales y no el producto del desarrollo cognitivo individual. Por otra parte, los autores no muestran preocupación alguna por separar los grupos de acuerdo con la edad, sino que los niños son considerados como un grupo homogéneo con respecto a esta variable. Incluso, para Moscovici (1990)

> "resultó sorprendente encontrar que las diferencias relativas a la edad eran muy pocas y aún dispares. Esto parece contrario a la evidencia acumulada de un desarrollo regular del razonamiento moral a medida que el niño crece, independientemente de las condiciones en las que crece" (pág. 180).

En el caso de la indagación psicogenética (Lenzi y Castorina, 2000) su objetivo fue examinar la génesis de las conceptualizaciones infantiles sobre autoridad escolar. Esto es, establecer si había un cambio relevante en las ideas infantiles y eventualmente explicar dicha modificación. El estudio se centró en la actividad intelectual con el objeto social (el sistema normativo de la autoridad) buscando identificar las hipótesis (vimos también las "teorías") con sus modificaciones. Más aún, tal como fueron diseñadas las entrevistas, el análisis de los datos y la perspectiva genética asumida, el trabajo de los investigadores consistió en reconstruir las relaciones entre las ideas de los niños, así como las dificultades que experimentaban para reorganizarlas.

En estos estudios, los grupos sociales de pertenencia no determinarían las respuestas, aunque la participación de los niños de sectores populares en ciertas prácticas escolares podría influir en las construcciones individuales. Así, las dificultades en objetivar las funciones de la autoridad (un rasgo propiamente cognoscitivo) parecerían vinculadas al compromiso valorativo de los sujetos con la actividad asistencial de la directora. En cambio, al hablar de las prácticas "participativas" o "integrativas" en la escuela, Moscovici está considerando su influencia sobre las representaciones sociales de los niños.

### *d)   Una investigación de psicología social convergente con el constructivismo*

Duveen (1994 y 1997) y Leman y Duveen (1999) proponen un acercamiento de la investigación sobre representaciones sociales en los niños con algunas tesis del constructivismo piagetiano; básicamente, la referida al entrelazamiento constitutivo del conocimiento individual con las relaciones sociales (formuladas en *El Juicio Moral en el Niño*, 1932). Vamos a examinar una investigación empírica (Leman y Duveen 1999; 2000) a fin de abordar las relaciones entre el subprograma de estudios referidos a las representaciones sociales y a la psicología genética.

Los autores indagan las relaciones entre autoridad epistémica (aquella autoridad que deriva de la validez de los postulados que sostienen los individuos) y autoridad de estatus (las asimetrías en el status social del agente, en este caso originadas por su género).

La muestra inicial estaba conformada por niños y niñas, de edades en las que se supone, a partir de los estudios piagetianos, que dentro de un grupo etáreo homogéneo pueden encontrarse respuestas de ambos tipos de configuración moral (o sea, se trataría de edades en las que se supone que los sujetos son "intermediarios" entre un pensamiento moral heterónomo y uno autónomo). Además se tuvo en cuenta el género, dado que los autores consideraron que, en la interacción propuesta a los mismos, habría una influencia muy relevante de la autoridad de estatus, es decir, de las atribuciones (en este caso de género) que los sujetos otorgan a sus contrapartes en la discusión. A partir de un estudio previo (1996), los autores habían mostrado que la autoridad de estatus otorgada a los varones en la sociedad inglesa es mayor que la otorgada a las mujeres.

La primera etapa del estudió consistió en un pre-test para determinar los juicios morales de los niños, mediante la presentación de dos historias piagetianas clásicas referidas al desarrollo moral en el niño (Piaget, 1932). Luego, se clasificó a los sujetos de acuerdo a sus juicios heterónomos o autónomos sobre los aspectos morales de la situación, considerados por los investigadores en tanto se podrían vincular con las formas de autoridad de status y epistémica. Los resultados obtenidos fueron la base para conformar las parejas que interactuarían en la fase subsiguiente (de interacción).

Las historias se referían, en un caso a un niño que rompe muchas tazas sin hacerlo a propósito, y otro que rompe solamente una, al realizar una acción que le estaba vedada. Luego se les preguntó si alguno de aquellos niños "era más malo" que el otro, y cuál. Desde el punto de vista metodológico, estas entrevistas difieren de las realizadas por Piaget porque no se buscaron razones profundas en los sujetos sino sólo identificar las creencias infantiles. Una vez establecidas, se determinaron cuatro grupos de sujetos de acuerdo con su tipo de respuesta y su género: mujeres autónomas (M), mujeres heterónomas (m), varones autónomos (V) y varones heterónomos (v).

Para la fase de interacción se conformaron parejas, teniendo en cuenta variar la composición de acuerdo con el género y el tipo de respuesta. Así, las parejas resultantes fueron V-v; M-m; M-v y V-m. Se les presentaron las mismas problemáticas a los pares, bajo la consigna de que debían arribar a una solución acordada. Se realizó un análisis del tiempo en el que las parejas tardaron en llegar a una respuesta conjunta, las justificaciones y fortaleza de los argumentos que se utilizaba en cada una. Se demostró que las parejas en las cuales la autoridad de estatus coincidía con la autoridad epistémica tardaban menos tiempo en llegar a una respuesta acordada, y los argumentos esgrimidos para "convencer" al otro eran más simples. La pareja más significativa a los fines propuestos fue aquella en la que entraban en contradicción la autoridad de estatus y epistémica (M-v), es decir, donde el tiempo transcurrido hasta el logro de una respuesta común fue mayor, ya que el sujeto heterónomo, bajo el influjo de la autoridad de estatus, tarda en aceptar la autoridad epistémica de la mujer.

Cabe destacar que, a diferencia del estudio de Emler y cols. (1987), en este se toma como base una investigación del mismo Piaget. En cierto sentido se trataría de una "reconsideración" del trabajo piagetiano desde los postulados propios de la psicología social. Se intentaría arrojar luz a variables propias de la interacción social (por ejemplo, la autoridad de estatus) que en el trabajo original de Piaget habían sido tratados con demasiada generalidad, bajo el título genérico de "relaciones de heteronomía". Fundamentalmente, lo que asemeja las dos indagaciones es la emergencia de las razones profundas esgrimidas por sujetos en la interacción, que son analizadas por Leman y Duveen.

En esta investigación se apela a ciertos aspectos de la psicología moral de Piaget, ya que se admite una modificación de los juicios heterónomos en autónomos, así como su vinculación constitutiva con dos tipos de interacción social (la dependiente de la autoridad y la cooperativa). Pero, a diferencia de Piaget, los propios argumentos de autonomía son asociados con una autoridad epistémica, y además se caracteriza el modo de intervención de la autoridad de status (a través de la representación de género). El trabajo de Leman y Duveen parece reconocer un avance cognoscitivo al considerar a la autoridad de status como una variable a ser "superada" (cuándo no coincide con la autoridad epistémica) hacia una atmósfera de libre intercambio que daría lugar a los juicios autónomos. La originalidad del estudio de estos psicólogos sociales reside en el conflicto entre los dos tipos de autoridad respecto del desarrollo moral:

> "Estos son dos tipos cualitativamente distintos de autoridad que proveen al niño distintas rutas para el conocimiento moral. Para el niño, la autoridad epistémica como forma de influencia social contrasta con la autoridad de status en la comunicación y la persuasión" (pág. 573).

# El sentido de la comparación entre los programas de investigación

En párrafos anteriores hemos ensayado establecer las principales diferencias metodológicas en la investigación de nociones sociales, tal como se han desarrollado en la psicología genética y en la psicología de las representaciones sociales. Ahora bien, también dijimos que "el marco teórico" de las investigaciones establecía los problemas posibles de ser abordados y aquellos que permanecían "invisibles". Es crucial identificar los presupuestos ontológicos y epistemológicos que subyacen a las indagaciones a los fines de discutir la compatibilidad o incompatibilidad de los programas de investigación.

Primeramente, consideremos los presupuestos teóricos de la línea de investigación desplegada por Emler (1993b). Por lo visto, y a pesar de sus declaraciones en contrario, de acuerdo a la orientación de sus investigaciones se postula que las únicas variables reconocidas en la aparición de las creencias infantiles sobre la sociedad son las representaciones sociales. Dicho de otra manera, sólo se reconoce una "actividad" a los niños en tanto *participan en la comunicación de las representaciones sociales*" (ver Emler, 1993a). Pero hay un rechazo explícito a cualquier reconocimiento de una actividad intelectual de los niños con el objeto social.

Además, es importante mencionar dos críticas de Emler a la perspectiva psicogenética de estudios sociales basada en las ideas de Piaget, entre otras: Por una parte, que ésta considera a los niños como sujetos aislados que producen conocimiento social del mismo modo en que producen nociones sobre el mundo físico. Esta soledad se contrapone con aquella participación activa en el proceso de comunicación gracias a la cual los niños llegan a compartir las representaciones sociales. Por la otra, las indagaciones psicogenéticas sólo se ocuparían de un sujeto que elabora espontáneamente las soluciones a los problemas que le propone la sociedad, mientras la psicología social obliga a recurrir "... *al stock de soluciones y argumentos que un grupo social posee para lograr determinadas soluciones*" (pág. 52).

En principio, puede decirse que estas críticas dejan escapar algunos aspectos relevantes de los textos de Piaget, aún reconociendo con Duveen (1994; 1997) que el vínculo entre individuo y sociedad que figura allí es muy inestable e insuficiente para los problemas tal como los vemos hoy. Sobre todo, ignora la diferencia que Piaget estableció entre relaciones heterónomas con asimetría de poder entre niños y adultos y las relaciones autónomas, su propuesta de una estrecha solidaridad entre el conocimiento individual y la interacción social, o entre la producción de ideas infantiles y su participación en las relaciones sociales de heteronomía o cooperación. Por el contrario, si se aceptaran las tesis de Emler según las cuales se elimina la construcción individual, se debería concluir que no resulta posible una autonomía intelectual de los niños, aunque fuera relativa a una práctica social, en el conocimiento de la sociedad.

El mismo espíritu de esta crítica a la psicología constructivista lleva a Emler a considerar como relevantes sólo las determinaciones que van desde las representaciones hacia las creencias infantiles, remitirse sólo a "las soluciones preexistentes" y eliminar todo posible planteo de problemas por parte de los niños. Esta posición es un caso de la estrategia básica del marco epistémico de la escisión, que predominó en la historia de la psicología durante buena parte del siglo pasado, y según la cual se disocian tajantemente los individuos respecto de la sociedad, o el conocimiento individual de las influencias sociales y se adopta un punto de vista metodológico reduccionista. Emler ha propuesto la evaluación de la relación estricta entre variables dependientes e independientes, como camino privilegiado para establecer la formación de las creencias infantiles sobre la sociedad. Vale la pena aclarar que no estamos discutiendo la validez de los resultados empíricos de las indagaciones ofrecidas por este psicólogo social, sino el alcance que les atribuye y el marco epistémico subyacente que excluye al conocimiento individual en la apropiación de las representaciones. En cambio, existe evidencia de la presencia de aspectos cognoscitivos en las creencias infantiles sobre la sociedad: sería el caso de los estudios que muestran contundentemente una variación de los conocimientos infantiles y un efectivo proceso constructivo (Berti y Bombi, 1988; Delval, 1994; Lenzi y Castorina, 2000) o las propias indagaciones mencionadas de Duveen y Leman sobre la relación entre el juicio moral y las autoridades de status y epistémica (1996 y 1999).

En síntesis, Emler hace una disociación ontológica entre los individuos y la cultura o la sociedad, adoptando además una epistemología reduccionista al postular la unicidad metodológica y la explicación unívoca de las creencias apelando solamente a la influencia social. El marco epistémico de la escisión, una de cuyas estrategias es el reduccionismo, pone serios límites a su interpretación del conocimiento social de los niños.

Por otra parte, también las investigaciones del programa psicogenético literal compartirían el marco epistémico de la escisión, que justamente Piaget contribuyó a cuestionar, al no preguntarse por la naturaleza de las interacciones del sujeto con el objeto social, considerando la sociedad y la cultura solamente como datos exteriores al proceso de construcción individual, que a lo sumo retardan o aceleran las adquisiciones infantiles. Tampoco en este caso se puede negar que tales indagaciones han contribuido al avance del conocimiento desde un punto de vista descriptivo.

En esta perspectiva, como hemos señalado, se considera al conocimiento social como una aplicación de las formas generales del conocimiento, sin que se establezca alguna diferencia significativa con el conocimiento físico de los niños. Es decir, se trata del conocimiento infantil de un objeto externo (sea la autoridad institucional o la sustancia física) e indiferente al significado cognoscitivo de las acciones sociales sobre el sujeto. En realidad, las críticas de Emler a Piaget se ajustan perfectamente a muchas de las investigaciones del programa literal, cuyos niños son sujetos solitarios y que no aparecen influenciados por las representaciones que circulan en el mundo social. En todo caso, esta intervención no interesa para nada a los psicólogos del desarrollo de las nociones sociales, queda por fuera de los problemas visibles, o incluso el propio concepto de representación social ha sido cuestionado como ambiguo y demasiado impreciso (Jahoda, 1988). Asimismo, los datos de la investigación de los psicólogos sociales (Emler y Dickinson, 1985) serían considerados como un ejemplo relevante de la transmisión social, que se contrapone a la perspectiva que estudia la espontaneidad de los niños comprometidos en una elaboración puramente intelectual durante el desarrollo. En resumen, estamos ante un agudo contraste entre las perspectivas literal de la investigación psicogenética de los conocimientos sociales de los niños y el programa de psicología social defendido por Emler. Sin embargo, ambos comparten una misma estrategia escisionista.

Por el contrario, los trabajos descritos de Duveen y Leman (1996 y 1999) parecen involucrar un marco epistémico relacional, que articula los componentes del conocimiento social, disociados por las perspectivas anteriores. Básicamente, se establece un interjuego entre la autoridad de status y la epistémica. Esto último supone la admisión de una cierta actividad intelectual de los niños. El conflicto entre la autoridades mencionadas, en el que hace hincapié la investigación citada, da lugar a un pasaje de los comportamientos cognoscitivos dominados por las representaciones sociales (en este caso, de género) hacia el predominio de la autoridad epistémica. Esta última equivale a la resolución autónoma del problema moral, donde los niños utilizan argumentos basados en el respeto mutuo y no ya en la aceptación lisa y llana de un dictado social, en un sentido piagetiano. En los términos de Leman (1998:52)

> "Dados estos efectos de edad, parece plausible que la distinción entre la influencia de status y la epistémica posea un significado para el desarrollo: su significado reside en el incremento de la habilidad de los niños mayores para separar los aspectos epistémicos de los aspectos de status de la influencia".

Más adelante, el autor menciona que los juicios infantiles heterónomos se producen en una atmósfera de acatamiento a la autoridad de los mayores. Por su parte, la influencia epistémica exige que los niños reconozcan algo de su propia identidad y que al negociar con otros en la conversación puedan pasar de un pensamiento egocéntrico a otro tipo de perspectiva personal, que reconozca la diversidad de ideas entre pares.

Finalmente, nos referiremos a ciertas investigaciones del subprograma psicogenético "crítico" de estudios sociales, que incorpora una preocupación explícita por la intervención de los contextos institucionales y las representaciones sociales en la construcción cognoscitiva. Esto no significa que desde su enfoque metodológico se pueda indagar directamente la influencia de las prácticas institucionales o de las creencias sociales preexistentes en la formación de las nociones sociales (por ejemplo, el caso de nuestra investigación sobre autoridad escolar). Sin embargo, el análisis de los protocolos infantiles obtenidos por el método clínico-crítico, hace plausible pensar su impacto sobre las creencias infantiles. Ello es así porque, según nuestro enfoque, los niños no enfrentan directamente el objeto social de conocimiento, sino que interactúan con un objeto que los tiene como "blanco de su actividad" (por ejemplo, los actos de autoridad escolar sitúan al niño en la institución y lo disciplinan). Esto es, los niños tratan de conocer el sentido de los actos que la autoridad ejerce intencionalmente sobre ellos; precisamente lo que Emler demandaba a los psicólogos genéticos, ocupados según él en la elaboración individual de ideas acerca de un mundo social externo y cosificado. Ahora bien, el programa constructivista "crítico" sostiene que las autoridades escolares con las que interactúan los niños les transmiten metáforas sociales acerca del significado de sus actos, tales como "la maestra es la segunda mamá", "los niños que se portan mal son expulsados de la escuela", o aún que "todo tiene dueño".

Como vimos, la indagación psicogenética se ocupa de la reconstrucción del sistema normativo a partir de la experiencia vivida de los niños con éste. Ahora bien, para responder las preguntas referidas a las razones de los actos de autoridad, ellos deben tomar en cuenta las "soluciones sociales" a estas preguntas. Al intentar explicar el sentido de los actos de autoridad, que los tiene como agentes y destinatarios, los niños apelan a las representaciones transmitidas. La cuestión central será "qué hacen" los niños con lo transmitido. En otras palabras, cómo al transformar en objeto de conocimiento las presiones institucionales y los actos normativos de la autoridad, dan su propio sentido a las representaciones que las mediatizan. De un modo provisorio, sugerimos que los niños reinterpretarían las metáforas sociales, situándolas en una dinámica argumental para finalmente dar un sentido a los actos de la autoridad. Así, si evocamos la hipótesis minimalista del "dueño", se puede pensar que los niños se apropian en su vida comunitaria de la metáfora "todo tiene dueño", pero convierten esta representación en argumentos explicativos para las preguntas referidas a las dimensiones de la autoridad. En tal sentido, la hipótesis específica de que la directora "pagó al dueño de la escuela", no informada como tal por los adultos a los niños, es un testimonio de la reelaboración infantil de las "soluciones" culturalmente propuestas. En este sentido, la investigación "crítica" asumiría el requerimiento de Emler al atender las soluciones y argumentos sociales con los que una comunidad dota a sus miembros desde la infancia. Pero además, para esta perspectiva, junto con las actividades institucionales sobre los sujetos, las metáforas sociales restringen y orientan lo que los niños pueden elaborar, pero no sustituyen dicha construcción de ideas originales.

Así, se está lejos de separar de modo tajante la construcción individual y las prácticas sociales. Se podría afirmar que la críticas de Emler no se aplicarían a esta línea de trabajo, básicamente porque no se está ante un sujeto solitario. Éste únicamente puede conceptualizar el objeto de conocimiento a partir de su experiencia vivida de naturaleza social con el objeto normativo, de su interacción simbólica con los gestos y prescripciones de la autoridad, y porque el objeto social actúa "intencionalmente" sobre los alumnos. Por otra parte, no resulta tan simple aquí que "las soluciones preexistentes" se hagan subjetividad, ya que se enfatiza la construcción de hipótesis, los conflictos que enfrenta y sus reconstrucciones. Como dijimos, la construcción de las hipótesis originales no es independiente de las representaciones sociales. Al parecer, el marco epistémico relacional preside la búsqueda de articulaciones entre las soluciones culturales y las hipótesis específicas, entre la transmisión social y la construcción individual.

## Conclusión

El examen comparativo del programa psicogenético "crítico" y el programa psicosocial expresado por Duveen y Leman nos lleva a rechazar la incompatibilidad entre ellos, dado que las hipótesis de uno no se contradicen con las hipótesis del otro. Por lo tanto, no estamos obligados a optar por uno de estos en el estudio los conocimientos infantiles sobre la sociedad. También las argumentaciones anteriores debilitan la tesis ecléctica sostenida por Doise (1993) e inspirada en Potamon de Alejandría, según la cual es aceptable extraer de sistemas diversos las mejores ideas mientras sean conciliables. En lugar de estas perspectivas, preferimos hablar de una compatibilidad, en el sentido de que las hipótesis principales de una no implican la negación de las otras. Más aún, se abre un espacio de colaboración que no deriva de ideas que se puedan conciliar, sino del hecho fundamental de compartir un marco epistémico relacional, lo que no elimina la diferencia entre las preguntas fundamentales, ni sustituye la especificidad en los modos de recortar los objetos de investigación y de tratarlos con sus métodos específicos. Esto último es posible si tenemos en cuenta ciertas interpretaciones de los programas originarios: del lado piagetiano, con los intentos de renovación del programa originario para dar un dar lugar relevante a las prácticas sociales y contextos de presión institucional en la construcción infantil del conocimiento. Del lado de la psicología social, con aquellos investigadores que incluyen en la apropiación de las representaciones sociales por parte de los niños una actividad intelectual durante su participación en las interacciones sociales.

De lo dicho surge la aspiración de una colaboración genuina entre estos programas respecto de la constitución de nociones sociales en los niños. La base teórica del diálogo parece residir en ciertas exigencias mínimas: una relación de no exterioridad entre individuo y sociedad; que la sociedad no sea conocida en términos de "una cosa", sino de relaciones significativas en la comunicación; que no haya pasividad en la transmisión de las representaciones ni en las interacciones cognoscitivas con el objeto institucional; y en alguna reconstrucción individual de las creencias que se transmiten socialmente.

# Referencias bibliográficas

ADELSON, J. (1971) *The political imagination of the young adolescent.* Daedalus.

BERTI, E. y BOMBI, A. (1988) *Il Mondo Economico nel Bambino.* Rome: La Nuova Italia.

CAREY, S. (1985) *Conceptual Change in the Childhood.* Cambridge; M.T.I. Press.

CASTORINA, J. A. (1999) "The social knowledge of children: psychogenesis and social representations", *Prospects*, Vol. XXIX, n° 1, march.

—— y AISEMBERG, B. (1989) "Psicogénesis de las ideas infantiles sobre la autoridad presidencial: Un estudio exploratorio". En CASTORINA y *et. al.* (Eds) *Problemas en Psicología Genética.* Buenos Aires: Miño y Dávila Editores.

CASTORINA, J. A.; LENZI, A. y FERNÁNDEZ, S. (1991) "El proceso de elaboración de un diseño experimental en psicología genética: La noción de autoridad escolar", en: *El cuerpo, malestar de la cultura.* Publicación de la Asociación de Psicólogos de Buenos Aires.

DELVAL, J. (1989) "La representación infantil del mundo social", en TURIEL, E.; ENESCO, I. y LINAZA, J. *El Mundo Social en la Mente Infantil.* Madrid. Alianza.

DOISE, W. (1993) *Logiques sociales dans le raisonnement (Lógicas socialñes en el razonamiento).* Neuchâtel: Delachaux et Niestlé.

DUVEEN, G. (1994) "Crianças enquanto atores sociais: as Representaçôes Sociais em desenvolvimento". En GUARESCHI, P. y JOVCHELOVITCH, S. (Orgs.) *Textos em Representaçôes Sociais.* Petrópolis: Editora Vozes.

—— (1997) "Psychological development as a social process". En SMITH, L.; DOCKRELL, J. y TOMLINSON, P. (Eds.) *Piaget, Vygotsky and beyond.* Londres: Routledge.

—— y LLOYD (1990) "A semiotic analysis of the development of social representations of gender", en DUVEEN, G. y LLOYD, B. (Eds) *Social representations and the development of knowledge.* Cambridge: Cambridge University Press.

EMLER, N. y OHANA, J. (1993b) "Studying social representations in children: just old wine in new bottles?" En BREMAWEIL, G. y CUNTER, D. (Eds.) *Empirical approaches to social representations.* Oxford: Clander Press.

—— y DICKINSON, J. (1993a) "The child as sociologist: the childhood development of implicit theories of role categories and social organization" En BENNETT, M. (Ed.) *The Child as psychologist.* UK: Hervel Hampstead, Harvest.

—— y —— (1985) "Children's representation of economic inequalities: The effects of social class". *British Journal of Developmental Psychology*, 3.

——; OHANA, J. y DICKINSON, J. (2003) "Las representaciones infantiles de las relaciones sociales" En CASTORINA, J. (Comp.) *Representaciones Sociales.* Barcelona: Gedisa. Original: "Children's representations of social relations. En *Social Representations and the Development of Knowledge.* Cambridge: Cambridge UP.

——; OHANA, J. y MOSCOVICI, S. (1987) "Children's beliefs about institution roles: a cross-national study of representations of the teacher's role". *British Journal of Educational Psychology*, 57.

FAIGENBAUM, G. (2000) "Los criterios del valor económico en el niño". En LENZI, A. y CASTORINA, J. (comp.) *Los conocimientos sociales en los niños. Investigaciones psicológicas y consecuencias educativas.* Barcelona y Buenos Aires: Gedisa.

FARR, R. (1994) "Representações Sociais: a teoria e sua história". En GUARESCHI, P. y JOVCHELOVITCH, S. (Orgs.) *Textos em Representações Sociais.* Petrópolis: Editora Vozes.

FURTH, H. G. (1980) *The World of Grown-ups: Children's Conceptions of Society.* New York: Elsevier.

GUARESCHI, P. (1994) "Sem dinheiro nâo há salvaçâo: ancorado o bem e o mal entre os neopentecostais". En GUARESCHI, P. y JOVCHELOVITCH, S. (Orgs.) *Textos em Representações Sociais.* Petrópolis: Editora Vozes.

HELWIG, C (1995) "Social context in social cognition: Psychological harm and civil liberties", en KILLEN, M. and HART, D. (Eds.) *Morality in every life*, Cambridge University Press.

JAHODA, G. (1979) "The construction of economic reality by some Glaswegian children". *The European Journal of Social Psychology, 9.*

—— (1998) "Critical notes and reflections on 'social representations' " ("Notas críticas y reflexiones sobre la 'representación social' "). *European Journal of social psychology.* (Chichester, Reino Unido), vol. 18.

JODELET, D. (1986) "Fou et folie dans un milieu rural français, Une approche monographique". En DOISE, W. y PALMONARI, A. (Eds.) *L'etude des représentations sociales.* Neuchâtel: Delchaux y Niestlé.

—— (1989) *Les représentations sociales (Las representaciones sociales).* París, Presses universitaires de France.

JOVCHELOVITCH, S. (1994) "Vivendo a vida como os outros: intersubjetividade, espaço público e Representaçôes Sociais". En GUARESCHI, P. y JOVCHELOVITCH, S. (Orgs.) *Textos em Representaçôes Sociais.* Petrópolis: Editora Vozes.

KOHEN, R. (2000) "La sanción y la autoridad en el preescolar: el punto de vista infantil". En CASTORINA, J. A. y LENZI, A. (Comps.) *La formación de los conocimientos sociales en los niños.* Barcelona: Gedisa.

KOHLBERG, L. (1971) "Stages of moral development as a basis for moral education". En BECK, C.; CRITTENDEN, B. y SULLIVAN, E. (Eds.) *Moral education: Interdisciplinary approaches.* Toronto: University of Toronto Press.

LEMAN, P. (1998) "Social relations, social influence and the development of knowledge" *Papers on social representations*, 7.

—— y DUVEEN, G. (1996) "Developmental differences in children's understanding of espistemic authority." *European Journal of Social Psychology*, 26(5).

—— y —— (1999) "Representations of authority and children's moral reasoning." *European Journal of Social Psychology* 29.

LENZI, A. y CASTORINA, J. A. (2000) "Algunas reflexiones sobre una investigación psicogenética en conocimientos sociales: la noción de autoridad escolar" en LENZI, A. Y CASTORINA, J. A. (Comps.) *La formación de los conocimientos sociales en los niños,* Barcelona, Gedisa.

—— y —— (2000) "El cambio conceptual en conocimientos políticos. Aproximación a un modelo explicativo.", en LENZI, A. Y CASTORINA, J. A. (Comps.) *La formación de los conocimientos sociales en los niños,* Barcelona, Gedisa.

MOSCOVICI, S. (1976) *La Psychoanalyse, son Image et son Public.* París, P.U.F.

—— (1988) "Notes towards a description of social representations". *European Journal of Social Psychology*, 18.

—— (1990) "Social psychology and developmental psychology: extending the conversation", en DUVEEN, G. y LLOYD, B. (Eds) *Social representations and the development of knowledge.* Camabridge: Cambridge University Press.

MUGNY, G. y PÉREZ, J. (1988) "Introducción de los editores: La psicología social evolutiva: una disciplina en desarrollo.", en MUGNY, G. Y PÉREZ, J. (Eds) *Psicología Social del desarrollo cognitivo,* Barcelona, Anthropos.

NAVARRO, A. y ENESCO, I. (1998) "Las ideas infantiles sobre la movilidad socioeconómica: un estudio comparativo entre niños mexicanos y españoles.", en *Infancia y Aprendizaje,* vol. 81.

PIAGET, J. (1932) *El criterio moral en el niño.* Barcelona: Fontanella.

TURIEL, E. (1983) *The Development of Social Knowledge: Morality and Convention.* Cambridge: Cambridge University Press.

WAGNER, W. (1994) Descriçâo, explicaçâo e método na pesquisa das Representaçôes Sociais. En GUARESCHI, P. y JOVCHELOVITCH, S. (Orgs.) *Textos em Representaçôes Sociais.* Petrópolis: Editora Vozes.

Capítulo **VIII**

# Dos versiones del sentido común: las teorías implícitas y las representaciones sociales*

José Antonio Castorina
Alicia Barreiro
Ana Gracia Toscano

## Introducción

En el pensamiento contemporáneo la preocupación por la naturaleza y el alcance del conocimiento de sentido común ha tenido diversas manifestaciones, en la filosofía, las ciencias sociales y la psicología. Así, se han planteado diferentes problemáticas, por ejemplo, entre los filósofos analíticos y los teóricos de la sociedad; tales pensadores han utilizado marcos epistémicos muy dispares, según se hable del *sentido común* de una manera ahistórica y naturalista, o social e histórica; incluso, puede haber fuertes contraposiciones al pensarlo en tanto un conocimiento producido individualmente o en tanto elaboración realizada de la interacción social.

Los autores más influyentes de la filosofía analítica se han preguntado si las creencias producidas en la vida cotidiana son la base que sustenta el edificio del conocimiento o si caen bajo las críticas del escepticismo. Esto es, han intentado establecer si tales creencias son un conocimiento justificable para la reflexión o no, y cuál es su significado filosófico. Algunos de ellos consideran que es preciso reivindicar la defensa del sentido común hecha por Moore (1959); por su parte, Wittgenstein (1988), distingue en nuestro conocimiento cotidiano entre creencias modificables en la experiencia y las convicciones sobre las que no vale la pena discutir, como la existencia

---

* Este trabajo fue realizado gracias al subsidio UBACyT, Programción 2004-2007, Facultad de Psicología, Universidad de Buenos Aires.

de los objetos, porque son indubitables en las prácticas vitales y son equivalentes con las reglas de nuestras prácticas lingüísticas. Por otro lado, en la discusión sobre los problema de justificación, los filósofos analíticos adoptan posiciones que van desde el naturalismo escéptico hasta el naturalismo de la duda razonable (Villarmea, 1997). Por otra parte, los filósofos de la mente discuten la reducción de la psicología folk (o psicología del sentido común) a la psicología científica (entendida como psicología cognitiva) (Rabossi, 1995).

Antonio Gramsci (1986) adopta una perspectiva muy diferente, él no se pregunta si el conocimiento cotidiano puede ser el fundamento (aceptable o no) para el resto del saber. Más bien, inspirándose en las tesis de Marx, trata de explicar su constitución y significado desde la dinámica de las relaciones de poder entre las clases de la sociedad capitalista. Para él, cada estrato social tiene su sentido común, que es en el fondo, la concepción más difundida de la vida y de la moral. En este sentido, hay una ideología propia de clase social, pero a la vez la versión que se difunde en la sociedad es la de la clase dominante. Más aún, y respecto de las clases subordinadas, afirma que su sentido común es "un todo contradictorio" conformado de nociones disociadas, incluidas las certezas perentorias e inconsistentes, que se transforma en base a la transmisión de ideas filosóficas y científicas. Incluso, consta de "aspectos verdaderos" referidos a una experiencia social independiente de la subordinación (el "buen sentido").

Otro gran renovador de la teoría social, Pierre Bourdieu (1997), identifica al sentido común con la *doxa,* esto es un conocimiento de la vida social asociado con el ejercicio de la violencia simbólica sobre las prácticas corporales. Los individuos adoptan creencias (doxa) que son tácitas en tanto aceptan mucho más de lo que creen: tal sería el caso de los sectores populares cuando atribuyen su fracaso escolar a "que no les da la cabeza", aceptando –sin saberlo– la desigualdad social. La cuestión es aquí investigar empíricamente y producir hipótesis acerca del modo en que las condiciones de la dominación se convierten en subjetividad.

Además de interesar a diversas corrientes de la filosofía y del pensamiento social, el sentido común ha ocupado un lugar significativo en la psicología contemporánea, principalmente en la psicología cognitiva de raigambre computacional y en la psicología social de las representaciones sociales (RS), originada en la obra de Moscovici (1961). En la primera perspectiva teórica, los estudios empíricos se han ocupado del funcionamiento de los conocimientos *folk,* principalmente, se los encara como elaboraciones individuales en el dominio mental, físico o biológico. La mayoría de estos estudios han poblado al sentido común con teorías implíticas (TI), apoyándose en las formulaciones de la filosofía de la ciencia.

De esta manera, los psicólogos cognitivos estudian el modo en que se elabora la información en contextos de la vida cotidiana, describiendo su débil sistematicidad, su carácter implícito y su orientación pragmática. Los autores más interesados en vincular aquellas elaboraciones con los escenarios culturales han postulado que el conocimiento cotidiano es centralmente episódico (Rodrigo, 1997; Claxton, 1990; Rodrigo y Pozo, 2001). Es decir, las investigaciones que se ubican en esta tradición postulan las tesis de un aparato mental básico, pero tomando distancia de la versión computacional clásica. También reconocen, entre otras, la influencia de la interpretación cognitiva de la atribución social (social cognition), incluso, la escuela socio-histórica.

Por otro lado, el estudio del sentido común desde la concepción de las RS se interesa centralmente en la génesis de las representaciones sociales, y en sus consecuencias prácticas en la vida cotidiana (Moscovici, 2001) Este enfoque recurre a la realización de estudios empíricos que describen las diversas RS en su estado actual y otros que reconstruyen su constitución histórica. Incluso, la tesis de la irreductibilidad de las RS al conocimiento científico se apoya en indagaciones sobre su constitución histórica y social, a diferencia de las argumentaciones *a priori* de la filosofía analítica. Si bien se pueden encontrar antecedentes de este enfoque en la obra psicológica de Heider (1958), la mayor influencia intelectual proviene de la filosofía de la ciencia francesa, de la antropología de Levi-Bruhl, la sociología de Durkheim, o la psicología piagetiana y socio-histórica (Moscovici, 2003) (Ver Capítulo VI de este libro).

Por lo dicho, estamos ante la formulación de dos modelos teóricos del sentido común. Estos, al interpretar la actividad psicológica han planteado algunas cuestiones muy semejantes, hasta utilizan los mismos términos, pero al interior de diferentes programas de investigación. Justamente, en este trabajo trataremos de analizar los rasgos que caracterizan a las TI y a las RS, identificar su significado en el entramado conceptual de cada programa y la función que se les atribuye ante los desafíos de la vida cotidiana. Un punto particularmente importante se refiere al modo en que se originan tales organizaciones del sentido común, así como a la naturaleza de su cambio y las circunstancias por las cuales éste se produce. Además, nos detendremos en los criterios metodológicos que han presidido las indagaciones. En otro orden, nos interesa establecer hasta qué punto las notas del sentido común dependen de su relación con el conocimiento científico o si son independientes. Finalmente, esta comparación crítica entre los programas nos obligará a una apreciación de conjunto del estado actual y el porvenir de las indagaciones sobre el sentido común.

## 1. Las teorías implícitas

El intento de dar cuenta del conocimiento del sentido común según la perspectiva de las TI ha tenido una importante difusión en la comunidad de psicólogos y educadores del mundo iberoamericano. Sin duda, existe una variedad de interpretaciones del término *teoría* en la psicología cognitiva contemporánea, utilizadas para describir la estructura conceptual de los conocimientos de dominio (Wellman, 1990; Claxton, 1984; Carey y Spelke, 2002). En cualquier caso, se han elaborado distintas caracterizaciones que utilizan de modo más o menos debilitado las diversas interpretaciones provenientes de la filosofía de la ciencia.

A los fines de este trabajo consideraremos la interpretación más pertinente para el propósito de comparar dicha categoría con las RS. Es decir, nos ocuparemos principalmente del enfoque de Rodrigo (1997; *et. al.*, 1993) en buena medida compartido por Pozo (Pozo y Rodrigo, 2001) precisamente por su referencia a los contextos y/o escenarios sociales en la formación de las teorías individuales, lo que permite establecer relaciones con las RS. Muy particularmente, cuándo la autora vincula tales teorías a las situaciones cotidianas, por medio de su especificación mediante modelos mentales y ofrece, además, una lectura crítica de las RS, facilitando el análisis comparativo. Por otra parte, como veremos, estos autores han cuestionado recientemente la posición cognitivista clásica.

Algunos de los estudios más relevantes, dentro de esta perspectiva, se refieren a las teorías de los profesores sobre la enseñanza (Rodrigo, 1993), de los alumnos sobre el aprendizaje (Pozo, Scheuer, 1999), el dibujo y la escritura (Scheuer *et. al.*, 2002), de los adolescentes sobre el medio ambiente (Correa y Rodrigo, 1997), entre otros.

## *1.1. Estructura y función de las TI*

Para la mayoría de los autores (Wellman, 1990; Claxton, 1984, y Rodrigo, *et. al.*, 1993; entre otros) las teorías son sistemas interpretativos de la realidad, constituidos por un conjunto de afirmaciones, organizadas entre sí, que permiten explicar y predecir fenómenos en distintos campos cognoscitivos. El recurso a esta categoría tiene el propósito de dar cuenta del carácter de *dominio* de los conocimientos en la psicología cognitiva. Se trata de capturar la especificidad de conceptualizaciones que se adecuan a los diferentes campos de fenómenos o entidades, y que van desde las matemáticas hasta la naturaleza o las relaciones sociales.

Cabe aclarar que, el término *teoría,* es utilizado en un sentido debilitado respecto de su empleo original en la ciencia, aunque los autores divergen respecto a lo que se entiende por teoría en la filosofía de la ciencia. Se han propuesto interpretaciones ajustadas respecto de alguna versión de teoría en ciencia a los fines de identificar los sistemas conceptuales sobre los estados y procesos mentales de las personas o la taxonomía biológica. De este modo, una teoría intuitiva infantil se interpreta en los términos de un sistema más o menos consistente, capaz de suministrar explicaciones de las situaciones que enfrentan los sujetos, y que da lugar a predicciones respecto de los fenómenos correspondientes (Wellman, 1990). Por supuesto, se admite que su grado de consistencia, prueba empírica y poder explicativo, son claramente diferentes de las teorías en las ciencias. Como afirma Rodrigo: "Tanto las teorías científicas como las intuitivas están constituidas por un conjunto de conceptos y de eslabones que establecen relaciones entre éstos. Asimismo, ambas comparten funciones interpretativas; una vez reunidos los datos se establecen relaciones causales basadas en los postulados teóricos; o bien permiten establecer predicciones sobre sucesos futuros; por último, incluyen rutinas operativas sobre el modo correcto de actuar." (1993:84)

Incluso, en algunas versiones (Wellman, 1990; Pozo, 1998) inspiradas por las categorias de *programa de investigación* (Lakatos) o *tradición de investigación* (Laudan) en filosofía de la ciencia, se postula, por detrás de las teorías especificas (sobre fenómenos mentales o físicos) una *teoría marco*, más básica. Se trata de un conjunto de principios representacionales o de una teoría global que contiene las creencias más generales y distantes de los conocimientos empíricos, que definen la ontología y el tipo de relaciones causales para el campo. De este modo, tales presuposiciones inspiran o restringen la formación de las teorías específicas que instancian o especifican aquellos compromisos. En nuestro caso, nos circunscribimos limitamos a las teorías específicas, denominadas *implícitas,* por Rodrigo o *personales* por Claxton, y dejamos de lado a las teorías marcos. Como hemos dicho, nos interesa la versión más cercana a los modelos mentales, por su relación con las experiencias individuales y los contextos culturales.[1]

Además, como nuestra preocupación es el estudio del sentido común desde las perspectivas de la psicología cognitiva y de la psicología social, nos detendremos en los siguientes rasgos de las TI: a) son implícitas, b) de carácter adaptativo, c) se producen personalmente, y d) responden a las demandas de los escenarios concretos en los que se producen.

a)  Las TI son inaccesibles, en principio, a la conciencia individual (Rodrigo, Rodríguez y Marrero 1993; Rodrigo 1994), de allí que se les atribuye un carácter *implícito*, en el sentido de ser un formato representacional que, siendo anterior a su verbalización, no puede ser explicitado por los individuos. Es decir, los argumentos que contienen son tácitos y sin especificar, no se trata de formulaciones verbales sistemáticas. Así, pueden existir incoherencias e inconsistencias entre las ideas que conforman éstas teorías, sin que el sujeto sea consciente de las mismas porque no puede tematizar sus conocimientos, simplemente los utiliza. Se trata de la adquisición de conocimientos que ocurre con independencia de los intentos conscientes por aprender y sin conocimiento explícito acerca de lo que se ha adquirido (Dienes y Perner, 1999) .

Más aún, en contraposición a la psicología cognitiva tradicional, los autores que comparten esta perspectiva no interpretan a las TI en términos de un sistema conceptual almacenado en algún lugar de la mente, "esperando" ser recuperados para resolver problemas. Según la tesis de la *encarnada mente* (Pozo, 2001), dichas teorías no son elaboraciones de un aparato formal, sino que se originan según los modos en que nuestro cuerpo nos informa de los cam-

---

1.  De todas maneras, la distinción entre marco y teoría específica presenta cierta relatividad, en el sentido de que la teoría mentalista implícita, que es específica respecto a sus presupuestos ontológicos, es una teoría marco respecto de la teoría implícita infantil sobre el aprendizaje de la escritura. (Scheuer, N. comunicación personal, enero 2005).

bios del mundo. Esto vale tanto para la física intuitiva del calor o la energía. (Pozo, 2002), así como para otros conocimientos cotidianos. Estos resultan de una actividad personal en escenarios culturales, en términos de lo que los individuos sienten, o vivencian en su experiencia corporal con el mundo. Es decir, aquellas experiencias vinculadas al cuerpo no se traducen directamente en procesamiento simbólico y formal, siendo tácitas respecto de una ulterior explicitación. Dichas vivencias son inaccesible a la conciencia, ya que el esfuerzo por traducirlas a un código común, equivale a su modificación.

Lo dicho no supone un modo único de ser "implícito", sino que puede hablarse de un continuo, que va desde un grado de no conciencia radical, (lo que hemos llamado teoría marco) hasta un reconocimiento casi inmediato del contenido de las ideas. Lo genuinamente implícito es el origen y las relaciones entre los contenidos, (Scheuer, comunicación personal, enero 2005).

b) Cabe añadir que los rasgos de tales sistemas conceptuales se entienden si se sitúan en relación a la función de dar sentido a las experiencias del individuo en la vida cotidiana. De esta manera, el hecho de utilizar tales interpretaciones y no poder formularlas de manera explícita, las vincula con un saber hacer, ya que se trata de un conocimiento destinado a adecuarse a las demandas de la vida cotidiana, a la exigencia de tomar decisiones para la acción. Claramente, el saber propiamente declarativo supone una distancia con aquellas demandas. Es más, con frecuencia predomina el primer tipo de conocimiento, en el sentido de que los individuos procuran "intrínsecamente" que sus ideas sean eficaces respecto a un problema, sin interesarse en la verdad o falsedad de los enunciados que componen la teoría.

Por lo tanto, las representaciones producidas de este modo tienen una función pragmática más que una función epistémica, lo que constituye, junto a su carácter implícito, la razón principal de su resistencia a ser modificadas. Es decir, se puede pensar que el éxito habitual de las ideas personales las convierte en más creíbles, sin que se hagan preguntas sobre su naturaleza o su credibilidad. A diferencia del conocimiento científico, esta credibilidad no se pone en cuestión. Incluso, según Rodrigo, cuando aparecen situaciones que no coinciden con lo que se predice, la propia versión cotidiana se mantiene: "(…) *porque las cosas son como son y no caben otras interpretaciones posibles*." (1997:179).

c) Las TI son elaboraciones enteramente personales, y no puramente individuales, para evitar el sentido asocial que suele darse a este último término. Sin duda, dichas construcciones parten de experiencias de los individuos con alguna pauta socio-cultural, definida por una práctica y un formato de interacción social (por ejemplo, la experiencia directa de situaciones de la vida o de tipo simbólico). Esto es, en palabras de la citada autora:

> "(...) el individuo no opera de modo solipsista, sino que su construcción de conocimiento se beneficia de la recurrencia en los patrones de actividades e interacción social que el medio socio-cultural le brinda". (Rodrigo, *et. al.*, 1993:55).

Así, las experiencias socio-culturales son la materia prima para la elaboración personal de las TI , ya que la información de origen cultural es procesada cognitivamente. La cultura le ofrece a los individuos la información suficiente para que luego produzcan inductivamente la teoría en cuestión.

En otras palabras, la construcción de teorías se lleva a cabo en el escenario cultural que impone restricciones al contenido que se elabora y al propio funcionamiento de la *maquinaria cognitiva*. Entendemos por escenario:

> "(...) un entorno espacio-temporal que contiene un rico entramado de personas con intenciones, motivos y metas, que realizan actividades y tareas significativas para la cultura y que, siguiendo determinados formatos interactivos y tipos de discurso, 'negocian' un representación compartida del contenido de las mismas" (Rodrigo, 1997:180).

Cabe mencionar que, en tales negociaciones, se incluyen dos invariantes, una biológica y otra cultural. La primera se refiere a las capacidades innatas de cooperación y negociación, con las cuáles nacen los sujetos. Estas les permiten conectarse afectiva e intelectualmente a los otros. La segunda se refiere al hecho que toda sociedad garantiza los espacios participativos donde las personas realizan intercambios y construyen conocimiento. Todo los demás aspectos pueden variar.

d) Finalmente, evocamos un rasgo crucial de las TI: se refieren a situaciones episódicas. Desde un enfoque cognitivo, las teorías tienen como finalidad la explicación y predicción de situaciones vividas y tienen un status mental al ser una especie de registro de tales experiencias *situadas*. Más aún, sólo se las puede interpretar como respuestas a demandas específicas del entorno vital:

> "(...) no se almacenarían en la memoria a largo plazo como esquemas globales, sino como redes de trazos que se activan y sintetizan en un contexto situacional determinado, en respuesta a una demanda cognitiva" (Rodrigo, 1997:183).

Por esto, las TI no constituyen una dimensión abstracta y separada de las experiencias de los individuos con su mundo. Más bien, están conectadas a las experiencias vividas por la mediación de los modelos mentales, en tanto representaciones concretas que les permiten adecuarse a las situaciones específicas. Precisamente, un modelo mental:

> "(...) se define como una representación episódica que incluye personas, objetos y sucesos enmarcados en unos parámetros espaciales, temporales, intencionales y causales" (Pozo y Rodrigo, 2001:411).

En síntesis, se trata de una integración en la memoria operativa de, por un lado, los trazos que contienen la información proveniente de la teoría implícita y por el otro, los trazos episódicos del modelo mental. Estos últimos contienen información sobre la situación singular, permitiendo que las TI se adapten a las demandas cognitivas originadas en situaciones específicas.

## 1.2. El cambio de las TI

En primer lugar, se puede considerar la construcción personal de las TI como un tipo de cambio, en sentido amplio, ya que se trata de la dinámica o formación de las ideas. Como se ha dicho, en tal construcción juegan un rol las negociaciones de significado que transcurren en los escenarios culturales. Más aún, tales teorías son elaboradas por cada individuo, al activarse su maquinaria cognitiva, siempre y cuándo aquellos escenarios lo hagan posible. De aquí deriva que las mismas son compartidas por los integrantes de un mismo grupo social:

> " (...) la construcción de las teorías implícitas en escenarios socio-culturales impone ciertas constricciones (restricciones) sobre su contenido y el modo en que estas se representan (...) aunque las personas experimentan sus teorías como

individuales y biográficas, tienen bastante de colectivas y normativas, esto es así porque las personas que se exponen a experiencias parecidas tienden a construir un conocimiento bastante similar." (Rodrigo, 1997:82).

En segundo lugar, en un sentido más estricto, las TI no se mantienen idénticas a través de su uso. Más bien, sufren ciertos cambios cuándo son recuperadas por los individuos en determinados contextos de activación, que las hacen más adecuadas a las demandas de las situaciones. Pero cabe aclarar que no se trata de cambios globales de su contenido, sino sólo de ajustes a las demandas específicas de los escenarios socioculturales. Es decir, se modifican los modelos mentales que permiten la adecuación de las TI a situaciones específicas.

En tercer lugar, para una modificación explícita es necesario que haya conciencia de las dificultades o contradicciones con las situaciones o con otras teorías, lo que puede acarrear su reconstrucción. En síntesis, las modificaciones reflexivas de las TI suponen la intervención de algún dispositivo diseñado a tal fin en la instrucción escolar. Por otra parte, en nivel de conocimiento implícito, pueden convivir teorías contradictorias, sin que haya conciencia de ello.

Es importante mencionar también que algunas investigaciones consideran los cambios conceptuales que se producen en el contexto de los dispositivos de investigación, no escolares, diseñados específicamente para la explicitación de las teorías implícitas. Por ejemplo, aquellas investigaciones que parecen favorecer la elaboración de la representación de los niños acerca del dominio notacional del dibujo. (Scheuer, dela Cruz y Baccalá, 2001).

## 1.3. Las TI y el conocimiento científico

Para el enfoque psicológico cognitivo, el estudio del sentido común se centra fundamentalmente en su oposición y relación con el conocimiento científico. Ante todo, recordamos lo dicho en el sentido de que las TI han sido elaboradas utilizando el modelo de "teorías" de la filosofía de la ciencia. Es decir, se utiliza el término teoría –en un sentido debilitado respecto de la filosofía de la ciencia– para referirse a los sistemas informacionales con cierto grado de consistencia, que tienen funciones explicativas y hasta predictivas de los fenómenos. Ahora bien, se pueden mostrar algunas notas distintivas entre el conocimiento cotidiano y el conocimiento científico, desde el punto de vista de su función o su modo de legitimación.

En primer lugar, a diferencia de las teorías científicas, el conocimiento de sentido común presenta una orientación principalmente no declarativa (pragmática) ya que su función es resolver problemas planteados en el trato cotidiano con los objetos y su eficacia es a corto plazo. En este sentido, el éxito en su aplicación a los problemas predomina claramente sobre las condiciones de verdad de las afirmaciones. Aquellas exigencias de utilización de los saberes a disposición para resolver las situaciones prácticas evita que el individuo pueda tomar cierta distancia y examinar las condiciones de verdad de sus afirmaciones. Así, no hay observaciones sistemáticas ni intentos de refutación.

Más aún, en la vida cotidiana las cosas son como nos parecen, y lo que sucede es evaluado en términos confirmatorios, sin dar lugar a las sombras de la sospecha intelectual. Por el contrario, la práctica de las ciencias incluye centralmente un oficio de argumentación y puesta a prueba de las hipótesis, tratando de excluir los sesgos confirmatorios. Sin embargo, cabe mencionar que durante el ejercicio de la ciencia "normal" una buena parte de las tesis más básicas de un paradigma o programa permanece implícita para los investigadores.

En segundo lugar, las TI involucran algún tipo de consistencia o articulación entre las afirmaciones, lo que hace posible su poder explicativo y la predicción de fenómenos. Sin embargo, aquella articulación es mucho menos sistemática que en las teorías científicas, y sobre todo, por ser implícitas, no se dispone de intervenciones dirigidas a evitar las inconsistencias conceptuales.

Finalmente, cabe consignar que la modificación de las teorías implícitas en dirección a las teorías científicas, durante la enseñanza de estas últimas, no equivale a su sustitución o su desaparición, más bien a su reorganización (Rodrigo y Pozo, 2001). Justamente, por ser apropiadas a la resolución de los problemas de la vida cotidiana, serán activadas cada vez que sean requeridas por las demandas específicas de dichos escenarios. Es decir, cada tipo de situación contextual dará lugar a la utilización los conocimientos científicos o de sentido común según sea el caso.

## *1.4. Aspectos metodológicos para la indagación de las TI*

En las investigaciones de las teorías implícitas se han utilizado múltiples técnicas e instrumentos para la obtención y el análisis de los datos, recurriendo a diseños tanto de carácter cualitativo como experimental. Según Rodrigo (Rodrigo, *et. al.*., 1993) considera que debido a la multiplicidad de disciplinas desde las que se aborda el estudio de este fenómeno (Didáctica, Psicología Evolutiva, Psicología Social, etc) y la diversidad de fases existentes al interior de cada investigación, es necesario adoptar una concepción metodológica heterogénea.

Cabe aclarar que las teorías implícitas pueden ser tratadas como variables dependientes o independientes, de acuerdo a la finalidad de las investigaciones. Por un lado, pueden ser consideradas en tanto tipos específicos de conocimientos ya sean infantiles o de algún grupo en particular. Por otro lado, pueden ser consideradas como factores a tener en cuenta en el momento de, por ejemplo, planificar una clase o diseñar dispositivos destinados al cambio conceptual, en este caso no serán ellas el fenómeno en indagación sino un elemento que puede influir en el estudio del mismo.

Dada la finalidad de este trabajo, nos interesan los estudios que se ocupan de la descripción de las TI. La metodología utilizada en dichas indagaciones, combina el análisis cualitativo con el cuantitativo, según los diferentes momentos que componen el proceso de investigación y las finalidades de los mismos. Según Rodrigo (*et. al.* ,1993), en un primer momento es necesario recurrir a métodos cualitativos ya que posibilitan una mínima distorsión de la realidad, para luego utilizar metodologías cuantitativas más cerradas.

Así, para la mencionada autora, el primer paso en este tipo de investigaciones consiste en una revisión histórica de los modelos culturales convencionales (teorías científicas o no) sobre el dominio de interés. Estos serán utilizados como guía para la indagación de las TI personales, permitiendo estudiar las concepciones individuales a partir de un plano normativo externo. Por ejemplo, las teorías sobre la enseñanza permiten identificar y organizar el conocimiento que se alcanza en la indagación de las TI.

Luego, para precisar dicha relación propone el recurso metodológico de la discusión en grupos de los enunciados que, según expertos, son representativos de los modelos culturales, aunque su expresión debe realizarse en lenguaje sencillo y comprensible para el hombre común. Así, mediante el análisis del contenido de la discusión grupal se identifican los modos en que los elementos centrales de aquellas teorías se reencuentran en el lenguaje cotidiano de los sujetos concretos.

Una vez finalizada esta etapa exploratoria, se indaga hasta qué punto los conocimientos de referencia son asumidos por los sujetos, recurriéndose en este caso a cuestionarios basados en situaciones hipotéticas de la vida cotidiana, o escalas tipo Likert mediante las que los sujetos manifiesten su grado de acuerdo o desacuerdo con tales afirmaciones. Finalmente, se realiza un análisis estadístico de los datos obtenidos mediante los instrumentos mencionados.

## 2. Las Representaciones Sociales

La teoría de las RS es un intento por recuperar la especificidad del conocimiento de sentido común. Como es sabido, hay serios problemas para definirlas con rigor ya que se sitúan en la encrucijada entre lo psicológico y lo social, articulando relaciones sociales con aspectos cognitivos, de lenguaje y comunicación (Castorina y Kaplan, 2003). A los fines de esta presentación haremos hincapié en las RS como una modalidad del conocimiento común, que incluye tanto aspectos afectivos como cognitivos, y orienta la conducta y la comunicación de los individuos en el mundo social. Una RS es centralmente una representación de algo para alguien, constituyendo una relación intrínsecamente social con un objeto. Pero, fundamentalmente, " (…) *la representación (es) como una forma de saber práctico que vincula el sujeto con el objeto*" (Jodelet 1989:43) en un triple sentido: por una parte, porque emergen de las experiencias de interacción y de intercambio comunicativo en las instituciones; por otro lado, las prácticas sociales son condición de las RS, porque la exigencia de asumir nuevas situaciones o actividades de los agentes lleva a la formación de RS; finalmente, porque son utilizadas por los individuos para actuar sobre otros miembros de la sociedad o para ajustar su comportamiento en la vida social. Además, las RS no son un reflejo de la realidad, sino su estructuración significante, de modo tal que se convierten para los individuos en "la realidad misma". Cabe subrayar que las representaciones son reconstructivas de su objeto social, dado que presentan rasgos de creatividad al involucrar tanto, una interpretación de las situaciones, como una expresión del sujeto (Jodelet, 1989).

Sin duda, para esta perspectiva teórica, el sujeto es un grupo o una organización social inmerso en un contexto histórico, ideológico y cultural. En este sentido, dicho sujeto no es individual, aunque los individuos se apropian de los conocimientos elaborados colectivamente. De esta manera, los aspectos cognitivos de las RS adquieren para los psicólogos un rasgo peculiar: incluyen la pertenencia del sujeto a un grupo social y su participación en la cultura. Así, se establece una relación estrecha entre identidad social y RS. Estas últimas suministran un conjunto de significaciones que delimitan las posiciones que pueden adoptar los individuos, configurando de este modo su identidad social. Sin embargo:

> "(...) éstas no son atributos fijos que los individuos aportan a cada interacción y que permanecen sin variaciones a través de ellas, por el contrario se construyen durante el transcurso de las interacciones o a través de encuentros sucesivos que configuran la historia de una determinada relación interpersonal." (Loyds y Duveen, 2003:37).

De esta manera, al participar de las interacciones sociales, los actores se ubican a si mismos y a los otros como integrantes de los diferentes grupos que componen la sociedad y desde ese lugar negocian sus identidades. Ahora bien, como se ha mencionado, las RS se originan y modifican en tal negociación o en las diversas interacciones sociales, particularmente en los actos de comunicación.

En las indagaciones sobre el psicoanálisis (Moscovici, 1961), la locura en medios rurales (Jodelet, 1989), la inteligencia (Mugny y Carugati, 1985), el género (Lloyd y Duveen, 2003), la normativa institucional (Emler y Moscovici, 1987), el SIDA (Marková y Wilkie, 1987) las RS se recortan sobre un horizonte ideológico. Es decir, otorgan significado a objetos más específicos de la vida social sobre el trasfondo de alguna concepción del mundo. Por otra parte, las creencias sobre la infancia o la inteligencia expresan las necesidades y valores de un grupo social, lo que las distingue del conocimiento científico.

Según lo anterior, la elaboración de las RS se lleva a cabo en la comunicación y la interacción social, mediante ciertos mecanismos, que nos permitimos mencionar aquí, aunque su despliegue se puede encontrar en este libro (Capítulo VI). Dado que ellas constituyen lo que la realidad es para los sujetos, toda novedad de la vida social se asimila a una red de significaciones sociales que permita comprenderla de una cierta manera. Es decir, estamos ante un proceso de familiarización que permite tornar inteligible la extrañeza derivada de situaciones y fenómenos sociales. La producción de las RS depende de dos mecanismos: la *objetivación* consiste en una selección de aspectos del objeto, conformando un núcleo figurativo, que concretiza los aspectos conceptuales de un saber, para luego convertirlos en "lo real" para el grupo, es decir, para naturalizarlo; y el *anclaje* permite que aquellos aspectos inesperados o sin sentido, se inscriban en el conjunto de creencias y valores sociales preexistentes, otorgándoles algún significado.

## 2.1. Estructura y función de las RS

Nos centraremos en algunos de los rasgos que resultan característicos de las RS, aunque cabe aclarar que dada su peculiaridad, los mismos no siempre coinciden con los señalados en el caso de las TI: a) son implícitas, b) significan lo novedoso, c) son episódicas; d) cumplen la función de "teorías".

a) Las RS tienen un carácter implícito, ya que los individuos no tienen conciencia de su existencia como representación. Se trata de producciones colectivas que al ser socialmente compartidas desbordan la conciencia individual, y en tal sentido decimos que son tácitas. Es decir, la vivencia de las RS implica para los sujetos la ignorancia de su carácter social, más aún, del hecho de ser parte de un mundo simbólico objetivo.

   Marková (1996), entre otros psicólogos sociales, se ha preocupado por la "fuerza" de las RS para imponerse a los individuos, suministrándoles un modo de ver las cosas del que no pueden evadirse. Esto es, "(…) *las representaciones sociales detienen al sujeto en las formas de pensamiento existente prohibiéndole el pensamiento libre y forzando una manera concreta de concebir el mundo*" (p. 170) Claramente, la imposición sin apelación de las RS a los individuos se asocia con su carácter de implícitas, en tanto éstos desconocen su origen y su función social.

b) La conformación de las RS depende, en gran medida, de su función en la vida de los grupos sociales. En primer lugar, al ser conocimientos que reordenan significativamente los elementos del mundo, modifican el sentido de los actos sociales y por lo tanto, influyen sobre los comportamientos. Así por ejemplo, el mundo de la enfermedad, tal como la define el sentido común, determina los actos del grupo social con los enfermos (Jodelet, 1989 ).

Así, se producen para otorgar sentido a situaciones sociales (la transmisión de una teoría científica o un episodio desconocido, tal como el SIDA) que al ocurrir producen un "vacío" de sentido social, algo análogo a lo que en la concepción griega del mundo se llamó *horror al vacío*. En palabras de Moscovici:

> " (...) las tensiones entre el universo consensual [las negociaciones y las tradiciones en que se basan las representaciones sociales] y el universo reificado [del discurso científico, con su neutralidad valorativa] crean una grieta entre el lenguaje de conceptos y el de representaciones, entre el conocimiento científico y el común. Es como si la sociedad en si misma se escindiera y no hubiera una manera de tender un puente sobre la fisura entre los dos universos" (2001:64).

Por medio de la producción de RS el grupo social crea una "realidad" social, un referente al cuál remitir lo extraño o incomprensible de los acontecimientos. Se trata de un conjunto de clasificaciones significativas que se producen para salvar alguna *fisura* en la cultura.

De este modo, las RS cumplen una función "adaptativa" ya que permiten resolver los problemas de sentido que surgen en la práctica social, integrando lo extraño a un sistema de creencias. Aunque este rol adaptativo de las RS no se debe interpretar en el sentido naturalista de supervivencia adaptativa, derivado de la teoría darwiniana, con que se utiliza en la psicología cognitiva de las T1.

c) Las RS son "episódicas" si por ello entendemos que su producción social apunta a llenar los vacíos producidos por las fisuras situadas en ciertas instancias focalizadas de la historia de la cultura. Justamente, para cumplir esa función se elabora una imaginarización o concretización figurativa de las entidades abstractas, por ejemplo los conceptos de las teorías de una ciencia (como el psicoanálisis o el llamado "constructvismo" en educación). Más aún, como consecuencia de lo anterior, cada miembro de un grupo tiende específicamente a utilizarlas para enfrentar el extrañamiento social que experimenta. Es decir, permiten asimilar situaciones no familiares como el SIDA, los procesos de aprendizaje escolar o la enfermedad mental, a un sistema de significaciones colectivas previo .

d) Ahora bien, en la medida en que tales producciones sitúan los fenómenos extraños en un sistema de significados preconstruidos, las RS cumplen la función de las teorías porque permiten describir, clasificar y hasta explicar por qué suceden los acontecimientos sociales (Moscovici y Hewston, 1984). Aunque los psicólogos sociales no examinan la "teoría" como sistema conceptual, o a sus relaciones con las experiencias, en el sentido debilitado en que antes nos referíamos a las teorías del sentido común en la psicología cognitiva. Es decir, en esta perspectiva se privilegia el análisis de la función de las RS en relación a la caracterización de su organización estrictamente lógica o cuasi-lógica

Sin embargo, cabe destacar que, para algunos autores, entre ellos Abric (1994), los elementos constitutivos de las RS se presentan como un conjunto jerarquizado, y mantienen relaciones entre si que determinan la significación de cada uno de éstos en el sistema representacional. Por lo tanto, esta perspectiva propone la existencia de un núcleo central donde se ubican aquellos elementos que dan sentido a la representación, y otros periféricos que al ser dependientes del contexto establecen la conexión con la situación concreta en la cual se elabora o funciona la RS. De esta manera, se intenta dar respuesta a la frecuente crítica por la falta de precisión del concepto de RS, poniendo de relieve una cierta organización de las mismas.

## 2.2. El cambio de las RS

El cambio de las RS puede estudiarse como su emergencia según distintas procedencias sociales. Wagner y Eljebarrieta (1997) distinguen tres modos diferentes de producción de las RS que determinan sus distintas duraciones en el tiempo.

El primero se refiere a la divulgación de los avances científicos en la comunidad lega, como el clásico estudio de Moscovici (1961) que da inicio a este campo de investigación. En este caso, los conocimientos disponibles en la comunidad no permiten asimilar la novedad del saber psicoanalítico, dando lugar a una transformación de la teoría científica por los procesos de objetivación y anclaje. De este modo, los conocimientos disponibles se articulan con las modificaciones de la teoría en su propagación y difusión por el cuerpo social.

El segundo modo de producción se refiere a las RS construidas a través de la historia de las prácticas sociales que proporcionan a los sujetos la identidad social propia de una comunidad específica, como por ejemplo, los roles sexuales o la relación madre-hijo. Por lo tanto, son mucho más estables y su cambio es gradual, lo que garantizan la estabilidad de los intercambios de la vida cotidiana.

El tercero se refiere a las RS que surgen por la confrontación social entre los grupos sobre aspectos conflictivos de la vida social, que al tener un interés actual, son diacrónicamente menos estables y sincrónicamente menos válidas en tanto son compartidas por grupos más pequeños, como por ejemplo los movimientos de protesta o la preocupación ecológica.

Al hablar de cambio nos referimos a la renovación o invención social de las RS, desde una condición básica que las dispara, el extrañamiento provocado por las novedades de la vida social. En un caso, las RS se originan a partir de otras, como serían los cambios históricos en las creencias sobre el género, la locura y la inteligencia; o emergen a través de la comunicación de una nueva teoría científica o de una transformación artística.

Otro tipo de cambio se produce durante los procesos de enseñanza en contextos didácticos: una difícil "ruptura" a realizar por los alumnos con sus representaciones. Tales son los casos de, por ejemplo, la autoridad política "personalizada" o de género, las que funcionan como "obstáculo epistemológico" para la adquisición del conocimiento disciplinar. Se trata de promover su reorganización, en dirección a los conceptos del saber a enseñar.

## 2.3. RS y el conocimiento científico

Las relaciones entre el sentido común y el conocimiento científico, según la perspectiva de Moscovici, están formuladas más ampliamente en el Capítulo VI de este libro. Aquí nos limitaremos a destacar aquellos puntos relevantes respecto de la comparación con el enfoque de las TI.

Los psicólogos sociales han puesto énfasis en las relaciones entre el conocimiento cotidiano y el científico. Es decir, postulan que tenemos conocimientos "comunes" derivados de los conocimientos científicos divulgados por los medios de comunicación, pero además manejamos una fracción bastante limitada de la ciencia, particularmente aquella vinculada a ciertos aspectos de nuestra práctica profesional. El conocimiento de sentido común se adquiere durante los intercambios con los otros miembros de nuestra comunidad, sin ser necesaria la enseñanza explícita, y cuándo esta ocurre solo produce un efecto marginal en la configuración del saber cotidiano (Moscovici, 2001).

Por otra parte, y a diferencia de lo que ocurre en el conocimiento científico, las personas que comparten el sentido común no razonan sobre él, no lo consideran como objeto de análisis. Se trata una participación vivida en la implementación de las creencias sociales, cuyos contenidos semánticos, además, se redefinen en función de las condiciones contextuales. Los individuos están demasiado implicados afectiva y valorativamente con las creencias que constituyen su identidad social. Se entiende, entonces, que no haya intentos de verificación, a diferencia de lo que sucede en la práctica de la ciencia, al menos en ciertos momentos claves de su historia.

En síntesis, los conceptos provenientes de la ciencia y de otras fuentes son transformados en las imágenes concretas de que constan las RS. Luego, tales creencias se condensan en una totalidad que denominamos sentido común, aunque para la familiarización de un evento social extraño los individuos recurren solamente a aquellas creencias que sean más pertinentes según el contexto.

Por último, es preciso subrayar el carácter intrínsecamente cultural e histórico del sentido común. Ello implica que las RS no son las mismas para todos ni para siempre, se modifican en la medida en que se producen fisuras y cambios culturales o sociales. Como hemos mencionado antes, las transformaciones revolucionarias de la ciencia o los movimientos artísticos, que al ser difundidos y propagados sobre los sectores sociales, han promovido una influencia duradera en las formas de comprenderse a sí mismos y al mundo.

## 2.4. *Aspectos metodológicos para la indagación de las RS*

Como se ha mencionado, las RS son construcciones colectivas, es decir, son el resultante de un procesos de desarrollo, por lo tanto, su estudio implica una perspectiva genética. Así, la posición metodológica básica es estudiarlas desde el punto de vista de su génesis, en tres niveles de análisis diferentes: sociogenético, ontogenético y microgenético.

Sin duda, el nivel mas importante es el de la sociogénesis, ya que pone en evidencia el carácter histórico y social de su producción (Lloyd y Duveen, 2003). Es decir, si bien la mayoría de los estudios describen las RS en un momento determinado, su comprensión exige situarlas finalmente en una perspectiva diacrónica, ubicarlas como un momento particular de un proceso de desarrollo más amplio. Por ejemplo, Moscovici estudió las representaciones del psicoanálisis en el año '61 pero es claro que la génesis de las mismas se remonta a la aparición de la obra freudiana. Por su parte, Jodelet (2003) mostró que las modificaciones sufridas por las representaciones y prácticas corporales a partir de los años sesenta no sólo modificaron la vivencia del cuerpo propio sino también las categorías de aprehensión del cuerpo como objeto de conocimiento, influyendo en diversas prácticas corporales.

El nivel ontogenético refiere al proceso por el cual los individuos reconstruyen las RS existentes previamente en el grupo social al que pertenecen, cuando se apropian de las mismas. Dicho proceso no se limita sólo a la infancia, tienen lugar siempre que los individuos ingresan a un grupo. Así, las RS se activan en los individuos bajo la forma de identidades sociales.

Por su parte, el proceso microgenético refiere al modo en el que las RS son evocadas y construidas en las interacciones sociales. Es decir, se evidencian en la manera en que los sujetos conciben la situación de interacción, en que se ubican y definen a sí mismos y a los otros en ésta. Más específicamente, el modo en el que se comunican, discuten, resuelven conflictos, etc.

Además, la indagación de las RS recurre a combinaciones de metodologías cualitativas y cuantitativas provenientes de diferentes disciplinas, dado que se trata de un fenómeno complejo compuesto por valores, creencias, actitudes, etc., que exige ser estudiado en el contexto en el que tiene lugar. Entre éstas se destacan: observación, entrevistas individuales o grupales, estudio de documentos (escritos, visuales, icónicos, etc.), encuestas y escalas. Por su parte, Moscovici (2001) considera que la observación es un instrumento fundamental para el estudio de las RS, porque permite abordar al fenómeno en el contexto en que se desarrolla, es decir, estudiarlo en las interacciones sociales. Mediante esta técnica el investigador puede mezclarse en los intercambios e interacciones cotidianas de un determinado grupo, interviniendo lo menos posible sobre el curso de las mismas.

Por la complejidad del fenómeno comúnmente se recurre a la triangulación metodológica, como modo de asegurar la validez de los datos, y los procedimientos utilizados (Flick, 1992). Es decir, se comparan los datos obtenidos mediante de diferentes técnicas en el estudio de un mismo fenómeno. Así, las conclusiones dependerán las aspectos que se reiteren a través de los diferentes modos de indagación.

Finalmente, si bien la RS pueden ser consideradas como variables dependientes o independientes para el diseño de investigaciones, Moscovici (2001) señala que la mayoría de las indagaciones desarrolladas las han incluido como variables independientes. Esto se debe a que, como ya se dijo, las RS determinan lo que la realidad es para los sujetos y por lo tanto sus reacciones ante los fenómenos y acontecimientos.

## 3. Una comparación crítica

Hemos planteado un problema a la psicología cognitiva y a la psicología de las RS: ¿cuál es la estructura y la función del conocimiento del sentido común? Como se ha visto, las respuestas ofrecidas ponen de relieve que las RS y las TI tienen algunos rasgos aparentemente semejantes, entre otros, una cierta organización racional, el ser implícitas, la resistencia al cambio o el sesgo confirmatorio que presentan, hasta una función adaptativa. Es más, los términos del lenguaje empleado resultan en ocasiones los mismos como es el caso de: "representación", "teoría implícita", "contexto cultural", "sesgo confirmatorio", "saber práctico". Ahora bien, trataremos de establecer si los conceptos correspondientes, denominados con los mismas palabras, tienen un significado similar en el corpus de cada programa de investigación. Otro tanto puede decirse respecto de la perspectiva metodológica adoptada en cada programa, como por ejemplo, el recurso a la historia de las ideas.

Estas cuestiones serán tratadas en el siguiente orden: 1) El concepto de representación utilizado en las indagaciones; 2) El locus y la elaboración del sentido común; 3) Las relaciones entre individuo y sociedad; 4) El carácter implícito del conocimiento cotidiano; 5) Aspectos metodológicos; 6) Las relaciones de las RS y las TI con el conocimiento científico; y 7) El cambio de las RS y las TI:

1.  La noción de representación atraviesa la historia de la filosofía, desde Aristóteles, pasando por Descartes y la escuela de Port Royal, hasta las críticas en la filosofía contemporánea (Rorty, 1979). También, adquiere sus rasgos propios en sociología, en lingüística o en psicología cognitiva. Su utilización en ésta última supone la

idea de símbolo o imagen que se procesa en un aparato mental tajantemente separado del mundo, siguiendo la tradición cartesiana. Pero se han producido cambios relevantes impulsados por las dificultades de esta perspectiva para atrapar las características del conocimiento de sentido común; además, por la influencia de la perspectiva del *embodidment* (Varela *et. al.*, 1991,Overton, 1994) y del *conexionismo*. Para Pozo (2001), el procesamiento no es un proceso puramente sintáctico y encerrado en el dispositivo mental interno, se hace inseparable de las informaciones corporales (un cuerpo vivido y no solo objetivo).

Por el lado de la psicología de las RS, evocamos la clásica afirmación de Jodelet, respecto de que una RS es la representación de alguna cosa (el objeto) por alguien (el sujeto), de modo que ella depende tanto de las características del objeto, como del sujeto. Su interpretación muestra que las representaciones están en lugar de las situaciones del mundo, restituyen simbólicamente algo ausente y son significantes ya que siempre significan algo para alguien, expresan el punto de vista del sujeto social.

Principalmente, las RS no son una simple reproducción sino una reconstrucción del objeto social. Esta posición constructivista en la relación con el objeto parece evitar, *prima facie*, el dualismo entre mundo y mente en el que se apoya la representación en la psicología cognitiva. Además, esta noción remite a una construcción social, cuyo precursor es la representación colectiva de Durkheim, pero despojada de su escisión de la actividad individual (ver en este libro, el Capítulo VI).

Sin embargo, los psicólogos partidarios de la teoría discursiva (Potter y Edwards, 1999) reprochan a los psicólogos sociales la utilización del término "representación", una muestra de que no han abandonado la mirada cognitiva, propia del enfoque cartesiano. Esto es, consideran que han quedado prisioneros de los dualismos mente-cuerpo, mente-mundo. Es probable que lo dicho antes sobre la construcción de las RS sea suficiente para rechazar este calificativo. Por otra parte, es difícil sostener una psicología que prescinda por completo de una cierta vida mental y se reduzca al análisis de los intercambios discursivos. Quienes plantean esta perspectiva se aproximan a un conductismo de nuevo tipo (Duveen, 2001).

2. Hay que distinguir entre el locus de las TI, el proceso de su elaboración y su contenido. A lo largo de este texto, hemos insistido en

que su elaboración se cumple por entero en la actividad mental de los individuos, mientras que su contenido, de origen cultural, es inducido a partir de la experiencia social. Es decir, los formatos de interacción sociocultural en los que participan los individuos suministran la materia para efectuar la inducción. Y como los formatos son compartidos por un mismo grupo, se entiende que los individuos elaboren teorías semejantes. De este modo, hay un conocimiento común porque aquellos comparten experiencias similares en un escenario socio-cultural. (Rodrigo, 1997; Rodrigo, *et. al.*, 1993). En esta perspectiva, las prácticas sociales intervienen sobre la actividad del individuo, en el sentido de "*(...) estar fuertemente orientada por las actividades [prácticas culturales] que el individuo realiza en su grupo*" (Rodrigo, et. al, 1993:51). Pero, en ningún caso hay representaciones específicas (de grupo o de clase) que se transmiten o son apropiadas por los individuos. Por el contrario, el locus de producción de las RS son las propias prácticas sociales y son el resultado de la experiencia grupal o de la comunicación social. Para los psicológos sociales, los individuos de un grupo no solo comparten el mismo escenario cultural y negocian entre ellos lo que entienden del mundo, sino que comparten los mismos significados producidos socialmente. En este sentido: "*Las representaciones sociales son parte de un entorno simbólico en que viven las personas. Al mismo tiempo, ese entorno se reconstruye a través de las actividades de los individuos.*" (Marková, 1996:163). Más aún:

> "Las personas nacen dentro de entorno social simbólico, lo dan por supuesto de manera semejante a como lo hacen con su entorno natural y físico (...) Por lo tanto, éste existe para las personas como sus realidad ontológica y ellas (...) perpetúan el status ontológico de su entorno social simbólico mediante sus actividades habituales y automáticas de reciclaje y re-producción" (p. 164).

3. A propósito de las consideraciones anteriores, se puede inferir que la conexión entre individuo y sociedad adopta una polaridad diferente: mientras la psicología cognitiva centra su análisis en la elaboración personal, en base a un aparato mental natural *encarnado* que procesa información cultural, la psicología social se centra en el estudio de la formación y transmisión social de las RS, mientras los agentes se apropian de ellas activamente y no solo

automáticamente. Muy especialmente, la mutua interdependencia entre estos aspectos parece sustentable en el enfoque de las RS, ya que Moscovici prolonga una tradición relacional –de interdependencia entre individuo y sociedad– derivada principalmente del pensamiento hegeliano.

Por su parte, la psicología cognitiva mantiene su tesis de un aparato mental, aunque tratando de eliminar el carácter formal de la actividad computacional básica. En este último caso, los intentos de romper el dualismo entre individuo y sociedad o entre aparato natural y contexto cultural, encuentran más dificultades, particularmente porque dicho aparato mental no se ha historizado en sentido estricto. Aunque la corriente del *embodidment* (Varela, *et. al.*, 1991) que coloca al cuerpo vivido como constitutivo del funcionamiento mental ha ayudado a cuestionar el dualismo cartesiano, la teoría de las TI presenta algunas dificultades. Sin duda, se otorga un papel imprescindible a los escenarios socio-culturales y a las informaciones corporales en la formación de las T1. Pero subsiste la tesis de un dispositivo natural de procesamiento que elabora las informaciones corporales y contextuales, pero no se modifica por el impacto de las prácticas sociales. Es decir, no se postula alguna actividad de origen socio-cultural que sitúe al aparato natural en una historia de interacciones sociales. Quizás no se reconoce todavía un nivel de estructuración social de la subjetividad.

4. El carácter implícito del conocimiento común es afirmado por ambas perspectivas. Primeramente, el aprendizaje de las TI puede compararse con la apropiación de las representaciones sociales: ambas se adquieren por fuera de dispositivos instruccionales, sin un propósito de liberado de adquisición ni de transmisión y sin que se tenga conciencia de dicha adquisición. Con todo, es cuestionable el uso del término aprendizaje para las RS porque se trata de procesos grupales y no de procesos psicológicos individuales. En otro sentido, aquella polaridad entre individuo y sociedad determina el significado específico que adopta el carácter implícito del conocimiento cotidiano. En el caso de las TI, se trata de representaciones tácitas en el sentido de que las experiencias corporales con el mundo no son inmediatamente tematizables. Para Pozo (2004), por ejemplo, los individuos no las pueden explicitar directamente por conceptualización, ya que ello demanda un esfuerzo ulterior de redescripción representacional.

Por otra parte, las RS son implícitas porque son compartidas por los grupos sociales, diríamos también porque son socialmente producidas. Es decir, las RS escapan a la conciencia individual o no son tematizables por el hecho de ser producciones sociales y no solo individuales.

Lo que subyace a la conciencia individual de las situaciones es nítidamente diferente en ambos casos. Las TI son lo que podemos conocer del mundo según las restricciones naturales propias de nuestro aparato mental, derivadas de la evolución natural y según la modalidad del escenario de interacción social del que participamos. Las RS son lo que son por la índole de las prácticas sociales en las que se han elaborado. Por esta razón, se imponen sobre los comportamientos de los individuos y sus percepciones del mundo social. Esto es, determinan lo que entendemos del mundo en tanto son producciones sociales. Resulta claro que la índole de las restricciones sobre lo que podemos interpretar del mundo y aún sobre nuestro comportamiento depende del dispositivo explicativo utilizado. De todo lo dicho se infiere que el significado que adquiere el término "implícito" es relativo a la organización conceptual de cada programa de investigación.

5. Llegados a este punto, nos permitimos insistir en el dinamismo histórico de las RS, en el hecho de que sus transformaciones son el núcleo de la investigación de los psicólogos sociales. Esto último es puesto de relieve por los métodos genéticos de investigación: la comparación de sus estados en diferentes momentos, a través de las entrevistas y el estudio de documentos que permite reconstruir los cambios históricos de una RS.

   Por su lado, los estudios sobre las teorías implícitas se interesan en las diferencias en las teorías elaboradas por los individuos (por ejemplo, las teorías sobre la enseñanza en los maestros) aunque en el marco de la historia de los modelos culturales (Rodrigo *et. al.*, 1993). Es decir, no se trata de reconstruir una génesis histórica de las teorías implícitas, ni buscan una reconstrucción epistemológica de las teorías científicas (por ejemplo, de las teorías de la enseñanza o del aprendizaje). Así, la secuencia histórica brinda solamente algún patrón de comparación respecto de las teorías individuales:

   > "(....) las concepciones de las personas no son idiosincrásicas, sino que revelan contenidos convencionales que se encuentran en los modelos culturales. Por lo tanto, el aná-

lisis histórico nos permite establecer un *a priori* externo, objetivable, no arbitrario. Esto (...) no supone asumir una isomorfía entre las teorías culturales y las concepciones de las personas." (Rodrigo, *et. al.*; 1993:127)

Por otra parte, los investigadores de las TI, no consideran la observación de las prácticas sociales como un modo de acceder a las conceptualizaciones ingenuas de los sujetos. En cambio, dicha observación es crucial para la indagación de la psicología social, ya que las prácticas sociales están en el origen de las RS y éstas condicionan el modo de actuar de los sujetos.

Otro aspecto que las distingue son las unidades de análisis utilizadas. Si bien ambas utilizan las mismas técnicas estadísticas (por ej. el análisis factorial) para identificar relaciones y regularidades entre los datos, las TI las indagan a nivel intrapersonal, mientras las RS lo hacen a nivel interpersonal.

6. Las relaciones con el conocimiento científico son también diferentes en ambos casos. El origen de las RS se vincula directamente con la presencia relevante de la ciencia en la cultura y la vida de la sociedad, ya que un sector relevante del sentido común se conforma en la comunicación social del conocimiento científico.

   En cambio, las TI no provienen de un proceso de transmisión social de la ciencia, sino de la exigencia para cada individuo de responder a las demandas de su vida cotidiana, de modo tal que el proceso de elaboración de las respuestas "se parece" a una teoría científica. Sin duda, su estudio se ha efectuado utilizando como modelo lo que nos dice la epistemología sobre el saber científico, empezando con la noción de teoría. Pero, en su formación no ha operado la ciencia, a menos que consideremos a esta última como parte de la cultura que constituye el escenario de la elaboración personal.

7. Respecto del cambio de las RS y las TI, la contradicción con la experiencia de los objetos no parece intervenir en la modificación de las primeras, mientras que el ajuste de las segundas a las demandas de la vida cotidiana puede depender de variaciones en la actividad de resolución de problemas. Sin duda, bajo las condiciones en que se propone la enseñanza de la ciencia, se pueden esperar ciertas modificaciones de ambas. Dicha modificación presentan las peculiaridades derivadas de la caracterización de cada categoría.

   También cabe mencionar que las RS integran la información a

un sistema de conocimiento compartido, que incluye valores, así como una fuerte tonalidad de rechazo o aceptación de su contenido por parte de los individuos. Así, la dificultad de su transformación en la enseñanza no depende tanto del continuado éxito adaptativo del conocimiento común a las situaciones cotidianas, como sería el caso de las TI, sino más bien de una resistencia ideológica y afectiva. Sin embargo, se ha puesto de relieve una resistencia emocional en revisar ciertas creencias de las teorías marco, dependiente del esfuerzo de los individuos por mantener una relativa continuidad de su identidad personal (de la Cruz, Scheuer, Castorina, 2001).

## 4. Perspectivas de una relación

En base a los desarrollos anteriores, intentaremos una interpretación provisoria de las relaciones epistémicas entre las RS y a las TI, con el propósito de avizorar su futuro, tomando en cuenta los proyectos intelectuales que las han producido.

Ante todo, recordamos las ideas de los psicólogos cognitivos sobre las RS y de los psicólogos sociales sobre la psicología cognitiva. Rodrigo (*et. al.*, 1993) cuestionó la imposición de lo social respecto de lo individual, propia de la herencia durkhemiana de las RS. Esta autora reconoce que el enfoque de las RS no admite la reducción de la realidad social a una interpretación individual. Sin embargo, cuestiona a Moscovici porque –según su lectura– explica la variedad polifacética de la realidad como producto de una subjetividad colectiva que elabora las RS:

> " (....) sigue manteniendo *la primacía de lo social sobre lo individual,* ya que defiende que son las representaciones la que guían los pensamientos (...) Además, estas representaciones se imponen a los individuos como el producto de una secuencia global de elaboraciones que tiene lugar en el tiempo y que es el logro de generaciones" (Rodrigo, *et. al.*, 1993:44).

Además, la autora cuestiona la ausencia de un sesgo subjetivo en las RS, ya que éstas se constituyen únicamente por los mecanismos de objetivación y anclaje. Considera que los aportes de las perspectivas individuales son imprescindibles para entender la relatividad de los sistemas interpretativos de la realidad. Por el contrario, Moscovici considera a todo sesgo como una expresión de la diversidad de los grupos heterogéneos y no como limitaciones individuales.

Por su lado, Pozo (1998) reconoce a las RS, y propone su asimilación por la actividad cognitiva individual. Sin embargo, considera que las RS no constituyen la subjetividad social de los individuos, más bien son reelaboradas cognitivamente como un input más. Incluso el autor llega a afirmar que el anclaje de las RS tiene lugar en el sistema cognitivo de los sujetos individuales y se trata de un proceso por el cuál éstos: "(…) *se apropian de esa representación, convirtiéndola en teoría implícita y reelaborando sus aspectos más abstractos en elementos concretos y figurativos vinculados a su realidad inmediata*" (p. 257).

Los psicólogos sociales, hasta donde sabemos, no se han ocupado de las TI, en el sentido utilizado en éste trabajo. Aunque, cabe destacar que utilizan el término *teoría implícita* para referirse a las teorías que subyacen a la percepción de las otras personas y por las cuales se explican sus comportamientos, las que conforman las llamadas *teorías de la atribución* (Heider, 1958; Hewstone, 1992, Paicheler, 1984). Las mismas son consideradas como otra parte del sentido común y su conceptualización presenta muchas semejanzas con las TI (cuyo análisis excede este trabajo). Por lo dicho, creemos importante señalar que Moscovici considera que las RS incluyen este tipo de teorías ingenuas:

> "(...) las representaciones tienen por misión: primero, describir; después, clasificar, y por último, explicar. (He aquí por qué las representaciones incluyen las denominadas 'teorías implícitas' que sirven únicamente para clasificar a personas o comportamientos, y a los esquemas de atribución destinados a explicarlas)." (Moscovici y Hewston, 1984:699).

Es sabido, por otra parte, que la propia constitución de la teoría de las RS respondió a la necesidad de superar la psicología cognitiva entendida como una ciencia natural con una orientación fuertemente individualista (Moscovici, 2001). En esta perspectiva, resulta limitada la tesis de la representación solo como una elaboración mental de un objeto interno, ignorando su carácter social. Más aún, mientras la psicología social cognitiva interpreta los "sesgos" como ejemplos del corrimiento del conocimiento individual del conocimiento adecuado, aquí no hay sesgos estrictamente hablando. En contra de la crítica de

Rodrigo, antes mencionada, los sesgos no son subjetivos sino que expresan una forma de conocimiento producida por un grupo social en una situación social (Duveen, 2001)

Por nuestra parte, quisiéramos establecer una tesis epistemológica: la credibilidad de los resultados de las indagaciones dependen, por un lado, de su consistencia con las tesis centrales de cada programa y por otro, del éxito en la aplicación de los procedimientos metodológicos pertinentes a los problemas planteados. En este sentido, muchas de las indagaciones sobre las RS y las TI mencionadas son consistentes con las tesis centrales y tienen suficiente corroboración empírica. Obviamente, hay algunos resultados menos convincentes, porque no han mostrado contar con suficientes datos a su favor, incluso otros podrían llegar a desafiar seriamente las tesis centrales. En todo caso, se trata de las vicisitudes propias a programas que están en expansión.

Ahora bien, hay tesis ontológicas en cada proyecto, según que el sentido común sea natural o dependa seriamente de la historia social, que sea propio de los individuos o provenga de su inserción social; o bien, derive de alguna interdependencia constitutiva entre aquellos términos. También hay tesis epistemológicas referidas a la producción del conocimiento científico, según la posición acerca de la unicidad o diversidad de los procedimientos de investigación o de los esquemas explicativos que se consideren legítimos. Estas posiciones han posibilitado que los psicólogos se planteen ciertos problemas y se les oculten otros, han promovido cierto tipo de investigaciones y han excluido otras. Pero no afirmamos que los "marco epistémicos" de la escisión o relacional, determinen la marcha de las indagaciones, ni la adecuación metodológica a los problemas, ni decidan por sí mismos la validez de los resultados alcanzados. En otras palabras, ser un dualista o un interaccionista, en algún sentido, postular una concepción del mundo naturalista, más o menos revisada, o subrayar una visión socio-histórica del conocimiento de sentido común, no permite establecer directamente las bondades epistémicas de las investigaciones psicológicas.

En base a las consideraciones previas, es factible hacer un análisis comparativo acerca de cuántos problemas resuelven las indagaciones que son suscitadas por cada marco epistémico, o si pueden evitar la inconsistencia o vaguedad de sus conceptos. Esto es, podríamos evaluar la calidad de cada programa según ciertos criterios, como su potencialidad para formular hipótesis originales o nuevos problemas, o en términos de su renovación o estancamiento metodológico, o de consistencia interna con el conocimiento científico externo. Aunque, en este espacio, no pretendemos llevar a cabo dicho análisis episte-mológico. Sin embargo, es difícil no pronunciarse sobre una cuestión meta-teórica, también planteada a propósito de los estudio psicoge-néticos y de psicología social: ¿Las hipótesis de cada proyecto sobre el sentido común son incompatibles? o ¿el hecho de trabajar en una línea de investigación, obliga a abandonar la otra?

Claramente, el hecho de investigar el conocimiento cotidiano desde la problemática de la actividad cognitiva individual es com-patible con indagarlo desde la perspectiva de la producción social de las creencias. Como hemos dicho (ver Capítulo VII de este libro), consideramos que no hay contradicción entre afirmar la elaboración personal de hipótesis y en afirmar que los individuos interpretan el mundo desde aquellas creencias compartidas. Pero es preciso inter-pretar a éstas hipótesis respecto de la problemática central y de las tesis epistemológicas y ontológicas de cada programa. Nuestro análi-sis ha distinguido un marco de la escisión, subyacente a la psicología cognitiva, y los intentos de superación iniciados por los autores que hemos estudiado en este trabajo. Con todo, la vigencia de un aparato mental preconstituído sigue haciendo ruido a la posibilidad de un diálogo fructífero con los psicólogos de las RS.

Por su parte, la mayoría de los autores que reconocen la inspi-ración de las ideas de Moscovici han sostenido el predominio de la práctica social sobre la actividad individual. Pero es un predominio en la interacción, en un sistema relacional que involucra la interven-ción individual en toda acción social, ya que como se ha dicho, el mundo de las RS sería inaceptable si los individuos no las reprodu-jeran o transformaran.

Si se quiere avanzar en relacionar los programas de investigación en una perspectiva de colaboración, no basta con señalar la ausencia de contradicción entre las hipótesis más relevantes. El diálogo siste-mático entre los mismos e incluso su cooperación posible requiere de una espacio tal que cada cuerpo teórico pueda dar un sentido a las categorías del otro programa. En otras palabras, si la interpretación del funcionamiento mental, en un caso, puede admitir a las RS o al menos es posible pensar una articulación entre las categorías; de modo recíproco, si la apropiación de las RS involucra o da lugar a un tipo de actividad conceptual individual, que por ejemplo, las pueda modificar en el proceso de aprendizaje.

Subrayamos, entre otras condiciones para el diálogo, la asunción decidida de un marco epistémico común, en este caso una perspectiva relacional compartida, que permita articular en sus conexiones dinámicas, a la subjetividad y el entorno simbólico, al individuo y las prácticas sociales, a las representaciones y el objeto, a la actividad mental y las vivencias corporales.

## Referencias bibliográficas

ABRIC (1994) "Les répresentations sociales: aspectos théoriques", en J. C. Abric (comp) *Practiques sociales et Représentations*. Paris. PUF.

BOURDIEU, P. (1997) *Méditations pascaliennes*. Paris. Seuil.

CAREY, S. y SPELKE, A. (2002) "Conocimiento de dominio específico y cambio conceptual", en HIRSHFELD, L. y GELMAN, R. (Comps.) *Cartografía de la Mente*. Barcelona. Gedisa.

CASTORINA, J. A. y KAPLAN, K. (2003) "Las representaciones sociales: problemas teóricos y desafíos educativos". En CASTORINA, J. A. (Comp.) *Representaciones sociales. Problemas teóricos y conocimientos infantiles*. Barcelona. Gedisa

CLAXTON, G. (1990) *Teaching to learn. A direction for education*. Londres: Cassell.

——— (1984) *Vivir y aprender: Psicología del desarrollo y del cambio en la vida cotidiana*. Madrid: Alianza Editorial

CORREA, N. y RODRIGO, M. J. (2001) "El cambio de perspectivas en las teorías implícitas sobre el medio ambiente", *Infancia y Aprendizaje*, 24 (4), 461-474.

DE LA CRUZ, M; SHEUER, N. y CASTORINA, J. A. (2001) "La identidad personal como nivel de análisis del cambio conceptual", en *Propuesta Educativa*, FLACSO, Año 11, No. 24, 58-63.

DIENES, Z. y PERNER, J. (1999) "A theory of implicit and explicit knowledge", *Behavioral and Brain Sciences,* 22, 735-808.

DUVEEN, G. (2001) "Introduction: The Power of Ideas". En MOSCOVICI, S., *Social Representations. Explorations in Social Psychology.* New York: New York University Press.

—— y LLOYD, B. (2003) "Las representaciones sociales como una perspectiva de la psicología social". En CASTORINA, J. A. (Comp.) *Representaciones sociales. Problemas teóricos y conocimientos infantiles*. Barcelona. Gedisa.

EMLER, N.; OHANA, J. y MOSCOVICI, S. (1987) "Children´s beliefs about institutional roles: a cross national study of représentations of the teacher´s roles". *British Journal of Educational Psychology*,57, 26-37

FLICK, U. (1992) "Combining methods – Lack of metholology: Discusión of Sotirakopoulou y Breakwell", *Ongoing Production on Social Representations,* 1 (1), 43-48.

GRAMSCI, A. (1986) *El materialismo histórico y la filosofía de B. Croce*. México. Juan Pablo.

HEWSTONE, M. (1992) *La Atribución causal. Del proceso cognitivo a las creencias colectivas*. Barcelona: Paidós.

JODELET, D. (1984) "La representación social: fenómenos, concepto y teoría". En MOSCOVICI, S. *Psicología Social, II.* Barcelona: Paidós.

—— (1989) "Représentations sociales: un domaine en expansion" En *Les représentations sociales.* París: PUF.

—— (2003) "Pensamiento Social e Historicidad", *Relaciones,* 24, 98-113.

LOYD, B. y DUVEEN, G. (2003) "Un análisis semiótico del desarrollo de las reprepresentaciones sociales de género". En CASTORINA, J. A. (Comp.) *Representaciones sociales. Problemas teóricos y conocimientos infantiles*. Barcelona: Gedisa

MARKOVÁ, I. y WILKIE, P. (1987) Concept, representations, and social change: The phenomenon of AIDS, *Journal of Social Behavior,* 17, 398-409.

MARKOVÁ, I. (1996) En busca de las dimensiones epistemológicas de las representaciones sociales. En PÁEZ, D. Y BLANCO, A. (Eds.) *La Teoría Sociocultural y la Psicología Social actual.* Madrid: Aprendizaje

MOSCOVICI, S. (1961) *La psychanalyse, son image et son public.* París: PUF.

—— (2001) The Phenomenon of Social Representations. En S. Moscovici *Social Representations. Explorations in Social Psychology.* New York: New York University Press.

Moscovici, S. (2003) "La conciencia social y su historia". En Castorina, J. A. (Comp.) *Representaciones sociales. Problemas teóricos y conocimientos infantiles.* Barcelona: Gedisa

—— y Hewstone, M. (1984) "De la ciencia al sentido común". En Moscovici, S., *Psicología Social, II.* Barcelona: Paidós.

Moore (1959), *Philosophical Papers.* London. George Allen y Unwin Ltd.

Mugny, G y Carugati, F (1985) *L'intelligence au pluriel. Les représentationes sociales de l'intelligence et de son dévelopment.* Paris. Del Val.

Heider, F. (1958) *The psychology of interpersonal relations.* Nueva York: Wiley.

Overton, W. (1994) "Contexts of Meaning: The Computacional and the Embodied Mind". Overton, W. y Palermo, D. (Eds.) *The Nature and Ontogenesis of Meaning.* Hillsdale: Lawrence Erlbaum Associates.

Paicheler, H. (1984) "La epistemología del sentido común". En Moscovici, S.; *Psicología Social, II.* Barcelona: Paidós.

Potter, J. y Edwards, D. (1999) "Social representations and discursive psychology: From cognition to action". *Culture and Psychology,* 5, 447-58.

Pozo, J. I. (1998) *Aprendices y Maestros.* Madrid: Alianza

—— (2001) *Humana mente: El mundo, la conciencia y la carne.* Madrid: Morata.

Pozo, J. L. (2002) "La adquisición de conocimiento científico como un proceso de cambio". *Investigaçoes em ensino de ciencias,* 7 (3)

—— y Rodrigo, M. J. (2001) "Del cambio de contenido al cambio representacional en el conocimiento conceptual". *Infancia y Aprendizaje,* 24 (4), 407-423.

—— y Scheuer, N. (1999) "Concepciones sobre el aprendizaje como teoría implícita". En: Pozo, J. I. y C. Montero (Coords.) *El aprendizaje estratégico*. Madrid: Santillana.

Rabossi, E (1995) "Cómo explicar lo mental: cuestiones filosóficas y marcos científicos", en Rabossi, E. (Comp) *Filosofía de la Mente y ciencia cognitiva*. Barcelona. Paidós.

Rodrigo, M. J., Rodríguez, A., Marrero, J. (1993) *Las teorías implícitas: Una aproximación al conocimiento cotidiano*. Madrid: Visor.

Rodrigo, M. J. (1997) "Del escenario sociocultural al constructivismo episódico: un paseo de la mano de las teorías implícitas". En Rodrigo, M. J. y Arnay, J (Comps.) *La construcción del conocimiento escolar*. Barcelona: Paidós.

Rorty, R. (1979) *Philosophy and the Mirror of Nature*. Princeton. Princeton University Press.

Scheuer, N.; Pozo, J. I.; de la Cruz, M. y Baccalá, N. (2001) "¿Cómo aprendí a dibujar?" Las teorías de los niños sobre el aprendizaje, *Estudios de Psicología*, 22 (2), 185-205.

——, De la Cruz, M. y Pozo, J. I. (2002) "Children talk about learning to darw". *European Journal of Psichology of Education*, XVII, 101-114.

Varela, F. J. Thomps, E. y Rosch, E. (1991) *De cuerpo presente*. Barcelona: Gedisa.

Villarmea, S (1997) "La pertenencia del sentido común como criterio de justificación de nuestras creencias", en Arenas, L. y Perona, A. J. (Eds.) *El desafío del relativismo*. Madrid. Trotta.

Wagner, W. y Elejabarrieta, F. (1997) "Representaciones Sociales". En Morales, J. F. (Comp.) *Psicología Social*. Madrid: MacGraw Hill

Wellman, H. (1990) *The Child's Theory of Mind*. Cambridge: MIT Press.

Wittgenstein, L (1988) *Sobre la Certeza*. Barcelona. Gedisa

# Capítulo IX

# La adquisición de los conocimientos acerca de la historia y las representaciones sociales*

José Antonio Castorina

En este trabajo queremos examinar algunos problemas conceptuales que afrontan las teorías psicológicas cuando se pretende utilizarlas para dar cuenta de la adquisición de los conocimientos sociales, principalmente los históricos. Particularmente, nos ocuparemos de una cuestión que retorna una y otra vez en los debates: ¿Se puede postular consistentemente una construcción individual del saber social y una construcción social de representaciones? ¿Las ideas de los niños y alumnos son solamente producto de su actividad intelectual o provienen de la apropiación de creencias sociales preexistentes?

En primer lugar, vamos a identificar las dicotomías entre comprensión y explicación, así como entre individuo y sociedad, ya clásicas en la psicología del conocimiento, buscando su correspondencia con las que han presidido la discusión en la historia y otras ciencias sociales. Asimismo, buscaremos establecer el significado epistémico de la eventual superación en ambos campos disciplinarios de los enfoques centrados en uno u otro extremo de las dicotomías.

En segundo lugar, nos interesa mostrar brevemente algunas indagaciones en psicología cognitiva que señalan la aparición en adolescentes de una interpretación que personaliza la comprensión de la historia. En un caso (Carretero y otros, 1993) se estudian las ideas personalistas de los alumnos respecto de las causas históricas del descubrimiento de América, y en el otro (Rivière y otros, 2004) se inter-

---

*   Este capítulo es una reformulación de la ponencia del mismo nombre, presentada en la Reunión de la Red Alfa. Europead Cooperation Office. Universidad Autónoma de Madrid. hhp//24.232.22.52/ Grupo 1/Alfa II/ site.

preta la memoria de textos históricos apelando a la teoría cognitiva, en base a un molde evolutivo para las capacidades mentalistas. Luego, nos proponemos introducir la perspectiva de las representaciones sociales para explicar aquella personalización, evocando un estudio sobre ideas de adolescentes referidas a la monarquía, la democracia y la dictadura, mientras aprenden historia en situaciones didácticas (Lautirer, 1997). Incluso, una indagación psicogenética que sugiere la intervención de representaciones sociales sobre las hipótesis infantiles del gobierno nacional (Lenzi y Castorina, 2000)

En tercer lugar, los estudios anteriores sugieren algunas relaciones entre los enfoques mencionados: Primeramente, la tendencia a la personalización que aparece en las ideas de los sujetos es encarada de modo pertinente, desde el punto de vista teórico y metodológico, por cada una de las perspectivas psicológicas. Además, resulta de gran interés que el trabajo de Lautier (1997) pone de relieve un estudio sobre conceptualización prototipica y otro que recurre a las representaciones sociales. Ambos tienen ventajas relativas para dar cuenta de ciertos aspectos de los conocimientos históricos o sociales. Por su parte, la indagación sobre el gobierno nacional parece indicar que la actividad constructiva de cada alumno está restringida por un trasfondo de creencias sociales.

Por último, y a modo de conclusión, trataremos de esbozar una evaluación acerca de la relevancia de las representaciones sociales para estudiar los conocimientos históricos de los alumnos, y nos planteamos la cuestión de la comparabilidad epistémica de los programas de investigación cognitivo y psicosocial.

## Problemas epistemológicos en historia y psicología del conocimiento

Como es sabido, la ciencia de la Historia ha experimentado en las últimas décadas una seria crisis en la interpretación de sus fundamentos. Según la epistemología empirista de Hempel, los hechos históricos admitirían explicaciones o mejor, "esbozos explicativos", en línea con las ciencias naturales.

Según otra perspectiva la historia pertenecería a las Humanidades: se ocuparía de agentes que viven en un tiempo y espacio particulares, y que se comprometen con las situaciones en base a sus creencias y objetivos, que viven en ciertos contextos, utilizando medios para alcanzar sus objetivos. Tanto las historias como las Historias, las ficciones y los intentos de hacer descripciones verdaderas, son formas narrativas. Pero los argumentos son diferentes, ya que las primeras convencen por su verdad, las segundas lo hacen por su naturalidad.

Por su parte, la escuela francesa de los Anales ha renovado los objetos investigados por los historiadores, pasando nítidamente de la historia política de los grandes personajes, al interés por los grupos sociales, las mentalidades y las estructuras económicas. Ha construído una historia explicativa en lugar de una historia narrativa. Sobre todo, la crítica a la versión narrativa se hizo cuestionando al acontecimiento (que Braudel llamó oscilaciones breves o frenéticas del tiempo), particularmente la tesis de que solo hay acontecimiento cuando la historia es la obra de los individuos. Por el contrario, en tanto ciencia social, la historia rechaza los acontecimientos y se ocupa centralmente de la coyuntura, las instituciones, las estructuras sociales o las corrientes de la *larga duración*.

En el caso de la Psicología del conocimiento, Bruner (1990) hizo una distinción tajante entre el modo paradigmático y el modo narrativo de investigar los comportamientos de los individuos. Esta distinción es un modo de recuperar la ya clásica oposición entre explicación y comprensión formulada por Dilthey en un intento por legitimar la irreductibilidad de las ciencias sociales a las ciencias naturales (en su versión positivista y empirista). Estamos ante dos versiones inconmensurables (en el sentido fuerte del primer Kuhn): Por una parte, se puede adoptar una posición que enfatiza las interpretaciones que llevan a cabo los niños, en nuestro caso, de la política o de la historia, en términos de su participación en formatos de interacción narrativa. Es decir, cuándo el psicólogo se ocupa de los significados socio-culturales, que como tales no pueden ser explicados causalmente.

Por la otra, se puede adoptar una perspectiva centrada en las causas de las ideas infantiles sobre historia o política, colocándose en el "modo paradigmático" de conocer. Esto es, por ejemplo, cuándo se piensa en una maquinaria natural (y computacional) que hace posible las ideas de los niños, o los intentos de explicar desde el punto de vista neurológico las habilidades, capacidades o competencias de los individuos. Obviamente, también la búsqueda de sistemas universales de tipo lógico-matemático que den cuenta de los comportamientos cognitivos, en un estilo piagetiano. Dicho de otro modo, entre una mirada sobre la actividad intelectual del individuo solitario, separado de los contextos de vida o una perspectiva que considera al contexto el foco principal de la indagación sobre nociones sociales. Esta dicotomía queda asociada a la dicotomía entre explicar de modo universal los comportamientos individuales o comprenderlos en relación a las prácticas o formatos socio-culturales que los constituyen.

Ahora bien, en el caso de la historia se ha cuestionado que estas distinciones tajantes sean inevitables. Es decir, si hay que pensar la historia como explicativa o interpretativa, si su devenir está determinado por estructuras suprapersonales o hay que interpretarlo según las intenciones más o menos racionales de los agentes. Respecto a la primera dicotomía, Ricoeur (1999) dio una respuesta que pretende integrar lo que ha sido disociado: los historiadores proceden siempre "poniendo orden" o haciendo una síntesis de lo heterogéneo, pero sin situarse imperativamente del lado de la comprensión ni de la explicación.

En la psicología de los conocimientos sociales, las disociaciones entre explicación y comprensión, así como entre individuo y sociedad han tenido un fuerte impacto en la formulación de las investigaciones. En el último caso, la línea principal de los estudios se limitan a describir las ideas diferentes de los sujetos, considerados como productores individuales de sistemas conceptuales, de explicaciones causales, en un vacío social, sin especificar las relaciones sociales con el objeto de conocimiento. Otros estudios sitúan a los sujetos en diferentes formatos de interacción social, y sus ideas se caracterizan en función de su participación en esas prácticas, pero no se analiza la construcción individual. Así, la mayoría de las indagaciones sobre las ideas sociales de los niños y alumnos no han alcanzado una articulación satisfactoria de aquellos aspectos. Según lo dicho, es lícito preguntarse: ¿Se puede integrar una mirada psicológica centrada en la elaboración individual del conocimiento y un enfoque centrado en inserción de los individuos en la sociedad? Y también: ¿Una perspectiva narrativa excluye trabajar en una perspectiva psicológica paradigmática? En este trabajo vamos a ocuparnos solamente a la pregunta sobre la vinculación entre la actividad individual y las restricciones que provienen de las prácticas sociales, apelando a los aportes de la teoría de las representaciones sociales.

# La personalización en la psicología cognitiva

Podemos considerar un rasgo del conocimiento de los alumnos, identificado en diversos trabajos: el rol decisivo que juegan los individuos, las intenciones y la personalización en la explicación de los hechos históricos y en la comprensión de ciertas categorías de su conocimiento, vinculadas a lo político, tales como la estructura del gobierno nacional, la monarquía y la democracia.

En primer lugar, Carretero y otros (1994) estudian las respuestas de los alumnos entre 11 y 16 años y de graduados en psicología e historia, sobre las causas de la conquista de América. Uno de los cartones presentados a los sujetos daba una explicación del descubrimiento realizado por Colón, en términos del deseo de aventura y ambición o de los motivos de los reyes de España. Los adolescentes y adultos entendían a subrayar el rol de los agentes personales en la explicación histórica, en mucho mayor medida que los graduados en historia. De modo semejante, los adolescentes tendían solo a mencionar en sus narrativas a los deseos y motivos de los agentes personales, en tanto los adultos no expertos mencionaban los agentes individuales y sociales. Por su parte, los expertos en historia mencionaban solo agentes políticos y sociales, así como motivos abstractos, por ejemplo, de rivalidad de España y Portugal. En un mismo sentido, Halldén (1986) ha encontrado que los adolescentes tienden a considerar con mayor fuerza a la influencia de las personas en comparación con los factores no personales y abstractos.

Por su parte, Angel Riviére (1994) sostiene que al recuperar la narrativa su lugar en el pensamiento historiográfico contemporáneo, luego del fracaso del *eliminativismo intencional*, se replantea el alcance de la *modalidad intencional*. Sin narrativa no es posible interpretar los fenómenos históricos, y una narrativa no puede formularse sin un lenguaje intencional. Ahora bien, desde el punto de vista psicológico, los estudios sobre las *teorías de la mente* formuladas por los niños ponen de relieve que las expresiones acerca de personas y acciones, así como las *actitudes proposicionales*, podrían constituir el núcleo de donde emergen las interpretaciones de la historia. Esto último explicaría algunos de los resultados antes mencionados: la propensión a personalizar los factores suprapersonales de la historia y el inevitable lazo entre historia y juicios morales, basados en la atribución de intenciones a los individuos, así como la tendencia a acentuar las condiciones psicológicas en la historia. En otro trabajo ulterior (Rivière et al, 2004), se estudia la influencia de los factores intencionales y personales en el recuerdo de textos históricos. Así, se indagaron 144 estudiantes, divididos en tres grupos, de séptimo, noveno y undécimo grado. A su vez cada grupo se dividía en dos subgrupos, uno de ellos debía narrar lo que recordaba del texto, 25 minutos después de su lectura, y el otro, 24 horas después. El texto se refería al ascenso del partido nazi al poder en Alemania.

Según el enfoque adoptado, se postula que la personalización de la historia sería la expresión indirecta de la acción mental y derivaría de un molde evolutivo para la conformación de las capacidades intencionales y de personalización. En este sentido, se espera que los factores intencionales y personales tengan una hegemonía cognoscitiva en la comprensión de la historia. Los resultados de la experiencia que comentamos muestran que los sujetos recordaron más las causas personales que las no personales. Así, un texto donde figuraba que: "gran cantidad de Alemanes se quedaron sin empleo debido a que muchos estadounidenses retiraron sus inversiones" fue más recordado que otro donde el sujeto de la oración era "al aumento de los precios". Sin embargo, y en contra de lo esperado, recordaron más frecuentemente la información no intencional que la intencional. Es decir, hay una personalización temprana de la historia, pero no sucede lo mismo con el recuerdo de los enunciados que tienen términos intencionales como "desear" o "prometer", lo que podría deberse al hecho que los adolescentes participan de conversaciones cotidianas dónde se incluyen otros factores causales (por ej. el desempleo) Esto los llevaría a aplicar al pasado algunos esquemas presentes.

Otros autores (Pozo, 1994) han atribuido también la personalización de la interpretación de textos históricos a la utilización de nociones mentalistas, las que son originales respecto de los conocimientos sociales. Esto significa que el conocimiento de dominio psicológico se "mapea" sobre los procesos sociales e históricos. Más aún, las dificultades en la adquisición de conceptos sobre las instituciones sociales o los aspectos estructurales de la historia, se producen por la persistencia y continuidad de aquellas nociones.

## La perspectiva de las representaciones sociales

Desde una perspectiva psicológica diferente, basada en la teoría de las representaciones sociales, se puede considerar que una buena parte de las respuestas de los alumnos, antes mencionadas, admiten otra interpretación. Es decir, el énfasis en el rol de los individuos o la personalización en los acontecimientos históricos y en los hechos políticos podría deberse a la apropiación por parte de los sujetos, de creencias que les preexisten y que se han constituido en la comunicación social. En otras palabras, para examinar la elaboración de los sujetos a propósito de algunos conceptos que se enseñan en historia, parece relevante utilizar alguna categorización que tenga en cuenta su sentido común. De este modo, se puede considerar que los alumnos interpretan las informaciones provenientes del mundo social en el que viven, para lo cuál disponen de algo así como un sistema cognoscitivo que asimila dichas informaciones, pero incluyendo a la afectividad y los valores en los que creen. Se trata de representaciones que se producen, se recrean y se modifican en el curso de las interacciones y las prácticas sociales: tal es su status ontológico.

En el estudio de N. Lautier (1997) se indagan, entre otros temas, las ideas de los alumnos de liceos franceses, sobre conceptos históricos, como democracia, dictadura o monarquía, en situaciones didácticas. Así, al ser indagados por la "democracia", se nota en las respuestas de los sujetos una ausencia de reconocimiento de los mecanismos de funcionamiento representativo. Una dificultad en asociar los derechos de los individuos, como la "libertad del voto" o la "libertad de opinión", con la representación política en términos de delegación de soberanía y de diversidad de partidos políticos. En tal sentido, se podría considerar que la resistencia a una conceptualización sistemática tiene que ver con la negativa a abandonar el mito compartido del igualitarismo y el consenso de los individuos.

Los alumnos tienden a tratar la representatividad política haciendo una especie de analogía con una cadena de portavoces ("un sistema de delegados hasta la cúspide"), lo que da a los senadores o diputados el rol de portavoces de los individuos que los han votado. En otras palabras, para ellos solo son plenamente legítimos los individuos, con sus derechos básicos, y el presidente. Al referirse a las elecciones, dicen que "sirven para elegir un presidente, para tener personas que se ocupen de lo que ocurre", a la vez que son duramente críticos con senadores y diputados ("para ellos, no somos nada"). Solamente escapan a su imagen negativa de la actividad política, los ciudadanos y el presidente.

El estudio sugiere la intervención de saberes prácticos en las respuestas de los alumnos, los que se vinculan con sus experiencias sociales. Así, proponen una imagen familiar del presidente, al que ven cuidando y ayudando a los ciudadanos (en nuestras propias indagaciones la hemos denominado hipótesis benefactora, Lenzi y Castorina, 2000) sin dar lugar a otras figuras políticas. Hasta podría decirse que el individuo elegido por un elector queda fuera del orden político, al encarnarse en una figura unificadora de las voluntades consensuadas. Por otra parte, la caracterización negativa de los políticos expresa fuertes rasgos afectivos y valorativos, propios de las representaciones sociales.

Por su parte Tabbusch (1998) al estudiar las asociaciones de palabras que hacen los sujetos adolescentes a partir de una palabra propuesta por el investigador, lo que es un típico procedimiento de los psicólogos sociales, encontró rasgos de sus respuestas que van en la misma dirección que el estudio anterior. Los términos "presidente", "partido político" o "votar" se asocian semánticamente con personas concretas relacionadas con cargos políticos. También la categoría de poder apareció ligada al presidente pero no al gobierno, dando una lugar a una imagen de fuerte concentración en la autoridad del presidente. En muchos casos, las conexiones semánticas, por ejemplo del término "políticos" tienen que ver con juicios sin contenido político (bueno, horrible, feo, inteligente, etc.). Por el contrario, una palabra como "votar" se conecta en muchos sujetos con obligación, democracia, opinión y candidatos. Por su lado, la palabra "presidente" queda asociada con representatividad, tal como lo mostró Lautier.

Nuestras propias indagaciones sobre el conocimiento infantil de la autoridad política y de la autoridad escolar (Castorina, Lenzi y Aisenberg, 1997) parecen indicar una significativa "personalización" del presidente, con alta concentración de la autoridad política en su figura, de modo que los otros funcionarios le ayudan ("el gobierno es un conjunto de personas que ayudan al presidente, que no puede hacer todo solo", dicen los sujetos). Además se afirman relaciones personalizadas del gobierno con la sociedad ("los jubilados que no han cobrado su sueldo van a la Casa de Gobierno, donde un miembro del gobierno habla al banco para que le den su cheque"); por último, los límites a las acciones presidenciales no provienen de una legalidad institucional, sino únicamente de su compromiso moral con los votantes.

Ahora bien, se pueden relacionar estas hipótesis de los alumnos con ciertas creencias más básicas: la sociedad esta formada por relaciones individuales y personales, no institucionalizadas; los actos de autoridad son personalizados y responden a un jefe máximo; algunos individuos protegen a otros, es decir, unos tienen autoridad sobre otros o los cuidan; el mundo social implica una armonía sin conflicto entre intereses colectivos, los conflictos sociales se reducen a conflictos entre individuos; las relaciones sociales les aparecen naturalizadas ya que suceden en un orden independiente de la intervención humana (Lenzi y Castorina, 2000). Estas creencias perduran entre los sujetos de diferentes edades (entre 7 y 70 años), lo que parece indicar un atrincheramiento originado en las prácticas sociales. Incluso, la fuerte resistencia de tales creencias a ser modificadas en los procesos de enseñanza, parece ser mejor explicada como representación social que como una prolongación de un módulo o de un conocimiento de dominio mentalista.

Por su parte, Guyón, Mousseau y Titiaux-Guillen (1993) establecieron algunas diferencias epistémicas entre el concepto de nación, propio de la ciencia política, que forma parte del saber a enseñar, y la noción formulada por los adolescentes de un liceo francés. Mientras el concepto científico afirma el carácter histórico de las propiedades atribuidas a la nación, los alumnos las interpretan como estables e inmutables. Es decir, ontologizan o absolutizan dichas propiedades. Así, los alumnos pueden decir:

> "Una nación (...) existe desde siempre (...) es prácticamente eterna, algo que no se puede borrar de un golpe" [o] "El territorio francés existe antes de la aparición del hombre, el territorio francés ya existía (...) Francia es ante todo una parcela de terreno".

Es plausible pensar que tales afirmaciones están atravesadas por una valencia social, implican actitudes y valores, tanto como una carga emocional, todo lo cuál incide en la constitución de la identidad social de los alumnos.

## Los enfoques cognitivo y psicosocial del conocimiento social

Los estudios de psicología cognitiva y de psicología de las representaciones sociales comentados nos remiten a una cuestión central: ¿Cuáles son las relaciones entre las investigaciones realizadas desde las dos perspectivas? En principio, podemos advertir tres modos de vinculación, que no tienen porqué ser los únicos:

En primer lugar, el trabajo de Lautier pone de relieve explícitamente la pertinencia del enfoque cognitivo y del enfoque de las representaciones sociales para analizar los conocimientos de los alumnos, en función de la índole del problema que se les plantea. Así, al interpretar los datos sobre la conceptualización de la monarquía o la dictadura, consigna que éstos utilizan una estrategia de construcción conceptual por prototipos. Se puede añadir que estos conceptos históricos son difusos y no se presentan en una ordenación jerarquía de clases, sino como una representación global, a partir de la selección prioritaria de propiedades familiares (Carretero y Limón, 1995). De este modo, la monarquía es pensada a partir del carácter solitario y absoluto del poder del Rey. Un alumno de 14 años dice:

> "Todo depende del soberano (...) era el poder absoluto, que gobierna todo solo (...) pero a veces hubo gente que influenció, como el Cardenal bajo Luis XIII, mientras Luis XIV lo hacía todo solo, no quería tener ministros".

Según nuestra autora, todo sucede como si el conocimiento de la monarquía se produjera según la proximidad o el alejamiento de los atributos "típicos", según el "aire de familia" entre las propiedades, como diría Wittgenstein. De este modo, la monarquía parlamentaria se piensa en comparación con la monarquía absoluta de Francia. En tanto que en esta última "se hace lo que dice el Rey", en Inglaterra "había autorizaciones, se podían hacer más cosas independientes"; como añade el mismo alumno: "En una el rey decide todo solo, en la monarquía parlamentaria casi todo debe pasar por un Consejo"

Ahora bien, cuándo se trata del concepto de democracia, caracterizada en los términos de un país, especialmente el país del alumno, el modelo prototípico de pensamiento no es suficiente para interpretar sus respuestas. Dicho de otro modo, al situar la elaboración en el campo de su experiencia social pasan a intervenir la manera compartida de organizar el mundo en que se vive. Sin duda, adquieren relevancia la crítica a los políticos, cargada afectivamente, la adhesión al presidente "benefactor", el significado que adquieren las situaciones no familiares al ser ancladas en el sentido común, el rechazo a modificar las creencias.

Más aún, en la conceptualización de la democracia, la propia selección de las propiedades prototípicas pone en juego una actividad individual consciente, mientras que las imágenes que "hablan por sí mismas", movilizadas por la figuración, o el rechazo a admitir un sistema de representatividad política, dependen de la inserción del individuo en la experiencia social. En el primer caso hay aspectos implícitos de la actividad intelectual de cada individuo, en el segundo se trata de una elaboración que no es transparente por ser socialmente inconsciente (los mecanismos de formación de las representaciones sociales, tales como la "figuración", la naturalización o el anclaje)

En segundo lugar, es factible considerar que el modo de legitimar el conocimiento, así como algunas ideas de los niños, pueden ser enfocadas razonablemente desde la perspectiva cognitiva y desde la perspectiva de las representaciones sociales. Por una parte, el modo de legitimar las representaciones sociales incluye un fuerte sesgo confirmatorio de las ideas. Moscovici (1987) había señalado que la sustentación de una representación del sentido común se basa en su remisión a un referente: "lo dice el periódico", "siempre ha sido así", "es natural que así sea",etc. Es otro modo de decir que las representaciones tienden a ser siempre confirmadas, al buscarse solamente las informaciones que las puedan mantener, o se retienen las apariencias que favorecen las creencias, resistiéndose a cualquier cambio significativo. En tal sentido, hay grandes dificultades en asumir la información que va en contra de la representación directa de la democracia o del carácter benefactor y concentrado de la autoridad presidencial, antes mostradas.

Por su parte, en la psicología cognitiva se ha subrayado dicho sesgo confirmatorio, al estudiar la aceptación unilateral de las confirmaciones empíricas de un enunciado en los adolescentes y su rechazo a considerar los casos que lo refutan. Esto es, se puede enfocar a un nivel individual lo que Moscovici describe como un rasgo de las representaciones sociales. Se podría considerar, por ejemplo, la interpretación intuitiva de los enunciados condicionales p entonces q, por ejemplo "si llueve, entonces voy al cine"). Así, los alumnos de escuela secundaria consideran que la conjunción verdadera "llueve y voy al cine" confirma el condicional. Pero para ellos, no lo hace verdadero que sea falso que "llueva" y verdadero que "voy al cine", o que sean falsos que "llueva" y que "voy al cine". Aquí la lógica natural es muy diferente de la lógica de las proposiciones, de los lógicos. Nítidamente, el sesgo confirmatorio deriva de que la lógica natural del sentido común es menos sensible a las contradicciones a causa de que se privilegia los casos que verifican directamente la relación (Richard, 1987)

En lo que se refiere a las ideas, como se ha visto, la personalización de la historia o de los conocimientos sociales ha sido explicada por los psicólogos cognitivos a partir de un modelo de aparato cognitivo natural y de un dominio básico mentalista. Pero ha sido explicada en los términos de la apropiación infantil de creencias sociales preexistentes en las interacciones sociales y en la comunicación. No discutimos aquí la pertinencia de cada enfoque, ya que las indagaciones cuentan con pruebas a su favor, siguiendo sus propias metodologías de obtención y tratamiento de los datos. La cuestión que luego esbozaremos tiene que ver con las condiciones de la articulación de las perspectivas.

En tercer lugar, nuestros trabajos (Lenzi y Castorina, 2000; Castorina, Lenzi y Aisenberg, 1997) sugieren que las representaciones sociales (o un trasfondo ideológico, lo que no es exactamente lo mismo) intervienen en la adquisición de los conceptos sociales. Nuestros análisis involucran la adopción de una perspectiva psicogenética: la formación de "teorías" o de hipótesis infantiles es un producto de la interacción con los objetos sociales (o los conceptos propios del saber a enseñar) En cualquier caso, esos objetos se ofrecen a los sujetos junto con metáforas o justificaciones sociales, sea por fuera o por dentro de la escuela, las que intervienen en la producción intelectual. La idea de que el gobierno "debe hacer el bien" o que las relaciones sociales están fuertemente personalizadas, pueden formar parte del imaginario social y probablemente ha sido tomado en cuenta por los alumnos a la hora de elaborar sus hipótesis. Por ejemplo, sobre los límites morales (no institucionales) de la actividad del presidente o sobre las relaciones del gobierno con la sociedad. En nuestra opinión, las creencias sociales proporcionan la materia prima para la construcción cognitiva de las hipótesis, más aún, ponen serios límites a lo que se puede pensar conceptualmente. Esto último podría llegar a ser relevante para pensar las dificultades en la obtención del cambio conceptual en la enseñanza.

Si nuestra sugerencia es plausible, la presencia de las creencias del sentido común no se contrapone con la actividad reconstructiva que hacen los sujetos de los objetos sociales, a partir de aquellas representaciones, ni con la originalidad de las nociones alcanzadas en el esfuerzo intelectual. Por supuesto, lo dicho no elimina que haya otros modos de intervención más directos y compulsivos de las representaciones sociales en los conocimiento de los alumnos.

# La contribución de las representaciones sociales

Cada vez que hemos indagado los conocimientos sociales de los niños y los alumnos nos ha parecido que las experiencias sociales han tenido una influencia relevante en su elaboración. En principio, porque la construcción personal de esos conocimientos se lleva a cabo en ciertos escenarios sociales que restringen lo que se puede pensar. Es decir, que si los niños viven experiencias comunes con otros miembros de su grupo, tienden a formar un conocimiento parecido (Rodrigo, 1996). Pero al hablar de representaciones sociales decimos algo más fuerte: existen creencias que no son elaboraciones personales sino un producto de las interacciones y la comunicación social, y que preexisten a los niños. Estos se apropian de las representaciones sociales durante las prácticas institucionales o grupales en que participan.

Hoy comienza a saberse que las representaciones sociales pueden tener una influencia mayor sobre los actos de las personas que la propia fuerza física. Aquí decimos que son imprescindibles para la gestión de nuestras relaciones prácticas con el mundo, aún para garantizan un cierto orden al interior del grupo social. Esto significa que no podemos conocer la sociedad y su historia sin las metáforas sociales: porque constituyen una parte del sentido común históricamente constituido, por ser una materia prima para pensar hipótesis específicas sobre el objeto de conocimiento; porque no puede dejar de utilizarse ante ciertos problemas del conocimiento histórico; y porque ponen restricciones u orientaciones a lo que puede ser pensado. En otras palabras, los juicios de los sujetos dependen no solo de sus habilidades intelectuales, sino en muy buena medida de los escenarios en los que piensan, y sobre todo, de las creencias de su sentido común.

Los alumnos disponen de una serie de saberes previos que bajo ciertas condiciones didácticas logran reconstruir en dirección al conocimiento disciplinar en ciencias sociales, aunque los mencionados por nosotros y los estudiados preferentemente por Lautier se pueden considerar que ya están en transición hacia el "saber a enseñar". Por eso, queremos llamar la atención sobre la coexistencia de una diversidad de tipos de conocimientos de los alumnos en las instancias de transición, puestos de relieve en las indagaciones. De un lado, los conocimientos de la "ciencia disciplinar" o las informaciones vinculadas a ellos que han sido ofrecidos en la vida escolar. Del otro, están las conceptualizaciones propiamente dichas, construías por los alumnos, ya sea por mapeo desde las nociones mentalistas, ya sea por una atribución prototípica de propiedades, o en forma de hipótesis específicas sobre el gobierno o los hechos históricos. Finalmente, se puede afirmar la existencia de un trasfondo ideológico referido a creencias básicas sobre la sociedad y también representaciones referidas a temáticas específicas, ambas vinculadas a las prácticas sociales. Hasta podría pensarse que se trata de tipos de conocimiento que se cruzan y se integran en lo que llamamos saberes "intermediarios" o en transición. En este sentido, el conocimiento de los alumnos presenta una "polifasia cognitiva", según la expresión de Moscovici (2003). Esta última tiene una doble función con la que debe contar la intervención didáctica: el brindar condiciones posibilitantes para acceder al saber disciplinar y el constituir obstáculos epistemológicos a vencer.

Por último, los programas de investigación de la psicología cognitiva y el programa de las representaciones sociales, ¿pueden hacer algo diferente a tolerarse o ignorarse mutuamente? Según una perspectiva epistemológica relativista, deberíamos limitarnos a celebrar la inconmensurabilidad de los "puntos de vista", ya que las tesis de cada programa no se pueden traducir entre sí. Según otro punto de vista, los programas podrían ser incompatibles si se pudiera mostrar que las hipótesis de uno de ellos son contradictorias con las sostenidas por el otro, lo que obligaría a una elección estricta entre ellos. En este sentido, sería crucial establecer, por ejemplo, si al indagar la "personalización" de las ideas sobre la historia y la sociedad se permanece "desde dentro" de un aparato cognitivo que procesa símbolos de modo descontextualizado, o si se afirma que los alumnos solo se han apropiado pasivamente de las representaciones preexistentes, sin ninguna actividad. No hay duda que de ser así, habría que optar sin remedio por alguna de las versiones.

Quizás sea viable la propuesta de un análisis del marco epistémico de aquellos programas que nos permita vincularlos más satisfactoriamente, de modo que la diversidad de énfasis de cada uno –en la actividad intelectual individual y en la apropiación de significados sociales preexistentes– no implique incompatibilidad. En otras palabras, habría que examinar si la construcción conceptual es posibilitada por un contexto social y si la transmisión de las representaciones sociales supone alguna actividad individual en su apropiación. Es decir, tenemos que explicitar las preguntas y las tesis centrales de cada programa y reformularlas en ciertos aspectos, si fuera preciso, hasta que se postulen claramente algunas relaciones sistemáticas entre lo individual y lo social, entre las restricciones sociales y la construcción conceptual, superando la escisión que ha marcado la psicología del conocimiento social. Ello podría contribuir a la apertura de un espacio de colaboración en la realización de investigaciones empíricas sobre el conocimiento histórico y social (ver Capítulos VII y VIII de este libro).

## Referencias bibliográficas

BRUNER, J. (1990) *Acts of Meanings*. Cambridge. Harvard University Press.

CARRETERO, M.; JACOTT, L., LIMÓN, M.; LÓPEZ-MANJÓN, A. y LEÓN, J. (1994) "Historical Knowldge: Cognitive and Instructional Implications. En CARRETERO, M. y VOSS, J. (Eds) *Cognitive and Instructional Processes in History and the Social Sciences*. Hillsdele, New Jersey. Lwrece Erlbaum.

——; LIMÓN, M. (1995) "Construcción del conocimiento y enseñanza de las Ciencias Sociales y la Historia", en CARRETERO, M. *Construir y Enseñar. Las Ciencias Sociales y la Historia*. Buenos Aires. Aiqué.

CASTORINA, J.A.; LENZI, A.; AISENBERG, B. (1997) "El análisis de los conocimientos previos en una investigación sobre cambio conceptual de nociones políticas", en *Revista del Instituto de Investigaciones en Ciencias de la Educación*. Facultad de Filosofía y Letras. UBA.

——; CLEMENTE, F. y BARREIRO, A. (2003) "El conocimiento de los niños sobre la sociedad según el constructivismo y la teoría de las representaciones sociales", *Investigaciones en Psicología, Revista del Instituto de Investigaciones de la Facultad de Psicología, UBA,* Año 8, No.3, 23-48.

GUYÓN, S.; MOUSSEAU, M. S.; TITIEUX-GUILLEN, N. (1993) *Des nations à la Nation. Apprendre et conceptualiser*. Paris. INRP.

LAUTIER, N. (1997) *Á la rencontre de l'histoire.* Villeneuve de´Ascq. Presses Universitaires du Septentrion.

LENZI, A.; CASTORINA, J. A. (2000) "El cambio conceptual en conocimientos políticos. Aproximación a un modelo explicativo", en CASTORINA, J. A. y LENZI, A. (comps.) *La formación de los conocimientos sociales en los niños.* Barcelona. Gedisa.

MOSCOVICI, S. (1987) Les representations sociales. Exposé Introductif, en *Seconde Recontre Nationale sur la Didactique de l'Histoire et de la Géographie.* Actes du Colloque. Paris. INRP

—— (2003) *Social Representations: Explorations in Social Psychology.* New York. New York University Press

RICHARD, J. F. (1987) "La notion de representation en psychologie cognitive", en *Seconde Rencontre Nationale sur la Didactique de l'Histoire et de la Géographie.* Actesdu Colloque. Paris. INRP.

RICOEUR, P. (1999) *Historia y Narratividad.* Barcelona. Paidós.

RIVIÈRE, A. (1994) "The cognitive construction of History", en CARRETERO, M. y VOSS, J. (eds) *Cognitive and Instructional Processes in History and Social Sciences* (ob. cit)

——; NUÑEZ, M.; BARQUERO, B. y FONTENLA, F. (2004) "La influencia de los factores intencionales y personales en el recuerdo de los textos históricos", en CARRETERO, M. y VOSS, J. (comp.) *Aprender y Pensar la Historia.* Buenos Aires. Ed. Amorrortu.

RODRIGO, M. J. (1996) "Del escenario sociocultural al constructivismo episódico: un viaje al conocimiento escolar de la mano de las teorías implícitas", en RODRIGO, J. M. y ARNEY, J. (comps.) *La construcción del conocimiento escolar.* Barcelona. Paidós.

TABBUSH, C. (1999) "Las representaciones políticas de los alumnos". *Informe Final de Investigación,* Beca de Estímulo, UBACyT, Facultad de Psicología. Universidad de Buenos Aires.